PORTFOLIO COLONIAL

dépeignant les Paysages, les Villes et les Industries des

Possessions *et* Dépendances *françaises*

AINSI QUE DES PAYS QUI, QUOIQUE N'ÉTANT PAS EFFECTIVEMENT
SOUS NOTRE PROTECTORAT, FONT NÉANMOINS PARTIE DE LA FRANCE COLONIALE, EN RAISON DE LEURS MŒURS
LEURS TRADITIONS ET LEUR LANGAGE

THE WERNER COMPANY
DE CHICAGO
20, rue de la Chaussée-d'Antin
PARIS
1895

PHOTOGRAPHIES rassemblées par JOHN L. STODDARD

LE PORTFOLIO COLONIAL

contiendra des vues inédites de la plus haute actualité et du plus grand intérêt, ayant rapport à l'agrandissement de la France.

Les Éditeurs ont eu l'avantage d'obtenir le concours gracieux de l'Administration coloniale et ont le privilège de pouvoir publier des originaux provenant de documents photographiques recueillis par des officiers d'État-major français pendant :

La Campagne du Dahomey ;
La Marche de la colonne du général Dodds ;
L'Expédition du capitaine Binger à la Côte-d'Ivoire ;
Les Opérations militaires à Madagascar, où nos troupes sont

sur le point d'engager une lutte du plus haut intérêt.

Le "PORTFOLIO COLONIAL" contiendra aussi de nombreuses reproductions photographiques touchant l'Indo-Chine, les Indes françaises orientales et occidentales, la Guyane française, la Nouvelle-Calédonie et différentes contrées situées aux confins de notre domaine diplomatique et militaire.

CES PHOTOGRAPHIES SONT TOUTES INÉDITES

Le Gouvernement, considérant que la propagande littéraire et artistique est de nature à encourager la diffusion de la colonisation et de la civilisation dans nos possessions, a bien voulu prêter son concours aux Éditeurs. Le "PORTFOLIO COLONIAL" pourra être classé au nombre des ouvrages d'éducation recommandés à la jeunesse française. Le côté sérieux de cet ouvrage n'en exclut toutefois pas la note familière.

Le "PORTFOLIO COLONIAL" donnera des illustrations des faits d'armes des troupes françaises dans les différents pays où la France a imposé sa langue et ses mœurs.

Grâce à ces documents, à la fois instructifs et amusants, cette publication sert de complément aux ouvrages historiques et géographiques en usage dans nos écoles françaises.

Des Photographies ayant trait à des sujets tout différents se trouvent dans notre "PORTFOLIO STODDARD"

Renfermant des vues de VILLES, PAYSAGES et PEINTURES CÉLÈBRES

Les seize fascicules constituant cette collection sont à la disposition du public, qui peut se les procurer chez tous les dépositaires du "PORTFOLIO COLONIAL". Le prix de chacun de ces seize fascicules est de **60** centimes. Les Photographies qu'ils renferment sont de la même grandeur et de la même beauté que celles contenues dans la collection actuelle : PORTFOLIO COLONIAL. Elles sont au nombre de **256**, dont la liste suit :

Alaska—Le Glacier du Muir; L'Ours; Les Perches Totem. **Algérie**—Groupe de femmes mauresques. **Arizone**—Cliffs Dwellings; Mancos Canyon. **Autriche**—*Vienne*—Place Maximilien; Volksgarten et Theseum; Chambre des Députés; Théâtre Hofburg; Musée et Statue de Marie-Thérèse; Le Graben. **Allemagne**—*Francfort*—Monument de Gutenberg à Francfort; Cologne; Château de Heidelberg; Coblentz sur le Rhin; Gutenfels et le Pfalz; Oberrammergau, Représentation de la Passion. *Berlin*—Palais de l'Empereur; Habitation du Prince de Bismarck; Porte de Brandenburg; Musée Royal; Unter den Linden; Théâtre de la Comédie; Place Schiller. *Galerie de Dresde*—La Sainte Nuit, peinture du Corrège; La Madone de San-Sixto, peinture de Raphaël. **Belgique**—Cathédrale et Statue de Rubens, Anvers. *Bruxelles*—La Bourse; Le Palais Royal; Le Palais de Justice. **Brésil**—*Rio de Janeiro*—Le Port; Corcovado, vue prise du jardin botanique. **Californie**—*San-Francisco*—Chinatown; Cliff House et Seal Rocks; Porte Dorée. *Yosémite Vallée*—Vue prise de la Pointe de l'Artiste; El Capitan; La pointe du Glacier; "Wavona" le grand arbre; Désert mohave. **Canada**—Le Parlement; Ottawa; Montréal et Mont-Royal; Les Mille-Iles, rivière Saint-Laurent; Les Trois-Sœurs, Canmore. **Cap de Bonne-Espérance**—Le Cap. **Chili**—Le Port de Valparaiso; Le Palais du Congrès Nacional, à Santiago; Passe d'Upsallata; les Andes. **Chine**—Le Temple des 500 dieux; Canton. **Colorado**—Le Canyon de "Las Animas"; La Pointe du Vent, le Pic Pike; Le Mont de la Sainte-Croix; La Gorge Royale. **Cuba**—La Havane. **Danemark**—*Copenhague*—La Bourse; Le Palais Rosenberg. **Équateur**—Le Mont Chimborazo. **Égypte**—*Le Caire*—Vue de la Citadelle; Scène prise dans une rue du Vieux Caire. *Alexandrie*—Le Port; La Colonne de Pompée, Le Harem d'un Pacha; Le Canal Mamudyiah; Les Pyramides et le Sphinx; Ascension de la grande Pyramide. *Thèbes*—Avenue des Sphinx; Karnak; Rhamseum; Les Ruines; Statue de Rhamsès II; Bateaux de plaisance sur le Nil; Canal de Suez. **Floride**—L'Alcazar et l'Hôtel de Cordoue, Ponce de Léon; Saint Augustin. **France**—*Paris*—Arc-de-Triomphe; Panorama de Paris, Boulevard de la Madeleine; Place de la Concorde; Rue de Rivoli; Tour Eiffel; Colonne Vendôme; Colonne de Juillet; Hôtel des Invalides; Tombeau de Napoléon; La Bourse; Trocadéro; Grand-Opéra, intérieur et extérieur; La Madeleine; Le Louvre. *Galerie du Louvre*—La Vénus de Milo; Mariage de Marie de Médicis; Immaculée-Conception, par Murillo. *Galerie du Luxembourg*—Napoléon III à Solférino, de Meissonier. *Versailles*—Place Royale; Carrosse de Napoléon; Boudoir de Marie-Antoinette; Galerie des Batailles; Trianon. *Galerie de Versailles*—Bataille de Rivoli, par Philippoteaux; Les Derniers Jours de Napoléon à Sainte-Hélène, par Vela. *Fontainebleau*—Galerie Henri II, Palais Royal; Palais Royal. **Grande-Bretagne**—Château de Windsor; Haddon Hall; Château de Kenilworth; Maison de Shakespeare, à Strattford-sur-Avon; Cottage d'Anne Hathaway, à Strattford-sur-Avon; Cimetière de Stoke-Pogis; Liverpool; Lime Street et Gare. *Londres*—Quais de la Tamise; Obélisque; Trafalgar Square; Pont de Londres; Banque d'Angleterre; Le Parlement; Église Saint-Paul; Tour de Londres; Westminster, Abbaye; Monument Albert; Le Magasin d'Antiquités; Chambre du Trône et Palais de Buckingham. **Grèce**—Athènes moderne; Le Parthénon; Le Pirée. **Hollande**—La Baie de Scheveningen; Palais Royal; Amsterdam; La Haye; Rotterdam; Moulins à vent. **Idaho**—Les Chutes Shoshone. **Indes**—*Calcutta*—Palais du Gouvernement; Village indigène; Clive Street; Vallée de Cachemire; Porte de Lucknow; Pont des Boutiques, Srinagar; Himalaya, montagnes vues de Darjeeling; Nassik. **Italie**—*Rome*—Saint-Pierre; Bibliothèque du Vatican; Chapelle Sixtine; Le Vatican; Le Colisée, intérieur et extérieur; Le Forum; La Voie Appienne; Château San-Angelo et le Tibre; Le Capitole; Le Gladiateur mourant, sculpture. *Galerie du Vatican*—Le Vieux Père Nil, sculpture; La Transfiguration, tableau de Raphaël. *Florence*—Le panorama de Florence; Le Palais Vecchio; Le Pont Vecchio; Temple de Saturne; Palais Pitti; La Loggia; Capture de Polyxène; David, de Michel-Ange. *Venise*—Grand Canal; La Piazzetta; Le Rialto; Cathédrale de Saint-Marc; Le Pont des Soupirs; Le Palais Ducal. *Naples*—Panorama de Naples; Baie et Mont Vésuve; Sainte-Lucie. *Pompéi*—Le Forum; Sorrente. *Milan*—Cathédrale; Statue de Léonard de Vinci. *Pise*—La Tour penchée. *Gênes*—Statue de Colomb. *Turin*—Place Charles-Albert. **Japon**—Panorama et Port de Yokohama; Le Grand Bouddha de bronze, Khamakura; Le Temple des Six-Anges, Kioto; Rue et Banque de Mitsui, Tokio; Hommes de Yedo. **Massachusetts**—Boston Common; Monument de Bunker Hill; Maison de Longfellowe à Cambridge; L'Orme de Washington, à Cambridge. **Mexique**—*La Ville*—Panorama pris de la Cathédrale; Panorama de Guanajuato; Huttes de paille, Salamanque; Porteurs d'eau, aguadores; Aqueduc de Queretaro. **Maroc**—Cap Spartel; Tanger. **New-Jersey**—La Plage, Atlantic City; Nouveau Mexique; Maisons Abode. **New-York**—Panorama de New-York et Pont de Brooklyn; Statue de la Liberté, Port de New-York; Le Hudson à partir de West-Point; Chutes du Niagara. **Nouvelle-Zélande**—Le Port d'Auckland. **Norvège**—Cap Nord; Groupe de Lapons; Marché aux Poissons, à Bergen; Passe de Naerodal; L'Église de Burgund. **Orégone**—Mont Hood. **Palestine**—*Jérusalem*—Jardin de Gethsemani; Mosquée d'Omar; Église du Saint-Sépulcre; Mont des Oliviers. *Bethléem*—Vue panoramique; Tombeau de Rachel à Nazareth; Jéricho; Le Jourdain; Station de Ramleh. **Pensylvanie**—Indépendance Hall; Philadelphie. **Portugal et Espagne**—*Lisbonne*—Panorama d'Oporto. *Madrid*—Palais Royal. *Grenade*—Alhambra; Tombeaux de Ferdinand et d'Isabelle. *Séville*—Salon de Maria de Padilla; Alcazar; La Giralda; Tour d'Or. *Gibraltar*—Les Fortifications. **Russie**—*Saint-Pétersbourg*—Palais d'Hiver. *Moscou*—Vue générale du Kremlin; Maison des Czars Romanoff, vue de la Ville; La Cour d'Ivan Veliki et la grande Cloche. **Sandwich** (Iles de)—Palais Royal; Honolulu. **Suède**—*Stockholm*—Grand Hôtel; Palais Royal. **Suisse**—Lucerne; Genève; La Mer de glace; Alpes Bernoises et Thun; Le Mont-Blanc; Le Saint-Gothard et le Pont. **Syrie**—*Damas*. **Turquie**—Panorama de Constantinople et du Bosphore; Palais Impérial; Mosquée d'Achmet. **Utah**—Le nouveau Temple Mormon. **Vénézuéla**—La Guaira. **Virginie**—Mont-Vernon. **Washington**—Le Capitole; L'Avenue de Pensylvanie; La Maison Blanche. **Yellowstone**—Cratère du Geyser géant; Le Grand Canyon de Yellowstone; Les Sources chaudes du Mammouth.

Le prochain Recueil N° 2 comprendra les Photographies suivantes :

Une rue du vieil Alger.	La mosquée de Sidi-Abder-Khaman.
Montréal sous la neige.	Le geyser Waikite.
Le rémouleur du Caire.	Un geyser du Yellowstone.
Le chemin de fer à crémaillère.	Bac-Ninh (Tonkin).
Le monument de Washington.	Les grandes chutes du Yellowstone.
Le palmier géant.	Le grand canyon du Colorado.
Un mystère architectural.	Un vieux moulin.
Les champignons fantastiques.	La cathédrale de Saint-Patrick.

Les Photographies ci-dessus ne coûtent pas moins de 7 fr. 50 chacune. La valeur totale du Recueil s'élève donc à 120 francs.

Portfolio Colonial

DÉPEIGNANT

LES PAYSAGES, LES VILLES ET LES INDUSTRIES 

DES

POSSESSIONS ET DÉPENDANCES FRANÇAISES

AINSI QUE DES PAYS QUI, QUOIQUE N'ÉTANT PAS EFFECTIVEMENT
SOUS NOTRE PROTECTORAT, FONT NÉANMOINS PARTIE DE LA FRANCE COLONIALE, EN RAISON DE LEURS MŒURS
LEURS TRADITIONS ET LEUR LANGAGE

PHOTOGRAPHIES

Rassemblées par

JOHN L. STODDARD

THE WERNER COMPANY DE CHICAGO

20, RUE DE LA CHAUSSÉE-D'ANTIN, PARIS

1895

THE WERNER COMPANY DE CHICAGO.
ÉDITEURS,
160-174, ADAMS STREET, CHICAGO.

SUCCURSALES A NEW-YORK, BOSTON, SAN FRANCISCO ET SAINT-LOUIS.
AGENCE DE PARIS : 20, RUE DE LA CHAUSSÉE-D'ANTIN.
AGENCE DE LONDRES : 13 A, COCKSPUR STREET.
AGENCE DE BERLIN : EQUITABLE GEBAEUDE, ECKE DER LEIPZIGER UND FRIEDRICHSTRASSE.

PRÉFACE

 ETTE collection de vues photographiées et d'intéressants tableaux, initiant le lecteur aux mœurs des pays exotiques, a été réunie dans le but de montrer d'une façon saisissante toute l'importance de l'œuvre coloniale de la France, depuis le seizième siècle, où Jacques Cartier découvrit le Canada, jusqu'au jour où le général Duchesne part pour conquérir Madagascar

En feuilletant ces pages, en parcourant les légendes qui se trouvent au bas de chacune d'elles, on retrouvera les souvenirs les plus glorieux de l'histoire de la patrie. Aucune nation n'a laissé dans le monde des traces plus profondes de sa civilisation, et l'on peut dire que la France, sur tous les points du globe, là même où ne flotte plus son drapeau, a marqué l'empreinte de son génie et de ses mœurs.

Elle n'a presque rien gardé de ses immenses colonies américaines, mais nulle part le souvenir du nom français n'est resté plus vivace. Dans les États-Unis même, ne retrouve-t-on pas les noms français de la Louisiane et de la Nouvelle-Orléans, où jusqu'aux désignations des rues, tout rappelle la France? Le voyageur qui parcourt le Canada, bien vite se fait illusion, entendant autour de lui parler sa langue, retrouvant jusque dans les villages les mœurs, les coutumes de la mère patrie, si bien que, par instants, il s'étonne de ne point voir le pavillon aux trois couleurs flotter sur les monuments.

Aux Indes, à chaque pas, apparaît le souvenir de Dupleix et des vaillants qui ont arrosé de leur sang la terre des Rajahs ; jusque dans la jungle, il y a des tombes de soldats français.

En Egypte, le canal de Suez seul suffirait à montrer l'influence bienfaisante de la France sur la terre des Pharaons, mais on voit en outre partout, dans les prétoires de justice, dans les monuments, dans les musées, que la civilisation française s'est imposée dans la vallée du Nil à côté de la civilisation musulmane. N'est-il pas jusqu'à Saint-Domingue, où les nègres portent des noms français? L'île Maurice s'appelait jadis l'Ile-de-France, et c'est toujours le français que volontairement y parlent les créoles.

Dans les désastres qui ont amené la chute de Napoléon Ier, la France a perdu un immense empire colonial.

Elle est en train d'en conquérir un nouveau, qui sera peut-être plus riche et plus puissant que l'ancien. La Tunisie est venue compléter l'Algérie, la Nouvelle-Calédonie a été occupée au commencement du règne de Napoléon III ; chaque jour, au Sénégal, le drapeau français avance dans l'intérieur ; nos explorateurs, nos officiers parcourent le continent noir, augmentant sans cesse le domaine colonial de la patrie; au Soudan, au Congo, augmentant surtout son patrimoine de gloire et de souvenirs héroïques.

La conquête du Dahomey par le général Dodds et sa petite armée est une des pages les plus consolantes de notre histoire.

Le Tonkin, dont l'occupation a coûté si cher, est entré dans la période d'organisation, et l'empire indo-chinois qui, fatalement, doit s'arrondir du côté du Siam et du Laos, pourra peut-être un jour consoler les Français de la perte de l'empire des Indes.

I. .

Enfin, dans quelques mois le drapeau tricolore flottera à Tananarive, et Madagascar, sur qui, depuis Louis XIV, la France a des droits incontestables, sera devenu définitivement une possession française.

Il est à remarquer d'ailleurs que toutes les résistances contre l'esprit de colonisation se sont émoussées peu à peu. On commence à comprendre la nécessité de l'expansion coloniale pour les vieilles sociétés. Les générations nouvelles se trouvent trop à l'étroit dans l'Ancien Monde. Peu à peu, les machines suppriment le travail manuel et laissent inoccupés des milliers et des milliers de bras. Les continents inconnus, les terres vierges que n'a point encore fécondées la main des hommes s'ouvrent à l'activité de tous ceux que la vieille Europe ne sait plus nourrir.

La colonisation n'est-elle point d'ailleurs une conséquence nécessaire de l'évolution des sociétés ? La civilisation grecque et la civilisation romaine n'ont-elles pas les premières prouvé qu'à un certain moment il fallait aller chercher sur d'autres rives des débouchés nouveaux ? Les vaisseaux des Grecs, les trirèmes romaines ont porté aussi loin, qu'alors il était possible, l'influence d'Athènes et la puissance de Rome.

Les guerres lointaines, hélas ! coûtent bien des vies humaines, mais ceux qui reviennent font une race plus forte, et leurs âmes sont plus fortement trempées. Enfin, le développement commercial et industriel d'une nation, dans l'organisation économique actuelle, est lié indissolublement au développement de son expansion coloniale.

Il est permis de croire, maintenant, que la France a devant elle un brillant avenir colonial et un avenir commercial aussi beau. Les erreurs commises serviront de leçons désormais. La générosité et la justice de la France lui garderont l'affection des peuples que le courage de ses soldats a conquis.

Dans ce recueil, le lecteur trouvera à la fois, nous l'espérons, les leçons précieuses du passé et les espérances glorieuses de l'avenir.

LE TEMPLE DE PONDICHÉRY compte parmi les plus beaux monuments de la ville. La richesse de son architecture et sa situation avantageuse lui valent l'admiration de la population hindoue de la ville aussi bien que celle des Européens et des nombreux étrangers qui consacrent quelques journées à visiter la capitale de nos établissements dans l'Inde. Pondichéry, que les Anglais appellent, et non sans raison, un « petit Paris », est une ville de 40,000 habitants, dont 2,500 Européens; bâtie sur le golfe du Bengale, son port offre un abri très sûr aux bateaux marchands qui sillonnent les côtes hindoues. Un grand canal la divise en deux parties distinctes, auxquelles les indigènes ont donné les noms de « Ville Blanche » et de « Ville Noire ». La Ville Blanche est la plus peuplée et la mieux construite. On y remarque entre autres particularités, l'existence, dans presque toutes les rues, d'un petit canal placé entre les maisons et la chaussée et les isolant complètement de cette dernière. Les maisons sont d'ailleurs ornées de fleurs et entretenues soigneusement, ce qui contribue à donner à la ville cet aspect riant qui lui a valu sa dénomination. De longs faubourgs s'étendent au nord de la Ville Blanche, le long de la côte, au milieu de massifs d'arbres de toute espèce. La Ville Noire est beaucoup moins intéressante au point de vue artistique, elle est également beaucoup moins peuplée quoique étant le centre du mouvement industriel. La fertilité du territoire de Pondichéry est due à la nature du terrain, essentiellement alluvial, qui se prête merveilleusement au développement des plantes du pays, parmi lesquelles il faut citer tout d'abord le riz, puis le coton et l'indigo.

LES COUPEURS DE CANNES A SUCRE, dans nos colonies, sont, à l'instar de nos moissonneurs européens, fort occupés pendant la saison d'été. Ils détachent la canne aussi près du sol que possible, car c'est dans sa partie inférieure qu'est renfermée la plus grande quantité de suc. Sa partie supérieure n'a aucune utilité. La plante atteint généralement une hauteur de 3 mètres et une épaisseur de 3 à 4 centimètres. Sa tige est coupée de jointures distantes de 10 à 15 centimètres, et ses feuilles tombent lorsque la plante arrive à maturité. La tige soutenant la fleur est complètement dépourvue de jointures, et porte une touffe soyeuse. Aucune espèce de canne à sucre ne mûrissant ses graines, la plante se reproduit uniquement par le bouturage. Les plus légers froids ont un effet désastreux sur la canne à sucre. La moisson est très souvent détruite par une nuit de gelée ou même de tempête. Ses ennemis les plus redoutables sont les rats qui rongent les tiges et en déterminent la fermentation en y laissant pénétrer l'air. Les fourmis blanches travaillent également à sa destruction. Un acre de terrain produit jusqu'à 3,000 kilogrammes de sucre, mais une récolte moyenne de 20 tonnes de canne par acre est considérée comme excellente. La canne est généralement écrasée au moyen de lourds rouleaux, mais on perd, en procédant de cette façon, environ 40 pour 100 de son suc. La méthode dite de « diffusion », employée dans les raffineries de sucre de betterave, commence à être mise en usage dans les colonies. Cette manière de procéder consiste à plonger la canne dans l'eau à plusieurs reprises, ce qui lui fait donner un rendement plus considérable et de qualité supérieure.

LES PAPOUS, habitant les différentes îles de l'Océanie, ont coutume de construire leurs huttes sur les côtes, en les échelonnant le long du rivage. Ces habitations pittoresques sont soutenues par des pilotis et reliées au moyen de ponts faits de branches d'arbres assujetties. Les piliers supportant la toiture sont simplement des jeunes pieds de bambous, le toit même est fait de feuilles de palmier. Chaque maison sert de lieu de refuge et d'abri à plusieurs familles qui s'en partagent l'unique pièce. La race papoue est encore très répandue, elle forme la majeure partie de la population de la Nouvelle-Guinée, des îles Fidji et même de la Nouvelle-Calédonie, et n'a aucune ressemblance avec la race malaise peuplant les îles océaniennes voisines. Les Papous ont tous les cheveux crépus, le visage large, le nez arqué, les yeux vifs, grands et expressifs, les lèvres proéminentes et la bouche largement fendue. On remarque assez quelques particularités ethnographiques singulières chez les Papous de la Nouvelle-Calédonie qui n'appartiennent pas à la race pure, l'expression de leur visage est toute différente de celle de leurs congénères de la Nouvelle-Guinée. Les indigènes de l'île des Pins appartiennent à la race pure. Toutes ces populations océaniennes habitant le rivage vivent exclusivement du produit de leur chasse et de leur pêche. Celles qui ont élu domicile à l'intérieur des îles sont plutôt agricoles et cultivent le maïs, le tabac, les patates. Elles font habituellement usage du tabac qu'elles fument sous la forme de grands cigares, mais les chefs seuls ont le droit de le mâcher, dont ils usent d'ailleurs de façon immodérée, ainsi que de l'alcool qui cause chez eux de grands ravages.

MONTRÉAL, enserrée d'un côté par le grand Saint-Laurent et, de l'autre, par l'Ottawa, possède, en tant que cité commerciale, les plus grands avantages. Elle est située assez près de la mer pour rester en communication directe avec les grandes lignes transatlantiques, et les deux grands cours d'eau, à la jonction desquels elle se trouve placée, offrent au négoce une communication facile avec les deux grandes vallées du Haut-Canada ainsi qu'avec les îles intérieures de cette merveilleuse contrée. En 1641, trois navires sur lesquels avaient pris place 53 colons quittaient la France et amenaient leur petit équipage au Canada pour y fonder une colonie. La rigueur du climat automnal canadien commençait déjà à se faire sentir quand les émigrants, parmi lesquels se trouvaient quelques femmes, arrivèrent à Québec, où on leur dit que ce serait folie d'essayer de gagner Montréal avant le printemps suivant. M. de Montmagny, gouverneur de Québec, leur offrit l'île d'Orléans pour y prendre leurs quartiers d'hiver, et dit à M. de Maisonneuve, chef de l'expédition, qu'il exposerait inutilement sa vie et celle de ses compagnons en persistant à marcher en avant. « J'accepterais volontiers votre proposition, répondit celui-ci, si j'avais été envoyé ici pour délibérer et faire selon mon bon plaisir, mais je suis venu pour fonder une colonie à Montréal, et n'ai pas reçu l'ordre d'attendre. Alors même que tous les arbres bordant mon chemin d'ici à Montréal seraient un Iroquois en armes, et à chacune de leurs feuilles une flèche, je n'en continuerais pas moins ma marche. » La troupe continua donc à avancer et fonda une cité possédant aujourd'hui une population de près d'un quart de million d'habitants.

LE CHAMP DE COURSES D'HANOI offre une animation non moins grande que celle qui règne sur nos hippodromes parisiens aux jours de grandes courses. Les voitures qui l'encombrent, la physionomie des nombreux Européens qui le parcourent en tout sens, en quête d'une installation commode, les tribunes même, ont avec celles que connaissent bien nos sportmen une analogie complète où la seule note étrangère est celle qu'apportent les Annamites que l'on aperçoit de loin sous leurs vêtements de couleur claire. Les nombreux Européens fixés à Hanoï y ont apporté, comme on le voit, les goûts qu'ils professaient dans leur patrie et recherchent là, comme ici, les distractions les plus variées. La population Annamite de la ville prend une part active aux plaisirs qui lui sont offerts, cherchant par-dessus tout à en retirer quelque profit quand elle en a l'occasion. Le champ de courses d'Hanoï et ses magnifiques promenades sont bien connus de tous les Français qui ont séjourné au Tonkin, comme d'ailleurs de tous les étrangers qui ont parcouru ou habité la contrée et qui s'accordent à considérer Hanoï comme le « Paris de l'Annam ». Son aspect général a, cependant, un caractère essentiellement chinois. Les constructions y sont presque toutes faites en briques ou en pierre et offrent de ce fait un contraste étrange avec les autres villes annamites, toutes bâties en bois. Les rues sont très larges, dallées au milieu de plaques de marbre noir; quelques-unes atteignent une largeur de vingt mètres sur laquelle empiètent à qui mieux mieux les propriétaires des boutiques qui les bordent. Aux approches de l'hiver surtout la ville présente une grande animation.

LES BAMBOUS DE LA COTE DE COROMANDEL, près de Karikal, sont un des spécimens les plus extraordinaires de la végétation merveilleuse des Indes françaises. Ils atteignent, à cet endroit, une hauteur énorme et croissent en fourrés épais formant des forêts immenses, dont les profondeurs ne sont parcourues que par les animaux sauvages qui y ont établi leurs tanières. Les indigènes voyagent dans ces forêts à dos d'éléphant, et se servent de l'animal même qui les porte pour s'ouvrir une voie à travers l'épaisseur des taillis. Leur façon de procéder, en ce cas, est fort curieuse et fort intéressante. Elle émerveille les Français qui visitent le pays pour la première fois, et leur permet de se faire une idée précise de l'intelligence de l'éléphant en même temps que de sa force prodigieuse. Le cornac, monté sur le fidèle animal qu'il a coutume de diriger, se contente, lorsqu'il arrive devant un de ces obstacles naturels, résistant à tout effort humain, de pousser un cri particulier et de frapper doucement la tête de sa monture. L'éléphant, saisissant alors de sa trompe les jeunes pieds d'arbres enchevêtrés qui lui barrent le passage, les détourne, les courbe, les rompt au besoin, mâchant de-ci de-là une pousse verte qui lui paraît succulente, et arrive à se frayer une voie, avançant lentement mais sûrement. Le bambou, comme le jonc et le roseau, croît dans les lieux humides. Léger et fort résistant, lorsqu'il est sec, il peut être approprié à de multiples usages. Les indigènes l'utilisent de diverses façons, soit pour la construction de leurs huttes, soit pour la fabrication d'instruments en tous genres : manches d'outils, échelles, etc. Ils en mangent même les plus jeunes pousses.

ALGER, vu de la mer ou des hauteurs qui le dominent, offre une perspective également belle à l'œil du touriste qui le visite pour la première fois. La douceur de son climat et les ressources en tous genres que sa situation lui permet de mettre à la disposition de ses habitants, en fait un charmant lieu de séjour, en hiver tout spécialement, ce qui explique la préférence marquée qu'ont, pour cette ville, les étrangers et même les Français qui, délaissant peu à peu les villes du littoral européen de la Méditerranée, y transportent leurs pénates aux approches du froid. Ses rues et ses places présentent une très grande animation, conséquence naturelle de son activité commerciale, qui est à présent presque aussi grande que celle des vieilles villes maritimes européennes. La ville basse, surtout, avec son caractère éminemment moderne, renferme des rues, des places, des constructions, dont l'ensemble forme une cité ne le cédant en rien aux grandes villes de la métropole. Les vestiges de la civilisation musulmane que l'on remarque encore, dans la ville haute, tendent de plus en plus à disparaître. Bientôt on n'y découvrira plus de traces de son ancienne situation et de la domination sous laquelle elle fut placée pendant des siècles. Avant 1830, époque de la conquête française, Alger eut à subir trois bombardements opérés tant par les Français tout d'abord, que par les Espagnols, et, plus tard, les Anglais, qui ne réussirent pas à s'en rendre maîtres. Les transformations qui ont été apportées à la ville depuis qu'elle est devenue la capitale de notre belle possession africaine, et qui s'y continuent encore incessamment, contribuent à lui assurer une croissante prospérité.

LES CHERCHEURS D'OR ont existé de tout temps; ils sont nés avec la soif de l'or et existeront vraisemblablement autant qu'elle. Leur vie est totalement différente de celle de nos mineurs européens, et, quoique dans certains cas elle entraîne de grandes privations, le résultat acquis compense dans une grande mesure les sacrifices consentis pour l'atteindre. Ce qui entraîne principalement les chercheurs d'or loin de la mère patrie, c'est l'espoir de revenir dans un temps relativement proche, la bourse bien remplie et, par conséquent, l'avenir assuré. Cet espoir est malheureusement bien souvent déçu. Mais, qu'importe? On oublie le temps perdu et l'on recommence de plus belle. Un autre attrait de la vie du chercheur d'or consiste en la variété du travail que comporte ce genre d'existence, selon que le métal précieux se trouve dans le lit d'une rivière ou au flanc d'une montagne. La proportion du rendement par rapport aux capitaux engagés est, dans la plupart des cas, bien inférieure à ce que l'on pouvait supposer, les frais de main-d'œuvre étant toujours très élevés. La Guyane française est une des colonies appelées à un très grand avenir en raison des récentes découvertes de mines d'or qui viennent d'y être faites, et si ce n'étaient les moyens de communication qui font absolument défaut à l'heure actuelle, le champ d'émigration serait sûrement plus vaste. On a récemment découvert à Madagascar l'existence de mines d'or, qui seront certainement mises en exploitation à un moment donné, et nul doute que d'ici quelques années, grâce à l'élan donné par les capitaux français qui y seront engagés, l'industrie minière ne prenne des proportions considérables.

LES PÊCHEURS PRIMITIFS, si nombreux aujourd'hui encore dans les colonies françaises, ont une façon de procéder bien différente de celle de nos paisibles pêcheurs à la ligne. Ceux-ci, qui racontent si bénévolement leurs prouesses accomplies sur les bords pittoresques de nos rivières, auraient des raisons fort sérieuses de s'étonner des résultats obtenus par leurs confrères de la race nègre qui, quoique ne possédant pas les engins perfectionnés à la portée du plus humble Européen, n'en obtiennent pas moins des résultats surprenants. Car le nègre, à l'instar de la plupart des races primitives, à défaut d'instruments fabriqués d'après les données de la science moderne, y supplée par une dextérité et un coup d'œil remarquables. De même que tous les autres sports, la pêche a des règles bien établies, variant suivant le mode d'opération.

Les nègres, pour des raisons qui nous échappent, semblent avoir dédaigné les différents moyens dont se servent les colons français dans les pays lointains, et préfèrent ceux que leur imagination leur a suggérés. Les guinguettes innombrables, échelonnées le long de nos rivières, et où les amateurs de bonne pêche se chargent de faire honneur aux plats succulents qui leur sont servis, ont incontestablement leur charme; mais, comme nous sommes loin de ces beaux étangs, bordés d'arbustes tropicaux, dont les eaux claires et limpides ne sont troublées que par les flèches aux courbes gracieuses qui en sillonnent la surface! La pêche a été de tout temps pratiquée sur une très grande échelle chez les peuplades primitives; la plupart des indigènes de nos possessions océaniennes en font encore aujourd'hui leur occupation principale.

LES QUAIS DE SUEZ offrent un spectacle assez intéressant. Les nombreuses embarcations qui y sont amarrées, pour la plupart assez légères, sont échelonnées le long des berges du canal, et ont, vues de loin, l'apparence d'une ligne de bambous dénudés, ployés dans toutes les directions par la violence du vent. La vie n'est point très active sur les quais de Suez, elle l'est beaucoup moins qu'on n'aurait le droit de le supposer en raison de la situation et de l'importance de la ville. A part les mariniers européens qui vont et viennent en tous sens, vaquant à leurs occupations, on ne remarque que quelques Arabes apathiques qui ont choisi ces lieux pour y faire leur sieste, assis à la mode orientale, et qui considèrent d'un œil indifférent la perspective grandiose qui se déroule sous leurs yeux. Le grand canal, en effet, coulant tranquillement entre les deux talus qui le dominent et qui atteignent à certains points une hauteur d'une quinzaine de mètres, sillonné de vapeurs gigantesques qui semblent cheminer doucement sur ses eaux, présente réellement un coup d'œil admirable. Les grands bâtiments qui le traversent ne s'arrêtent habituellement à Suez que quelques instants pour y accomplir les formalités obligatoires. Le port de Suez a une importance commerciale assez considérable puisqu'il est classé au troisième rang parmi les ports égyptiens, après Alexandrie et Port-Saïd, et la ville, dont la population s'étai accrue rapidement et considérablement lors de la période de construction du canal, s'est arrêtée ensuite dans son plein développement, après la cessation des travaux. Les quartiers arabes n'ont subi, du fait de l'affluence des Européens, aucun changement.

UN CAMP INDIEN, perdu au milieu d'une vaste prairie dénuée de toute végétation, présente un aspect des plus pittoresques et des plus étranges. Au physique il est assez difficile de distinguer, parmi les Indiens, l'homme de la femme, le frère de la sœur. Même accoutrement primitif, même expression inintelligente, même peau rugueuse. Le poney que l'on remarque au premier plan de la photographie ci-dessus a l'aspect d'un animal mieux soigné que ne le sont généralement les « mustangs », pour la plupart, fort mal traités. Le cheval de prairie, dénommé différemment selon qu'il appartient à des « gauchos » des pampas ou à des Indiens pur sang, est un animal de somme traité de la même façon que l'âne dans les pays orientaux. Attelé à un véhicule dans le genre de celui que représente cette gravure, il traîne de lourds fardeaux à travers des pays complètement dépourvus de voies de communication. Les Indiens vivent généralement du produit de la chasse. Ils chassent au moyen du « lazo » ou, dans des cas spéciaux, au moyen du « lazo » à boules. Le premier est simplement une corde en cuir non tanné, formant nœud à l'extrémité, que l'Indien lance adroitement de la main droite. Il se sert du laso à boules principalement pour la chasse des chevaux sauvages. Les boules adaptées à l'instrument viennent s'enrouler autour des jambes de l'animal poursuivi, qui trouve ainsi ses moyens d'action annihilés, et tombe à la merci de son vainqueur. Les Indiens construisent leurs huttes de la façon la plus sommaire : elles sont simplement composées de perches plantées en terre et recouvertes de toiles ou de peaux, et souvent n'ont pas la solidité nécessaire pour résister à la violence des vents.

LA MISSION SAINTE-BARBE fut autrefois l'une des plus prospères parmi les différentes missions franciscaines fondées en Californie, sous la direction desquelles les indigènes apprirent à se livrer à la culture et à l'élevage, jusqu'à ce qu'un régime moins pittoresque, sinon plus efficace, eût remplacé celui que les missions avaient établi. Les premières missions franciscaines furent créées vers 1782. Elles prospérèrent jusqu'en 1833, époque à laquelle le gouvernement mexicain promulgua un décret dont la conséquence fut leur extermination presque complète.. Dès lors, les champs fertiles cultivés par les Indiens cessèrent de produire leurs riches moissons. Les pionniers quittant les mines d'or épuisées de la partie septentrionale de la Californie affluèrent en nombre vers le sud et ne tardèrent pas à prendre la place des Espagnols moins entre-prenants qui l'occupaient alors. En 1874, un groupe de spéculateurs parvint à faire croire au public que la Californie était une contrée merveilleuse où les richesses s'acquéraient comme par enchantement, et détermina l'afflux d'une véritable invasion d'immigrants. Cette fièvre se dissipa rapidement; la vallée reprit peu à peu son aspect primitif et redevint le domaine d'un peuple agriculteur prospère. Au moment où la persécution mexicaine sévissait dans toute sa violence, une demi-douzaine de moines eurent le courage de ne point abandonner leur vieille demeure. Quelques-uns d'entre eux sont encore là aujourd'hui, contemplant mélancoliquement, de leur asile, le vaste territoire que leurs prédécesseurs gouvernèrent pendant si longtemps. Ils semblent faire partie intégrante des ruines au milieu desquelles ils vivent.

LE PONT COUVERT DE SON-TAY est une construction bizarre dont l'étrangeté frappe tout d'abord les étrangers remontant le cours du fleuve Rouge. Il est situé non loin de la ville de Son-Tay, et s'appuie sur des piliers en bambou enfoncés dans le lit du fleuve. La lourde couverture que supportent ses piliers a la forme d'une voûte énorme dont le poids entier repose sur les poutres transversales soutenant le plancher du pont. Il semble que ses proportions considérables en rendent la solidité impossible et le mettent à la merci du flot aux époques de crues. Il est cependant fort fréquenté des habitants du territoire de Son-Tay et de ceux de la ville même. Son-Tay est bâti sur la rive droite du fleuve Rouge, et doit sa célébrité à la lutte qu'y soutinrent les « Pavillons Noirs » qui, sous la direction de leur chef, Lou-Vinh-Phoe, à l'époque de la conquête française, l'avaient choisi pour lieu de retraite. Ils avaient d'ailleurs fortifié la ville au préalable, en vue de cette résistance qu'ils avaient prévue, et pour laquelle ils avaient pris toutes leurs dispositions longtemps à l'avance. L'époque à laquelle ces faits se sont passés est trop récente pour que l'on ait oublié le triomphe de l'amiral Courbet qui, le 16 décembre 1883, anéantit en une journée tous les travaux de défense établis, et détruisit, en prenant la ville, l'espoir qu'avaient conservé les Pavillons Noirs d'avoir raison de la petite expédition française à laquelle ils résistaient avec un acharnement désespéré. La partie chinoise de la ville est fort jolie, les rues y sont larges et gaies, bordées de maisons en briques à l'apparence confortable. Le quartier annamite, humide et malsain, est couvert de misérables cases en torchis, et peu fréquenté.

LES MILLE-ILES se trouvent au milieu du Saint-Laurent, ce fleuve géant du Canada, dont le volume d'eau n'est dépassé que par celui de l'Amazone. La particularité remarquable de son cours en est la diversité. A certains endroits, il coule lentement, calme et majestueux; sur d'autres points, sa surface agitée est coupée par de violents rapides. Çà et là, il s'élargit, et son cours devient alors si lent qu'il ressemble presque à un lac immobile. C'est au milieu d'une de ces charmantes étendues d'eau tranquille que la nature a jeté cet extraordinaire archipel. Sur une surface relativement restreinte, on ne compte pas moins de 1,800 continents. Quelques-uns ne sont que des pointes de rochers émergeant à la surface de l'eau et couvertes de verdure; mais la plupart d'entre eux sont assez larges pour permettre la construction d'une confortable résidence d'été. Un sentiment intime de possession absolue règne dans les demeures construites sur les Mille-Iles ; ces demeures deviennent d'ailleurs de plus en plus nombreuses, et sont occupées par des Canadiens et des habitants des États-Unis qui s'efforcent d'y retrouver le genre de vie des temps féodaux. Tout, en cet endroit, se réunit en effet pour le rendre attrayant : une charmante maison construite dans un îlot de la dimension de la place de la Bastille, la faculté de se livrer à une pêche assez fructueuse pour suffire à ses besoins en laissant seulement flotter une ligne du rivage, la proximité des ressources de la civilisation moderne, et l'assurance d'une vie dont le calme n'est interrompu que par l'arrivée de la barque apportant les nouvelles du dehors. Quelle réalisation complète de l'idéal poursuivi par tous les citadins!

LES FOUGÈRES GÉANTES des tropiques sont un objet d'étonnement pour les Européens qui n'ont jamais parcouru les « Pays du soleil » et ne peuvent se faire une idée de la richesse de la luxuriante végétation qui y croît. Rien de plus frappant et de plus grandiose, en effet, que ce déploiement de vigueur dont la nature se plaît à embellir les îles océaniennes, les côtes africaines, les pays déserts ou reculés, où l'homme ne pénètre que rarement et où les peuplades sauvages jouissent seules de sa splendeur. On ne peut se faire une idée de la magnificence de ces plantes gigantesques et monstrueuses qui ne peuvent être comparées qu'aux grands arbres des époques antédiluviennes dont les géologues s'efforcent de retrouver des vestiges, des empreintes dans les rochers, et jusque dans les entrailles de la terre. La nature a toujours pourvu, dans les pays où elle donne son maximum de production, aux besoins multiples de l'être humain qu'elle a placé là. Elle a mis à côté de lui, pour ainsi dire, tous les objets qui lui sont nécessaires, elle lui fournit l'abri, la nourriture, le vêtement, un horizon sans bornes et des magnificences sans nombre à admirer. Chose étrange : c'est là où elle l'a le plus comblé que l'homme est le plus incapable de sentir la valeur de ses bienfaits. En effet, la solitude la plus complète règne dans ces grandes forêts tropicales où pullulent les grands animaux, les serpents gigantesques, les oiseaux, les fruits. Il est des lieux où la présence de l'homme n'a jamais été constatée. La paix y est si profonde que les oiseaux même ne fuient pas la main qui cherche à les saisir, ignorants qu'ils sont qu'elle peut avoir envers eux des intentions malveillantes.

LES MURS EN POTERIE, que l'on remarque dans l'une des rues principales du vieux quartier de Bac-Ninh, nous donnent une idée du développement atteint par l'art céramique chez les Annamites. De tout temps, la fabrication des poteries fines a été l'une des branches d'industries à laquelle les Chinois ont apporté le plus de soin et de talent ; les objets de toutes formes et de toute valeur que nous importons d'Orient nous permettent de nous rendre compte du degré de perfection que les artisans orientaux sont arrivés à donner à leurs produits en ce genre. Les Annamites, eux aussi, ont une prédilection marquée pour la fabrication des poteries. Ils ont cherché à utiliser de diverses façons les matériaux qu'ils ont obtenus au moyen de leurs grossiers modes d'opération et ont eu l'idée de les substituer au bambou pour l'érection de murs auxquels ils voulaient donner une solidité plus certaine et plus durable. Ces murs sont aujourd'hui en ruines pour la plupart. D'autres, cependant, ont résisté au bouleversement apporté dans la ville de Bac-Ninh par nos troupes lorsqu'elles en prirent possession. Les artisans annamites continuent à faire de la fabrication des poteries grossières leur spécialité; cette industrie est même la plus florissante du territoire de Bac-Ninh. Les Chinois, néanmoins, sont toujours, dans toutes les villes importantes du Tonkin, les détenteurs des petits métiers pour lesquels ils on une aptitude particulière. Le prix relativement peu élevé pour lequel ils consentent à exercer leur industrie fait qu'ils opposent une concurrence énergique aux artisans venus de France avec l'intention de se livrer à une profession manuelle.

LES RUES DE LA VIEILLE VILLE D'ALGER, quand les Français débarquèrent, en 1830, leur parurent horribles. Alger, en effet, vu de la mer, avait alors un aspect assez charmant avec ses maisons blanches s'échelonnant sur les flancs des collines dominant la baie. L'intérieur de la ville pourtant n'était formé que d'un assemblage de rues sombres, étroites, bordées de constructions étranges, percées seulement d'étroites fenêtres à grillages, aux murs croulants. L'introduction de la civilisation à la suite de la conquête changea rapidement l'aspect délabré, triste et monotone que la ville présentait alors. Les constructions modernes vinrent successivement prendre la place des vieilles masures musulmanes, et les ruelles malpropres, tortueuses, escarpées disparurent les unes après les autres. On leur substitua les voies larges et claires d'aujourd'hui. La rue que représente cette gravure est une de celles que l'on rencontre encore dans la vieille ville et dont le nombre diminue d'année en année. Elle est située dans l'enceinte qu'entouraient jadis les vieux remparts dont la démolition devint nécessaire peu de temps après la prise de possession de la ville par les Français, remparts que défendirent si bien les pirates barbaresques, quand Duquesne les bombarda et les détruisit. Les Français durent s'en emparer une deuxième fois en 1830.

MONTRÉAL SOUS LA NEIGE est un spectacle offert fréquemment aux amateurs de scènes hivernales pittoresques et nous donne une idée de ce que sont les hivers dans notre ancienne colonie française. S'ils procurent une joie infinie aux enfants du pays, ils sont également la cause d'ennuis fort sérieux pour les habitants des villes et des campagnes, retenus quelquefois prisonniers dans leurs demeures pendant des semaines entières. Les plus intenses brouillards londoniens n'ont jamais causé un arrêt de circulation aussi complet que celui que déterminent les ouragans de neige fréquents dans ce pays. Lorsque la neige tombée atteint une épaisseur d'un mètre, les autorités municipales se trouvent dans l'impossibilité de maintenir la circulation, quelles que soient les précautions qu'elles aient pu prendre à l'avance. Alors même qu'elles mobilisent tous les chevaux et toutes les voitures de la ville, elles n'arrivent qu'à faire opérer un déblaiement partiel insuffisant. Malgré ces inconvénients, la saison hivernale à Montréal est une période d'activité sociale et de bruyante gaieté. Le patinage, les courses en traîneau et autres divertissements de ce genre y sont fort pratiqués. Les maisons y sont chauffées confortablement, et les plus pauvres familles canadiennes n'ont pas à souffrir du froid, même pendant les hivers les plus rudes.

LE RÉMOULEUR DU CAIRE est un des types les plus curieux de la populace égyptienne. La photographie ci-dessus a été prise dans le quartier arabe au « Mouski ». La meule n'a rien de particulier et ressemble à celle de nos rémouleurs parisiens. Il n'en est pas de même de l'homme qui la met en mouvement et qui, dans ses guenilles, garde cette fierté particulière aux Arabes. Son pied est large parce qu'il a accompli de longues marches sans chaussure à travers des rues non pavées. Sa main, en revanche, est fine, son geste aisé, sa figure, sans être empreinte d'une grande intelligence, est plutôt sympathique. Il accomplit son travail avec dextérité, indifférent à ce qui se passe autour de lui, et bientôt il reprendra sa route allègrement. L'enfant qui regarde par la fenêtre est le type du gavroche égyptien, toujours aux aguets, prêt à faire la nique aux Européens. L'Égyptien professe pour les Européens, en général, un profond mépris, excepté cependant pour les Français en qui il a confiance. Il arrive souvent que les mendiants, qui pullulent dans les rues du Caire, reconnaissant un Français et désirant le flatter, s'écrient : « Moi, connaître Lesseps ! » Le nom de M. de Lesseps, tout le monde le sait, depuis les travaux du canal de Suez, est resté légendaire sur la terre des Pharaons. La création de ce canal a eu une influence considérable sur le pays tout entier.

LE CHEMIN DE FER A CRÉMAILLÈRE de Catskill est une des plus curieuses voies ferrées de ce genre établies récemment dans le monde entier, et plus particulièrement en Suisse, où elles donnent accès à des stations relativement très élevées dans les Alpes. On a beaucoup critiqué cette invasion des grands travaux tendant à détruire la beauté des paysages au milieu desquels ils sont construits. Mais il faut néanmoins reconnaître que les chemins de fer à crémaillère ont beaucoup augmenté le nombre des excursionnistes en diminuant les fatigues de leurs voyages. Il est sans doute fort intéressant de gravir pédestrement les flancs d'une montagne abrupte, mais lorsqu'on est dans la nécessité de se faire conduire par une voiture cahotante attelée de mauvais chevaux, on est tout disposé à reconnaître les avantages que procure un commode et rapide chemin de fer. On a d'ailleurs, généralement, la certitude de rencontrer, au point terminus de la ligne, un confortable hôtel. La sensation que produisent la soudaineté et la rapidité du mouvement est comparable à celle que l'on éprouve si l'on absorbe d'un trait une coupe de champagne. La raréfaction de l'air et l'accentuation de sa fraîcheur deviennent de plus en plus sensibles à mesure que l'on monte, et déterminent inévitablement une dilatation des poumons.

LE MONUMENT DE WASHINGTON est un peu, pour la grande capitale des États-Unis, ce que la Tour Eiffel est pour Paris. Sa simplicité grandiose fait toute sa beauté. Il a la forme des anciens obélisques monolithes égyptiens. Sa hauteur, qui dépasse 185 mètres, ressort admirablement grâce à sa situation heureuse sur les bords de la rivière Potomac, dans l'onde de laquelle il se réfléchit. Par sa grandeur, il semble, en effet, bien digne de rappeler à la mémoire des compatriotes de Washington, ainsi qu'à celle des Français qui vivent à New-York, et ils sont nombreux, le souvenir d'un homme qui fut, pour ainsi dire, également cher aux deux pays, en ce sens qu'il fut, en Amérique, le promoteur du grand mouvement démocratique opéré en France par notre Révolution. Il fut d'ailleurs encouragé et soutenu dans son œuvre, non seulement par les vœux de nos pères, mais encore par leur appui effectif. Les dimensions du monument de Washington sont évidemment beaucoup moins considérables que celles de notre Tour Eiffel, mais les Américains en sont fiers à juste titre ; ils ont pour lui le sentiment d'admiration que nous avons pour notre tour géante. La sévérité de son aspect, l'absence complète de tout ornement sculptural à son extérieur le rendent digne en tout point du caractère du grand homme à la mémoire duquel il fut érigé.

LE PALMIER GÉANT que représente cette photographie est un spécimen curieux et bien propre à donner une idée exacte de la taille que peuvent atteindre les arbres de son espèce sous le climat des Antilles. Quelques palmiers de ce genre sont pourvus de tiges munies de piquants à l'aide desquels ils s'appuient sur les arbres du voisinage, s'élevant ainsi au-dessus des broussailles qui les entourent. Ils croissent et se développent de telle sorte que leurs feuilles jouissent librement de l'air et de la lumière. Le palmier géant des Antilles n'a nullement besoin de l'appui de ses voisins pour diriger vers le ciel son magnifique feuillage qui, semblable à un gigantesque éventail, domine de toute sa hauteur les arbustes croissant sous son ombrage. Sa vue nous oblige à reconnaître que ceux qui lui décernèrent le titre de roi des arbres avaient raison en dépit des botanistes qui s'obstinaient à en nier la beauté. Il est à remarquer que, dans toutes les parties du monde, et en tout temps, un sentiment particulier de vénération a été attaché au palmier, et cela à cause de son utilité. Dans certaines contrées, le palmier est véritablement nécessaire à la vie, car il procure aux indigènes nourriture, abri, vêtements et combustible tout à la fois. On en tire en outre du papier, de la cire, de la boisson et des produits tinctoriaux.

LE MYSTÈRE ARCHITECTURAL que représente cette tour ronde et délabrée n'a pu encore être éclairci par les voyageurs français visitant les côtes américaines, pas plus que par les Américains eux-mêmes, qui professent à propos de son érection des opinions fort différentes. Quelques-uns prétendent qu'elle fut construite par les Normands, qui explorèrent la côte est du Nouveau Continent 500 ans avant la découverte de Christophe Colomb ; d'autres soutiennent, tout aussi fermement que les premiers, qu'elle n'est autre chose que la partie inférieure d'un vieux moulin à vent, et que sa construction ne doit pas remonter au delà du dix-septième siècle.

Ceux qui tiennent pour la construction normande lui donnent le nom de « Tour Ronde ». Les autres l'appellent plus prosaïquement le « Vieux moulin ». Ces derniers s'appuient sur ce fait que le gouverneur Arnold, qui mourut en 1678, le désigne ainsi dans son testament : « Mon moulin de pierre ». A ceci les premiers opposent une objection. Ils déclarent qu'Arnold a fort bien pu posséder la vieille tour sans l'avoir fait construire lui-même, et s'en être servi pour y établir un moulin sans qu'elle eût été primitivement destinée à cet usage. D'autre part, on se demande s'il eût été possible de l'utiliser au point de vue militaire, étant donnée la forme de ses arches.

LES CHAMPIGNONS FANTASTIQUES du « Monument Park », au Colorado, sont d'énormes piliers de pierre portant à leur sommet un chapiteau de forme plate et ronde, qui leur donne l'apparence de véritables champignons végétaux. Quelques-uns ne dépassent pas la hauteur d'un homme, tandis que d'autres atteignent une élévation de 12 à 15 mètres. Les flancs des piliers supportant la partie supérieure de ces curieux rochers, quoique étant de forme irrégulière, sont arrondis de façon à nous donner la certitude absolue qu'ils ont dû être striés par l'action d'un torrent ou d'un glacier mouvant. Quel qu'ait été l'élément qui a accompli ces chefs-d'œuvre naturels, il paraît hors de doute que les rocs surplombant les colonnes verticales ont dû se trouver au-dessus du courant. Vues au clair de la lune, ces formes étranges frappent beaucoup l'imagination. On dirait qu'elles doivent être comptées au nombre de ces terribles êtres inanimés dont parlaient nos grand'mères, et qui s'éveillaient subitement à la vie pour se venger de leur immobilité séculaire en semant la destruction autour d'eux. Ces pierres extraordinaires offrent aux amateurs de gymnastique un champ très propice à l'exercice de leur adresse. On y monte à la façon des marins grimpant aux mâts de leur navire, car il est impossible d'y adapter des échelles destinées à en faciliter l'ascension.

LA MOSQUÉE DE SIDI-ABDER-KHAMAN date du siècle dernier. Alors qu'Alger fut visité pour la première fois par les voyageurs français, dans la capitale des états barbaresques, on ne comptait pas moins de 60 mosquées, dont 10 étaient fort belles. Les extrémités fines et légères de leurs minarets se découpaient gracieusement sur le ciel bleu. 50 autres mosquées, moins grandes et moins bien construites, étaient ouvertes aux habitants de la ville et des environs. Elles ont disparu pour la plupart; mais, néanmoins, on en retrouve encore des traces. La grande Mosquée subsiste encore, ainsi que la mosquée Sidi-Abder-Khaman, et quelques autres qui ont été conservées et dont l'architecture présente quelques particularités remarquables. Elles semblent être demeurées au milieu des édifices modernes de la ville pour rappeler à notre mémoire le temps où elle était encore en la possession des pirates barbaresques. Elles nous font songer à l'époque où ces hardis corsaires désolaient les côtes de la Méditerranée, menaçant la sécurité des navires qui la sillonnaient alors et terrorisant les marins qui savaient bien à quels dangers ils étaient exposés et quels étaient les traitements affreux subis par les malheureux prisonniers qui venaient à Alger supporter des tortures qui, la plupart du temps, ne prenaient fin qu'avec leur vie.

LE GEYSER WAIKITE est le plus grand des geysers de Whakarewarewa, près du lac Rotorna. Le territoire de cette contrée est semé de sources thermales de température variable : l'une est assez chaude pour permettre aux naturels d'y cuire leurs aliments ; la voisine est douce et ils vont s'y baigner ; une troisième est bouillante. Le Waikite fait entendre constamment un bruit semblable à celui d'un tonnerre lointain et projette une colonne de liquide fumant qui jaillit d'un cône de roche siliceuse de 15 mètres de hauteur. Lorsque l'on approche de la source même, on sent la terre trembler et vaciller sous ses pas, et l'on est saisi de la crainte de perdre l'équilibre d'un instant à l'autre et de tomber dans un trou fangeux ou plein d'eau bouillante. Si l'on se repose pendant quelques minutes sur le gazon, on sent la chaleur montant du sol ; en y enfonçant la main à une certaine profondeur, on rencontre une température assez forte pour faire cuire des œufs. Ces sources sont le seul moyen d'existence des Maoris qui peuplent le pays. Ils y préparent leurs aliments et s'en servent pour se chauffer, ils se baignent dans leurs eaux et y enterrent même leurs morts. Ils commencent à jouir du bien-être et de l'aisance qu'a amenés récemment dans le pays l'exploitation des sources d'eau thermale ainsi que l'affluence des visiteurs.

LES GEYSERS DU PARC DE YELLOWSTONE procurent, au voyageur français qui visite cette étrange région pour la première fois, une impression qu'il n'a ressentie encore en face d'aucune des merveilles du monde qu'il peut avoir déjà contemplées. Les geysers, ces signes extérieurs d'une grande agitation souterraine, aussi sinistres que l'imminence d'un tremblement de terre ou d'une éruption volcanique, sont dignes d'admiration. Un geyser n'est autre chose qu'une grande source de laquelle s'échappe par instants un courant régulier et continu, et qui projette dans les airs, à certains moments, des jets d'eau intermittents. La partie du parc de Yellowstone où se trouvent ces phénomènes naturels ne renferme pas moins de 400 sources thermales et de 100 geysers. Quelques-uns d'entre eux sont simplement de petits marais d'eau bouillonnante; d'autres lancent des colonnes d'eau à une hauteur de 70 mètres, quelquefois même des pierres; d'autres, comme le geyser connu sous le nom de « Vieux Fidèle », sont périodiques et demeurent inactifs à des intervalles réguliers; d'autres enfin s'éveillent tout à coup après une longue période d'inactivité, sans avoir fait pressentir leur brusque éruption au moyen de quelque signe extérieur, leurs voisins seuls l'ont annoncée par leurs grondements sourds et prolongés qui produisent un effet terrifiant

LA VILLE DE BAC-NINH, vue de la tour sur laquelle flotte le drapeau tricolore, offre une physionomie générale assez morne, et ressemble à peu près à toutes les villes du Tonkin, pour la plupart formées du groupement de plusieurs villages que domine presque toujours quelque bâtiment élevé : une citadelle ou une pagode. Sur les 11,000 habitants qui forment la population de la ville actuellement, les Chinois, qui sont d'ailleurs les seuls négociants de la place, occupent les quartiers marchands. Bac-Ninh est situé à une petite distance d'Hanoï, environ 26 kilomètres, et, n'ayant pas de port particulier, est desservi par celui de Dap-Kau. Les rues y sont très propres et très soignées, contrairement à ce qui se passe dans la plupart des villes annamites, négligées et malsaines. Le quartier commerçant, le plus animé, est situé près de la tour. Les constructions sont toutes en bambou et couvertes de paille, ce qui explique facilement la terreur de leurs habitants lors de la conquête française, alors qu'on était obligé de porter le feu dans les villages des Pavillons-Noirs. Bac-Ninh, ainsi que Son-Tay, doit sa célébrité aux combats nombreux qui furent livrés dans ses environs, et devinrent autant de victoires à l'actif de nos vaillantes troupes expéditionnaires. C'est là notammment que s'illustra le général Négrier dont les exploits sont gravés dans toutes les mémoires.

LA GRANDE CASCADE du Yellowstone est formée par la rivière de ce nom, non loin du lac dans lequel elle prend naissance, au milieu d'une chaîne de montagnes éternellement couvertes de neige. Le lac de Yellowstone est situé à plus de 2700 mètres au-dessus du niveau de la mer. A quelques lieues de sa source, la rivière fait un bond de 50 mètres, et, à 1 kilomètre de distance encore, on rencontre la magnifique cascade que représente la photographie ci-dessus. Sa longueur n'est pas moindre de 120 mètres. Le torrent qui la forme émerge de la brume qui couvre perpétuellement les rochers avoisinants, et continue sa course à travers le grand cañon du Colorado.

Des travaux considérables ont été exécutés récemment pour rendre cette merveilleuse contrée accessible aux touristes, et il est permis d'espérer que ces charmants sites seront, dans une période peu éloignée, tout aussi connus et tout aussi fréquentés que le son aujourd'hui le Rhin, les Alpes et la Suisse. Il est vrai qu'en ce qui concerne les Européens, l'Océan immense est toujours là s'opposant à toute communication rapide et directe entre l'Ancien et le Nouveau Monde, mais les voyages à travers l'Atlantique deviennent de jour en jour plus faciles, grâce à la commodité qu'offrent les grands paquebots des différentes compagnies de navigation.

LE GRAND CAÑON du Colorado est un vaste abîme de 480 kilomètres de longueur et dont la profondeur atteint plus d'un kilomètre et demi. Les montagnes, entre lesquelles il passe, semblent avoir été séparées violemment les unes des autres comme par la main d'un géant en furie. L'une des gorges de cette immense vallée a une longueur de 65 kilomètres et une profondeur de 2500 mètres. Les Alpes et les Pyrénées pourraient y être entassées sans l'obstruer complètement. Le Colorado, qui coule au fond de cette étonnante vallée, reçoit tous les cours d'eau de la région, et, les jours d'orage, la force du courant est telle que le Colorado ressemble alors plutôt à un geyser qu'à un fleuve alimenté par les torrents de la montagne. Les murs de pierre qui l'entourent renvoient l'écho terrible du bruit de ses eaux mugissantes, ce qui explique l'effroi que ce fleuve inspirait autrefois aux sauvages de la vallée. Les Américains d'aujourd'hui, éminemment pratiques, l'ont envisagé sous un tout autre aspect : une quantité d'hôtels, légèrement construits en bois, ont fait leur apparition depuis quelques années sur les bords du cañon. Ils se dressent de toutes parts, les uns suspendus sur les précipices, les autres tout près du torrent rugissant. Leur forme rectangulaire leur donne une apparence étrange et pittoresque,

LE MOULIN ROBERT est un vieux bâtiment en ruine se dressant non loin de Philadelphie, dans un bourg suburbain que l'on appelle la « Ville des Émigrés ». Ce nom lui a été conservé jusqu'à maintenant parce que c'est à cet endroit que s'établirent les premiers colons venus de France pour se livrer à la culture dans ce pays non encore défriché. On y rencontre à chaque pas des vestiges de leurs habitations d'alors, des souvenirs de la vie simple qu'ils menèrent dans les premiers temps de leur séjour en Amérique. Le moulin Robert est une des ruines les plus pittoresques de ce genre ; il a gardé son aspect d'antan ; ses murs croulants et sa roue inactive font encore l'admiration des visiteurs venus de loin pour contempler une vieille construction datant des premiers temps de l'histoire américaine. En effet, le développement de l'industrie en ce pays a été si rapide que les vieux procédés agricoles et industriels n'ont pas eu le temps d'y subsister durant une longue période. Depuis longtemps, l'emploi de l'eau comme force motrice a cédé la place à de plus énergiques agents. L'usage de la vapeur, adopté d'abord uniformément dans toutes les grandes usines et manufactures, a cédé insensiblement la place à celui de l'électricité, utilisée aujourd'hui pour les besoins les plus divers, aussi bien sur notre vieux continent que de l'autre côté de l'Atlantique.

LA CATHÉDRALE DE SAINT-PATRICK, à New-York, est classée parmi les plus belles cathédrales américaines. C'est une église de style gothique dont la façade est ornée de vitraux magnifiques. Elle est construite en marbre blanc, et ses tours, aux ornements délicatement sculptés, se détachent finement et nettement, sur le ciel clair de New-York, semblables à un dessin tracé par la gelée sur la vitre d'une croisée. La surface occupée par l'édifice a la forme d'une croix latine d'une longueur d'environ 100 mètres et d'une largeur de près de 50. Les ornements architecturaux qui en décorent l'intérieur ne sont pas encore achevés et exigeront plusieurs années de travail ; mais ses colonnes cannelées, sa magnifique chaire, ses vitraux peints suffisent déjà à nous donner une preuve de la munificence de la communauté religieuse qui la fit construire à ses frais. Cette grande cathédrale contemporaine, construite par les adeptes d'une religion à laquelle sont dues les plus vieilles églises de la chrétienté, semble engager l'esprit de celui qui l'admire à se reporter aux vieux monuments de ces anciennes contrées, dont la grandeur historique et la piété nous imposent un sentiment de respect. Elle est fréquentée par les catholiques américains et principalement par les émigrés français habitant New-York, qui s'y rendent en foule le dimanche et les jours de fête.

LES GORGES DE LA CHIFFA sont un des points de vue les plus étranges et les plus curieux de notre colonie algérienne. Aujourd'hui, quiconque va visiter l'Algérie veut voir les gorges de la Chiffa. Dans une abrupte vallée, séparant brutalement de hautes montagnes qui la surplombent, court la Chiffa, torrent ou rivière, ou plutôt à la fois l'un et l'autre. Sur ses rives passe la route de Médéah à Alger. Elle est en quelque sorte la limite entre le Nord et le Sud, entre l'Atlas et le Désert. Notre gravure représente la plus fameuse de ces gorges. Les bords de la Chiffa sont déserts, et c'est à peine si l'on aperçoit parfois quelques singes grimaçant sur les arbres ; ce sont les derniers sur-vivants des singes innombrables qui, jadis, peuplaient les forêts du pays. La contrée que traverse la Chiffa est, sans contredit, une des plus pittoresques de l'Algérie. En outre, le climat est très doux et très salubre. Aussi, peu à peu, les villes qui s'y trouvent ont-elles obtenu une très grande prospérité. C'est dans la Chiffa que se jette, à peu de distance de Blidah, le fameux Oued-el-Kebir, qui arrose cette ville. Ce pays est aujourd'hui absolument tranquille et il n'y a aucun danger d'insurrection des populations arabes ; c'est bien une province fran-çaise ou, plus exactement même, un département français. Mais que de souvenirs héroïques et de tombes glorieuses dans toute cette région !

LES MARCHANDES DE LÉGUMES, A SUEZ, encombrent les rues et assourdissent les voyageurs, qui y font une courte halte, de leurs cris gutturaux et sauvages. Beaucoup sont sales et flétries, mais certaines, malgré le hâle de leurs visages et la poussière qui les couvre, sont d'une beauté particulière et étrange. Leurs grands yeux sombres, des yeux de gazelle comme disent les Orientaux, ont une singulière expression de mélancolie. On pourrait y lire une sorte de résignation farouche, celle de cette race de fellahs, qui ne trouve que dans son fanatisme et son obéissance à la volonté divine, une consolation à ses maux, aux injustices qu'elle doit sans cesse supporter.

Les marchandes de légumes, à Suez, s'en vont d'ordinaire deux par deux, ayant invariablement à la main une balance en osier qui, le plus souvent, leur sert surtout à tromper les clients. Il n'y a pas là-bas de vérificateurs des poids et mesures. D'ordinaire, elles travaillent pour leur mari, ou pour un patron quelconque qui leur distribue généreusement des coups de bâton, si elles ont voulu dissimuler une partie de la recette. C'est un des côtés les plus pittoresques pour le voyageur, qui, à Suez, met pour la première fois le pied dans les pays orientaux, d'apercevoir sur les quais ces femmes étranges, esclaves aux regards de reine. Il en conserve longtemps le souvenir.

LE NIAGARA EN HIVER est dans tout l'éclat de sa beauté. C'est à cette époque surtout qu'il faut admirer cette merveille de la nature. Il apparaît alors comme enveloppé d'une sorte de réseau de fines aiguilles de glace, qui prennent les formes les plus étranges et les plus capricieuses. Il s'en échappe une buée légère qui, au matin, quand le soleil commence à se montrer à travers les nuages, a tour à tour les nuances les plus fantastiques. Peu à peu, sous la chaleur du soleil, les aiguilles de glace se détachent, et le souffle du vent les emporte sur les arbres et les gazons, où elles apparaissent étincelantes comme des myriades de diamants. Quand le vent agite celles qui restent attachées aux branches des arbres, elles rendent des sons musicaux bizarres, on croirait entendre une immense harpe éolienne. Au commencement du printemps, les paysages qui avoisinent le fleuve sont admirables à voir, lorsque le soir, la brume, s'élevant peu à peu de la surface des eaux, est poussée par la brise vers le rivage, où elle couvre les plantes et les arbres d'une légère couche de glace. De lourds glaçons emportés par le fleuve se brisent, en touchant les rivages des îlots, avec un fracas épouvantable, puis s'abiment dans le précipice. On les voit tout à coup reparaître au bas de la chute, où ils forment bientôt un immense pont de glace.

LA CHUTE AMÉRICAINE, comme on appelle cette colossale cascade du Niagara, subit un phénomène étrange. Elle fut tout à coup comme tarie et réduite à la moitié de ses proportions; son lit se transforma en une baie étroite et profonde, au milieu de laquelle apparurent des rochers noirs et dénudés; le rugissement sinistre de ses eaux n'était plus qu'un sourd gémissement. Voici comment avait été amenée cette étrange perturbation : les glaçons accumulés à la surface du lac Érié s'étaient tout à coup séparés, et, poussés par un vent violent venant de l'est, avaient remonté le courant. Le soir, le vent changea et les ramena vers la partie inférieure du lac avec une telle violence qu'ils montèrent les uns sur les autres et formèrent une digue énorme qui arrêta la fuite des eaux vers la cataracte. Bientôt la cascade fut tout à fait à sec, et les paysans du voisinage explorèrent avec stupéfaction des rochers et des précipices jusqu'alors invisibles aux hommes. On raconte que l'un d'eux, ayant pu atteindre la partie supérieure de la chute, en retira, avec l'aide de ses chevaux, une quantité considérable de bois que le courant, peu à peu, y avait accumulé. La nuit suivante, la digue de glace se rompit; le lendemain matin, le Niagara avait repris sa physionomie ordinaire. L'immense cascade lançait de nouveau son gigantesque panache sur les rochers.

LE FER A CHEVAL est un peu plus large que la chute américaine. La largeur de sa chute est de près de 700 mètres. Peu de grands écrivains ont pu donner une impression exacte du merveilleux spectacle qu'ils ont eu sous les yeux quand ils ont vu le Niagara. L'homme, du reste, en présence de ce grandiose tableau, n'éprouve tout d'abord qu'un sentiment : une stupéfaction profonde. Les mots sont impuissants à rendre l'impression de quiconque voit, comprend et admire comme il convient. La majesté, la grandeur d'un tel spectacle entraînent fatalement l'imagination humaine dans un ordre de pensées supérieures. C'est devant le Niagara surtout qu'il est permis de comprendre l'éternel et l'infini. C'est au pied de ces chutes que l'homme s'aperçoit, mieux qu'ailleurs peut-être, combien il est peu de chose, lui qui n'est, selon l'expression du poète, qu'une créature d'un jour, qui s'agite une heure devant l'éternité et l'immensité de la nature. Devant le fracas terrible des cascades, il semble que le roulement du tonnerre et le grondement du canon ne sont que des bruits légers. A côté du Niagara, les batteries de Wagram n'auraient point été entendues. Le Niagara est célèbre dans le monde entier. Il l'était déjà au siècle dernier quand, en partie du moins, il était du vaste domaine colonial de la France, au temps où le Canada était français.

LES ROCHERS AMONCELÉS, au-dessous de la chute américaine, supportent un léger pont, et il y a un étroit passage entre la masse d'eau tombant de la cascade et les rochers du précipice. Jusqu'à ces temps derniers, les touristes qui ne craignaient pas de se tromper pouvaient circuler sous les chutes et admirer cette immense nappe verte qui, en tombant avec impétuosité, prend, sous les rayons du soleil, les couleurs de l'arc-en-ciel. Les bords de la cataracte sont en pierre calcaire, et la profondeur est de 80 pieds américains. La cavité qu'on voit et qu'on appelle la « Cavité des vents » a été lentement creusée par l'eau qui éclabousse contre les rocs. En 1883, la législation de New-York envoya cinq commissaires pour prendre toutes les mesures nécessaires à la conservation des chutes du Niagara. Ils avaient pleins pouvoirs pour toute expropriation utile. Ils achetèrent, moyennant la somme de 75,000 francs, les propriétés qui avoisinent les cascades. Ces commissaires s'acquittèrent gratuitement de leur tâche et ne se firent rembourser que leurs frais. C'est à ce moment que furent également achetés tous les chemins de fer funiculaires. Niagara signifie : « Les Tonnerres de l'eau », et c'est le nom que donnaient aux chutes les Indiens eux-mêmes, au temps où ils campaient sur les bords de l'admirable cascade américaine.

LES RAPIDES qui courent au-dessus de la chute américaine sont peut-être moins imposants que les cascades elles-mêmes, mais ils ont cependant un caractère particulier. Ces rapides sont formés par l'étroitesse du canal qu'enserrent les rochers avant que le Niagara ne tombe dans l'immense précipice. Dans ces rapides, il y a des chutes de plus de 20 mètres. L'eau a une telle agitation, elle escalade les rochers avec une telle impétuosité qu'on dirait qu'elle veut lutter contre le danger de la chute sans fin. Au sommet de la cataracte, il y a un moment d'accalmie. Le torrent semble s'apaiser, comme s'il voulait se recueillir, un instant avant de disparaître au fond de l'abîme, et il empanache de sa blanche écume les vieux rocs usés qui surplombent les chutes. Sur ces rapides, tous les fous du monde ont tenté de fantastiques aventures, et les Américains ont montré, là encore plus qu'ailleurs, leur passion pour tout ce qui est extraordinaire. En 1827, quelques personnes achetèrent un vieux vaisseau appelé le *Michigan* et firent distribuer partout des prospectus annonçant que « le Michigan », avec une cargaison d'animaux furieux, franchirait les rapides. L'ours seul se sauva et gagna le rivage. Les oies furent capturées au-dessous des cataractes et vendues un prix fou aux touristes. Depuis, on tenta vainement de franchir les rapides.

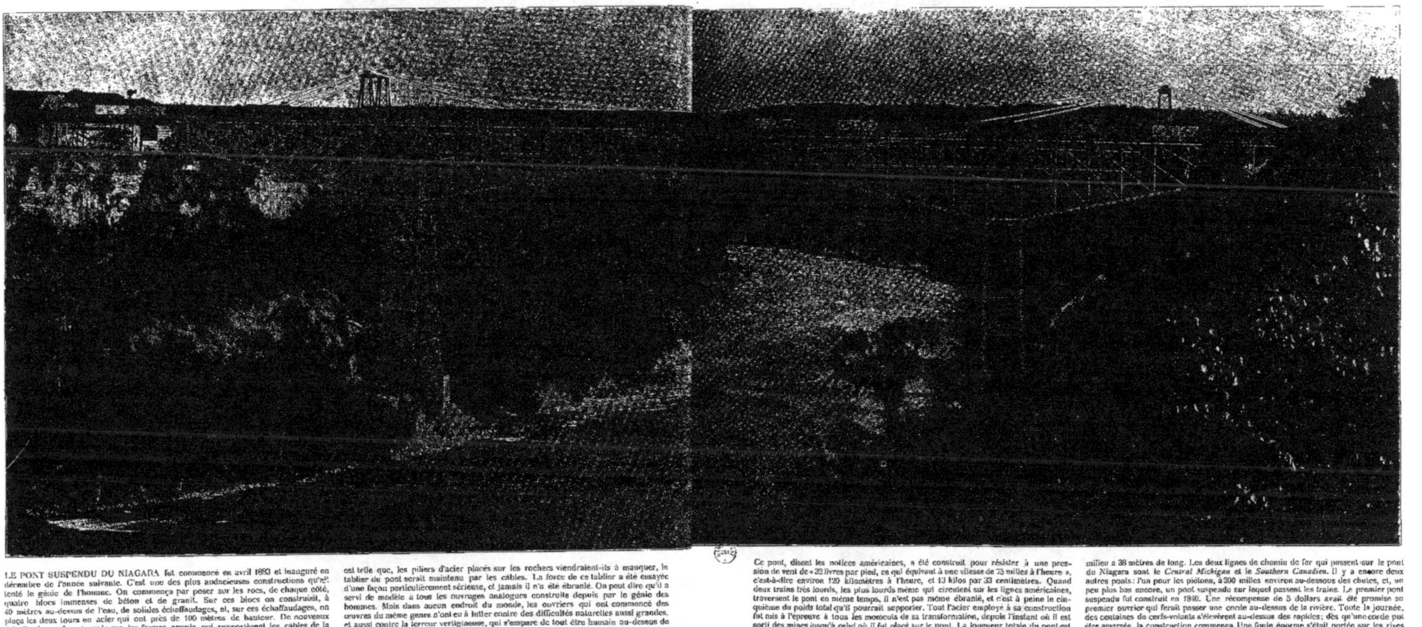

LE PONT SUSPENDU DU NIAGARA fut commencé en avril 1893 et inauguré en décembre de l'année suivante. C'est une des plus audacieuses constructions qu'ait tenté le génie de l'homme. On commença par poser sur les rocs, de chaque côté, quatre blocs immenses de béton et de granit. Sur ces blocs on construisit, à 40 mètres au-dessus de l'eau, de solides échaffaudages, et, sur ces échaffaudages, on plaça les deux tours en acier qui ont près de 100 mètres de hauteur. De nouveaux échaffaudages furent posés sur les fermes appuis qui supportèrent les câbles de la suspension. Les derniers chaînons des câbles furent fixés sur les tours d'acier et les appuis solidement attachés aux piliers, de telle sorte que, pour ébranler cette masse colossale, il faudrait un déplacement de poids de 900 tonnes. La solidité de ce pont est telle que, les piliers d'acier placés sur les rochers viendraient-ils à manquer, le tablier du pont serait maintenu par les câbles. La force de ce tablier a été essayée d'une façon particulièrement sérieuse, et jamais il n'a été ébranlé. On peut dire qu'il a servi de modèle à tous les ouvrages analogues construits depuis par le génie des hommes. Mais dans aucun endroit du monde, les ouvriers qui ont commencé des œuvres du même genre n'ont eu à lutter contre des difficultés naturelles aussi grandes, et aussi contre la terreur vertigineuse, qui s'empare de tout être humain au-dessus de ces rapides formidables et de ces cascades gigantesques, dont le bruit assourdissant grondait avec des éclats de tonnerre à plus de 200 mètres au-dessous des travailleurs. Aussi la main-d'œuvre de ce magnifique pont a-t-elle coûté un prix formidable.

Ce pont, disent les notices américaines, a été construit pour résister à une pression de vent de « 32 livres par pied, ce qui équivaut à une vitesse de 75 milles à l'heure », c'est-à-dire environ 120 kilomètres à l'heure, et 13 kilos par 33 centimètres. Quand deux trains très lourds, les plus lourds même qui circulent sur les lignes américaines, traversent le pont en même temps, il n'est pas même ébranlé, et c'est à peine le cinquième du poids total qu'il pourrait supporter. Tout l'acier employé à sa construction fut mis à l'épreuve à tous les moments de sa transformation, depuis l'instant où il est sorti des mines jusqu'à celui où il fut placé sur le pont. La longueur totale du pont est de 260 mètres. Les chaînes qui aboutissent sur le territoire américain ont 131 mètres; celles qui aboutissent sur le territoire canadien, 125 mètres. Enfin, le pont fixe du milieu a 38 mètres de long. Les deux lignes de chemin de fer qui passent sur le pont du Niagara sont le *Central Michigan* et le *Southern Canadien*. Il y a encore deux autres ponts : l'un pour les piétons, à 200 milles environ au-dessous des chutes, et, un peu plus bas encore, un pont suspendu sur lequel passent les trains. Le premier pont suspendu fut construit en 1840. Une récompense de 5 dollars avait été promise au premier ouvrier qui ferait passer une corde au-dessus de la rivière. Toute la journée, des centaines de cerfs-volants s'élevèrent au-dessus des rapides; dès qu'une corde put être amarrée, la construction commença. Une foule énorme s'était portée sur les rives pour assister à ce spectacle unique. Des paris considérables furent même engagés. Les gagnants encaissèrent une grosse somme, et des enjeux importants furent perdus.

AU CLAIR DE LUNE, le soir, le spectacle du Niagara offre un contraste étrange avec ce qu'on a pu voir dans la journée sous un soleil ardent. Quand le soleil brille sur les chutes, il semble que l'or ruisselle de ces gigantesques cascades. Éclairées par la lune, elles perdent en quelque sorte toute leur grandeur sauvage; on dirait quelque paysage idéal, tel qu'il est impossible d'en trouver de semblable sur la terre. Au premier aspect, les touristes qui ne voient d'abord le Niagara ordinairement que du sommet des chutes ou du pont du chemin de fer, sont un peu désappointés. Ils ne peuvent, en effet, de ces points, admirer la beauté unique de cette merveille de la nature. Mais bientôt, quand ils continuent l'exploration des cascades et des rapides, la grandeur merveilleuse du paysage leur apparaît. Au Niagara, les Indiens oubliaient leurs discordes, fumaient le calumet de la paix et enterraient la hache de la guerre. Le premier ouvrage où il est question des chutes du Niagara est le récit des voyages de Jacques Cartier, en 1535. On sait que Jacques Cartier a découvert le Canada. La première carte où leur position fut marquée est celle de Samuel Champlain, publiée en 1613. Soixante-cinq ans plus tard, un missionnaire, le père Hennepin, fit une description complète des chutes, mais cette description manquait d'exactitude.

L'ASPECT GÉNÉRAL DU NIAGARA s'est considérablement modifié depuis deux siècles. Le Fer à cheval, peu à peu, a perdu sa forme; le centre, maintenant, ressemble à un V dont le sommet serait hérissé de pointes. Quant à la chute américaine, elle n'a commencé à changer d'aspect d'une façon appréciable que depuis quelques années; un angle s'est formé, qu'on apercevra du reste plus distinctement dans la vue suivante. Les personnes qui ont minutieusement étudié la course du torrent pensent que, dans un avenir rapproché, il disparaîtra dans un canal souterrain. C'est la glace surtout qui est le grand agent de destruction, et peu à peu démolit les chutes, ce sont les blocs de glace qui déracinent les rochers et les poussent dans le courant. « Goat island », l'île du Bouc, est en partie submergée, et l'on craint pour toute la partie qui est située du côté du territoire américain. Chaque année l'eau continue son œuvre de destruction. L'énorme fragment de roc appelé *la Table de roc*, qui se trouvait sur le territoire canadien a disparu en 1850. Le conducteur d'une diligence était en train de dételer ses chevaux sur la plate-forme de ce rocher, quand un craquement terrible se fit entendre. Il n'eut que le temps d'échapper, et chevaux et diligence disparurent dans le gouffre avec une masse énorme de terres et de rocs. Le traité de 1814 a placé la limite entre le Canada et les États-Unis à l'endroit où l'eau est le plus profonde, c'est-à-dire au milieu même du Fer à cheval, de telle sorte que la frontière des deux pays se trouve au centre même du gouffre. Il y a peu de chance qu'on puisse jamais poser un poteau pour marquer cette frontière unique et qui ne sera jamais contestée par personne.

LE COTÉ MÉRIDIONAL et les îles appartiennent à l'Amérique; elle possède en outre la moitié du Fer à cheval. Le petit vapeur qui passe sous les cataractes s'appelle la *Vierge-du-Brouillard* (the Maid of the Mist) et son histoire est assez curieuse. La première *Vierge-du-Brouillard* fut construite en 1846 et mise à l'eau au-dessus du pont du chemin de fer. Huit ans plus tard, une autre *Vierge-du-Brouillard* plus grande, prit des passagers sur les deux rives, vogua vers la chute américaine, tourna autour du Fer à cheval et arriva au débarcadère après avoir reçu le baptême de l'eau. Sept ans plus tard son propriétaire voulut la vendre, mais ne trouva point d'acquéreur. Cependant on lui offrit la moitié du prix qu'avait coûté sa construction s'il consentait à la livrer, au-dessous des rapides et des gouffres, près de la ville de Niagara. Robinson, le fameux pilote du Niagara, qui avait guidé le bateau dans ses petits voyages, accepta de tenter cette périlleuse traversée. Un ingénieur, M. Jones, l'accompagnait, et M. Intyre aidait à tenir la barre. Robinson passa les rapides sous le pont, mais un courant furieux projeta le navire hors de sa route. Au tiers du chemin le gouvernail fut brisé, et l'eau submergeant le vapeur emporta la cheminée. Robinson dut mettre le pied sur la poitrine de M. Intyre pour l'empêcher d'être emporté lui aussi. Mais la *Fille-du-Brouillard* émergea du gouffre et put être amarrée dans les eaux calmes de Lewinston. Cette traversée audacieuse, ce tour de force unique, peut donner une idée de la passion des Américains pour les aventures extraordinaires. Des paris considérables avaient été engagés pour ce voyage digne des fantaisies de Jules Verne.

LE PONT DES TROIS-SŒURS est le meilleur endroit d'où l'on puisse admirer les rapides. Les Trois-Sœurs, Goat Island (l'île du Bouc) et le continent sont réunis par quatre ponts. En 1779, M. John Stedman fit élaguer les taillis de la partie supérieure de l'île, et y plaça un vieux bouc qui mourut l'année suivante. Quelques années plus tard on tenta de changer le nom, mais l'ancienne appellation est restée. C'est toujours l'île du Bouc. En 1817, M. Judge Porter construisit un premier pont, mais il était en bois, et l'hiver les glaces l'emportèrent. La saison suivante, il en construisit un autre un peu plus bas. Pendant les travaux, le grand chef indien Red Jacket vint visiter les chutes. Pendant quelques instants il resta assis, immobile, comparant sans doute dans sa pensée, la déchéance de sa race à sa grandeur passée, puis se levant, il fit entendre quelques-unes de ces interjections gutturales si communes dans la langue indienne et s'écria : « Perfides, vils Yankees ! » Aussitôt, se drapant avec solennité dans sa couverture, il s'en alla le désespoir peint sur le visage. Depuis personne ne l'a jamais revu. Que dirait le vieux chef s'il voyait aujourd'hui, sur le sol de ses ancêtres, deux villes florissantes éclairées à la lumière électrique, et s'il savait que ce sont ces antiques cascades qu'il aimait tant, qui fournissent la force qui donne l'électricité ? Qu'aurait-il dit s'il avait vu Blondin traverser son cher Niagara, en présence du prince de Galles et d'une foule énorme ? Que dirait-il encore aujourd'hui s'il voyait la foule des touristes encombrer les bords de ses cascades bien-aimées, et troubler la majesté de ce lieu admirable ? Que dirait-il s'il entendait le sifflet de la locomotive au-dessus du torrent ?

LES CHUTES DE JUANACATLAU, au Mexique, par un caprice bizarre de la nature, ont une ressemblance singulière avec les chutes du Niagara. Les cascades ont la même courbe; il y a, comme au Niagara, une île sur le bord de l'abîme, et, comme au Niagara, avant et après les chutes, la rivière passe à travers de furieux rapides. L'eau sort du lac Chapala, comme le Niagara sort des lacs Érié supérieur et Huron. La rivière à 60 mètres de large, et se précipite en une masse d'écume argentée d'une hauteur de 25 mètres; c'est la plus belle chute d'eau du Mexique. Ces cascades ne sont distantes de la ville de Guadalajera que de 23 kilomètres environ. Un tramway électrique y conduit. Chose curieuse, on représente souvent le Mexique comme un pays très arriéré, et cependant c'est là qu'on sut utiliser pour la première fois les chutes d'eau. La petite ville de Guadalajera fut la première cité éclairée à l'électricité, même avant Buffalo. Les chutes de Juanacatlau, outre la force électrique qu'elles donnent, alimentent un puissant moulin. Vaut-il mieux employer les forces de la nature à augmenter la richesse de l'industrie, ou bien se préoccuper avant tout de conserver intacte la beauté d'un site? Il semble que poser la question c'est la résoudre. Le lac Chapala forme la plus grande masse d'eau du Mexique. Le Lerma, qui en sort, a un cours de plus de 800 kilomètres avant de se jeter dans le Pacifique. Il est intéressant pour nos lecteurs de connaître ce pays qui, un instant, fut occupé par les armées françaises, lors de l'expédition du Mexique, qui se termina si tristement par la mort de l'empereur Maximilien.

LA PAGODE DE BOUDDHA, à Hanoï, est une des plus simples qu'on puisse rencontrer dans l'Indo-Chine, mais elle est construite selon toutes les règles de l'architecture religieuse chinoise et hindoue. On y trouve le sanctuaire (*vimana*), construction rectangulaire surmontée d'une pyramide à plusieurs étages; les *mantapas* ou porches; les portes pyramidales (*gapouras*); et les *achoultri*, salles hypostyles. Dans l'intérieur, le dieu apparaît sous toutes les formes bizarres que lui donnent les artistes chinois. Il faut remarquer que, dans les pagodes, le nombre en est toujours impair, car les prêtres bouddhistes attribuent au nombre impair un caractère sacré. Jadis les images des pagodes de l'Annam et du Tonkin étaient ornées d'innombrables pierreries. Il y en a beaucoup moins aujourd'hui, et les prêtres ont volontiers remplacé les pierres précieuses par de faux diamants et de fausses émeraudes que leur ont apportés les civilisations européennes. On sait que la religion bouddhiste, en dehors des superstitions sauvages qui semblent faites pour les pays où elle règne, a une philosophie très élevée et une morale très haute qui, par certains côtés, se rapprochent étrangement de la morale et de la philosophie chrétienne. Elle existe encore aujourd'hui dans l'Inde et dans l'Asie centrale, où ses adeptes la pratiquent avec une dévotion poussée chez certains d'entre eux jusqu'à un féroce fanatisme. Paris, il y a quelques années, a pu assister dans un musée à ce qu'on a appelé une « messe » bouddhique; cérémonie assez rare dans nos contrées, et qui attira naturellement une affluence considérable de spectateurs qui durent se croire un instant transportés près du Gange sacré, en plein pays asiatique.

LES CHUTES DE SHOSHONE, en Colombie, bien que très différentes du Niagara, sont dans leur genre un des plus beaux spectacles que puisse offrir la nature. Dans une gorge étroite et verdoyante coule un torrent furieux, et la mousse de ses vagues et de ses cascades met comme un panache blanc à l'admirable végétation de ce pays. De l'Idaho (la Perle des montagnes) coulent des fleuves et des rivières d'une limpidité transparente. La plus importante de ces rivières est le *Shoshone* ou Snakeriver (la Rivière serpent) dont le cours sinueux va se jeter dans la Colombie. Le Shoshone prend sa source près de Yellowstone et coule vers le sud parmi des collines abruptes et des rochers gigantesques. Les chutes du Shoshone sont fort belles ; leur largeur est de 350 mètres environ, et leur hauteur de près de 80 mètres. De loin, au milieu du torrent, apparaissent de grands rochers de formes fantastiques ; on dirait les ruines de vieux châteaux forts construits par la main d'un magicien. Tout ce paysage d'ailleurs est étrange et sauvage. Les Américains disent qu'il fait songer au pays des légendes gardé par les gnomes et les fées. Le plus haut pic de l'Idaho, qui a une hauteur de 3000 mètres au-dessus du niveau de la mer, est nu et abrupt. Le contraste est saisissant entre l'aridité de la montagne et la fertilité de la vallée. Du sommet, les touristes qui affrontent les fatigues de l'ascension ont un spectacle de toute beauté. On peut en effet y admirer tour à tour les contrastes capricieux de la nature : jetant ici des rochers sinistres, dont les silhouettes effrayantes se dressent de tout côtés ; là, mettant une campagne fertile, que couvre une luxuriante végétatio :

LA PRÉPARATION DU RIZ, dans les Indes françaises, est faite par des coolies qui ont, en quelque sorte, la spécialité de préparer cette plante qui leur sert de nourriture depuis tant de siècles. Les historiens ne sont pas d'accord sur le point de savoir si le riz vient de l'Inde ou de la Chine. Cependant, il est probable que, environ 3000 ans avant Jésus-Christ, un empereur chinois sema du riz de ses propres mains. En revanche, c'est en s'appuyant sur des données philologiques que certains écrivains affirment que le riz vient de l'Inde. Ce qui est certain, c'est que le riz est venu de l'Est. Les Arabes en apportèrent des semences en Espagne, l'appelant le « ariz ». Plus tard les Espagnols transformèrent « ariz » en « arroz » et les Italiens en « rizzo ». Le riz a plus de variétés qu'aucune céréale européenne : certaines espèces poussent dans l'eau, d'autres, dans la terre sèche. Le riz, parfois, vient à maturité en trois mois. Dans d'autres endroits, il lui faut quatre ou six mois pour pousser complètement le riz est, dans l'Extrême-Orient, la principale, si ce n'est même l'unique nourriture. On peut dire que, pour les Chinois et pour les Annamites, il remplace d'une façon absolue le pain. Tout le monde sait que les Chinois ne savent rien manger sans riz, et qu'ils ont une façon particulière de le porter à leur bouche, se servant de petits bâtons au lieu et place de cuiller et de fourchette. Dans les Indes, non seulement on donne divers noms aux différentes variétés de riz, mais encore les appellations varient suivant l'état où se trouve la plante. Ceci suffit à prouver l'antiquité très reculée de la culture du riz, qui poussait certainement en Asie il a quelque mille ans.

LES COTONS EN PARTANCE de la Nouvelle-Orléans chargent les steamers que l'on voit, dans la gravure ci-dessus, encombrer les quais de la ville qui fut jadis si française. de la capitale de la Louisiane, la plus ancienne possession française en Amérique, et que Napoléon céda aux États-Unis, en 1803, contre une indemnité considérable pour l'époque. La Nouvelle-Orléans, située à l'embouchure du Mississipi, est admirablement placée pour recevoir les cotons des plantations américaines, et pour les renvoyer aux manufactures d'Europe. C'est de la Nouvelle-Orléans que le Havre, Liverpool, Anvers reçoivent tous les cotons qui viennent d'Amérique. Liverpool est le plus important marché de coton du monde, mais après lui vient la Nouvelle-Orléans. On calcule qu'il y passe 2,000,000 de balles de coton chaque année. On fait aussi, à la Nouvelle-Orléans, un grand commerce de riz, de sucre et d'autres denrées, mais le trafic du coton est véritablement la spécialité de cette ancienne colonie française. Rien n'est plus pittoresque, sur les quais, que le chargement de ces lourdes balles de coton, qui s'allongent en longues files à perte de vue, et que, parfois, un coup de crochet maladroit crève comme un fruit trop mûr. Le Mississipi, qui est le plus grand canal de pénétration intérieure que la nature ait jamais formé, est en même temps le plus extraordinaire fleuve du monde. Avant qu'il arrive à la Nouvelle-Orléans ses eaux sont jaunes et ont parcouru une longueur de 400 kilomètres. M. Jefferson était président des États-Unis, en 1803, quand le gouvernement américain fut assez habile pour acquérir cette merveilleuse contrée.

LE PAVILLON DE L'ÉLOQUENCE, A BAC-NINH, est un des vestiges les plus curieux de la civilisation chinoise, et de la culture raffinée des mandarins, dans tous les arts et toutes les sciences qui peuvent intéresser l'esprit de l'homme. L'architecture en est originale et typique. Ce n'est point tout à fait le style chinois dans toutes ses complications de clochetons et d'ornements, c'est un monument curieux de l'architecture spéciale au Tonkin. Par la photographie que nous reproduisons, nos lecteurs pourront se rendre un compte exact de ce qu'est ce beau pays, où la nature est si puissante et si belle, et où il n'est besoin que d'un faible effor du travail des hommes pour arriver à des résultats aussi beaux que ceux obtenus aux Indes par les Anglais. Quand les Français occupèrent Bac-Ninh, un combat sanglant s'engagea aux abords du « Pavillon de l'Éloquence »; ce jour-là, ce fut la poudre surtout qui parla. Une poignée de lignards se jeta sur une troupe de 300 Chinois, qui tous furent massacrés. C'est là que le général Négrier s'écria : « Avec de pareils soldats, capables d'efforts aussi héroïques, nous pouvons regarder sans crainte la trouée des Vosges. » La France, peut-être, n'est pas assez fière de ceux de ses enfants qui sont allés combattre au Tonkin pour lui donner un empire, et pour laver avec un peu de gloire les défaites de l'année terrible. Il y eut aussi des revers dans cette campagne. Bac-Ninh ne vit pas toujours le drapeau français triomphant. Mais, même dans ces heures douloureuses, il y a eu des traits d'héroïsme admirables. Aujourd'hui Bac-Ninh est une ville très paisible, où les colons européens peuvent tranquillement commercer.

UN QUARTIER NÈGRE, à la Martinique, est toujours une chose curieuse à voir pour le voyageur; bien que les nègres des colonies françaises, comme ceux de l'Amérique, aient peu à peu, en apparence du moins, pris les habitudes de la race blanche, les quartiers qu'ils habitent sont particulièrement intéressants. L'aspect des maisons, les mœurs de ceux qui y demeurent, donnent tout de suite une idée de la nature nonchalante et insouciante des noirs, les représentants, dans le Nouveau Monde, de la race africaine. L'abolition de l'esclavage a profondément modifié les conditions de la vie des nègres, et beaucoup regrettent le temps où le maître leur assurait la vie, sans qu'ils fussent obligés de faire un effort pour la gagner. Dans les colonies françaises, notamment, la condition des esclaves était assez douce, et le bâton du maître s'abattant à chaque instant sur les épaules des travailleurs trop paresseux est un peu une légende littéraire. Avec le temps, cependant, l'éducation nouvelle que l'on donne aux enfants, fait des nègres des hommes comme les autres. Néanmoins, il est assez rare de trouver parmi eux des intelligences supérieures. En revanche, un assez grand nombre deviennent de bons ouvriers. Ils ont une grande adresse manuelle et un goût particulier, une sorte de passion pour la musique. Aux États-Unis, où les noirs sont plus nombreux que partout ailleurs, les nègres qui sont citoyens et électeurs ne sont point parvenus à se fondre dans la population. Ils forment une caste à part qui, dans certains États surtout, est en but à l'hostilité de la population. Le caractère fourbe, souvent lâche, de la race noire, est la plus grande cause de cette animosité.

L'OBSERVATOIRE DE LICK, situé sur le mont Hamilton, près de San-José, en Californie, à l'endroit même où s'installa jadis une colonie de pionniers français, est le plus vaste et le plus puissant observatoire du monde. Les bâtiments sont construits à une hauteur de 1400 mètres environ au-dessus du niveau de la mer; l'organisation, l'installation sont sans pareilles, et nulle part il n'existe d'aussi puissants télescopes dont les lentilles aient 72 centimètres de diamètre. C'est M. James Lift qui a fait à la science ce magnifique présent. On peut même dire que ce n'est pas à l'Amérique seule que M. Lift a fait ce don grandiose, c'est au monde tout entier, qui en profitera autant que les États-Unis. Il est intéressant de faire remarquer qu'à cette époque si égoïste, un des hommes les plus puissants par la richesse, a songé à être utile à la science.

M. Lift avait été un simple travailleur, et avait conquis son immense fortune par son audace et sa ténacité. L'inauguration de l'observatoire de Lick a été un grand événement en Amérique. On avait alors fondé les espérances les plus fantaisistes sur les résultats qu'il pourrait atteindre. Un journal était même allé jusqu'à dire qu'on saurait bientôt « s'il y avait des chemins de fer dans la planète Mars ». Les savants n'ont point de ces rêves fous, mais ils savent que l'observatoire de Lick est destiné à rendre à l'humanité d'inappréciables services. Il est peu probable que cet observatoire si perfectionné, arrive à correspondre avec les planètes que l'on dit habitées par des êtres humains, mais il est certain que les puissants moyens qu'il possède lui permettront de faire, dans un avenir plus ou moins éloigné, d'importantes découvertes.

LA BOUCLE DE MAUCH-CHUNK est un des plus beaux paysages de l'Amérique. A peine à deux heures de chemin de fer de Philadelphie, elle est devenue le rendez-vous des touristes; et l'on peut dire qu'il s'y rattache des souvenirs d'un prix inestimable pour la France, puisque c'est à Philadelphie que fut proclamé l'indépendance des Etats-Unis, et que l'armée française, commandée par Rochambeau, a traversé triomphante toute cette belle vallée. Originairement la petite ville de Mauch-Chunk vivait du commerce du charbon. L'unique ligne de chemin de fer aboutissait à la rivière et favorisait le trafic. Aujourd'hui elle ne sert plus guère qu'au transport des touristes, qui viennent en très grand nombre admirer un des plus beaux points de vue du monde. Ce chemin de fer est particulièrement curieux, car c'est une sorte de funiculaire qu'une machine fait monter au sommet du mont Pigash, à une hauteur de 500 mètres; de là on arrive au pied du mont Jefferson, après une course d'environ 15 kilomètres. A partir de cet endroit le train suit un plan incliné jusqu'à Summett-Hill, qui est à peu près à la même hauteur que le mont Pigash. Puis de là il redescend à son point de départ avec une grande vitesse; il ne met pas 25 minutes pour refaire ce trajet. Le point de vue que l'on a dans ce voyage est merveilleux, surtout en automne, quand les forêts de la Pensylvanie se montrent dans toute leur splendeur, et l'on sait que ce sont peut-être les plus belles forêts de l'Amérique. Quiconque n'a point vu ce spectacle, unique, étrange, ne peut même s'en faire une idée, et les volontaires français qui suivaient La Fayette furent tous saisis d'admiration quand ils arrivèrent à la fameuse boucle de Mauch-Chunk.

LA VALLÉE DU SIND ou Sindh, l'Indus des anciens, au nord-ouest de l'Inde, est ce qu'on a appelé jadis le berceau du monde. Pour les Indous, les ondes de ce fleuve sont sacrées, et presque tous les animaux, même les nuisibles, sont l'objet d'une vénération particulière des populations riveraines. Des myriades de crocodiles fourmillent sur les rives de l'Indus, et cet animal est vénéré comme un être saint. Le jour de son mariage, la jeune épousée doit sacrifier deux brebis au plus gros crocodile. La vallée est l'endroit où l'Indus parcourt ses 500 derniers kilomètres. Cette vallée est plate, les collines sont éloignées, et tout l'est est un désert. C'est pour cela qu'on l'a souvent comparée à celle du Nil. L'Indus rend, du reste, les mêmes services que le Nil, reportant ses alluvions quand les eaux débordent, et fertilisant toute la contrée. Néanmoins, en certains endroits, la monotonie du paysage est brusquement rompue, notamment par les rudes précipices des montagnes de Kohistan. Mais ces montagnes sont arides, comme toutes les terres volcaniques. Quelques pics atteignent une très grande hauteur, et, dans le désert, il y a de curieux vestiges d'anciennes cascades. Le sable qui est chargé de sel et de salpêtre devient fertile dès qu'il est irrigué. Il redevient stérile dès que l'eau s'en va. Les terrains irrigués produisent jusqu'à trois récoltes par année. Le froment, le coton, la canne à sucre, le tabac et l'indigo viennent facilement dans toute cette vallée, qui a été l'objet d'intéressantes explorations faites par de nombreux savants français, qui ont cherché à déterminer d'une façon exacte les sources de l'Indus, le fleuve sacré de l'Inde, au même titre que le célèbre Gange.

LES QUAIS DE CINCINNATI, sur la rivière de l'Ohio, sont une des curiosités de l'Amérique moderne, car cette ville est devenue un grand entrepôt commercial, où se centralise d'une façon presque absolue le fameux commerce des porcs. Avant que la découverte de la trychine eût fait prendre à la France des mesures spéciales contre l'importation du lard salé, Cincinnati faisait avec le Havre un commerce constant d'une très grande importance. L'Ohio, sur les bords duquel est construit Cincinnati, est un des principaux affluents du Mississipi. C'est une rivière étrange et capricieuse comme le Saint-Laurent. A Cincinnati, sa largeur est à peine d'un quart de mille, et elle est traversée par de nombreux ponts. Qui pourrait s'imaginer cependant qu'elle est l'artère principale d'un commerce considérable? En remontant un peu on trouve mieux encore. Il y a des parties de la rivière qui peuvent facilement être passées à gué, vers la fin de l'été ou le commencement de l'automne, quand les eaux sont basses. Les gués ne sont pas sûrs cependant, car l'Ohio monte subitement en une journée de plus de 10 mètres. On dit même qu'une fois, au printemps, à la suite de la fonte de la neige, il monta tout à coup de 20 mètres. Quand les eaux sont basses on peut voir de nombreux bancs de sable qui rendent la navigation difficile et dangereuse. Il n'est même pas rare d'y voir échouer des bateaux qui, quelquefois, sont obligés d'attendre trois ou quatre jours que la pluie ait fait monter les eaux de la rivière. La navigation sur l'Ohio emploie cependant d'énormes bateaux, presque aussi grands que ceux que l'on voit sur le Mississipi. Les bateliers de l'Ohio forment une classe curieuse et spéciale.

LA JOLIE VILLE DE BLIDAH est une des plus pittoresques de l'Algérie. Construite au centre d'une contrée qui n'est qu'une succession de paysages curieux et inattendus, elle est environnée d'immenses jardins qu'embaument des myriades d'orangers, de figuiers, de mûriers et de citronniers. Le sol algérien est, à cet endroit, d'une incroyable fertilité, qui tient beaucoup à la qualité particulière des eaux de l'Oued-el-Kebir, dont la source n'est distante de la ville que d'une lieue, et dont le cours torrentueux va se perdre dans la Chiffa. Cette rivière met, en outre, en mouvement les roues de nombreuses minoteries qui, peu à peu, sont devenues la richesse industrielle de la ville. Blidah est entourée de légères fortifications qui suffisent à la garantir contre toute tentative d'insurrection. Sur un mamelon qui domine la ville s'élève un fort d'où le panorama est superbe. Avant la conquête, Blidah était en quelque sorte la Capoue musulmane ; les poètes arabes l'appelaient Kabah (la Courtisane) à cause de son climat amolissant et des mœurs un peu dissolues de ses habitants. Cette jolie ville fut pourtant, en 1825, détruite presque complètement par un tremblement de terre ; elle a été entièrement reconstruite depuis, et la ville arabe se distingue nettement de la ville européenne, dont l'architecture, très moderne, rappelle parfois celle des villes des environs de Paris. Blidah est le séjour d'une importante garnison, et une des plus grandes villes de l'arrondissement d'Alger, elle possède 24,000 habitants, dont 800 israélites et 4,500 Européens. Tout auprès de la ville se trouvent deux jolis pays, Joinville et Montpensier, remplis de belles villas habitées par les fonctionnaires et les commerçants.

LA GORGE DE CRAWFORD, dans les Montagnes Blanches, est un des endroits les plus pittoresques de cette région si belle, qui fait partie de ce que les Américains appellent : *The old colonial America*, la vieille Amérique coloniale, c'est-à-dire celle qui fut conquise par l'Europe. L'État du New-Hampshire, où se trouve la gorge de Crawford, s'appelait même jadis la Nouvelle-Angleterre. La France et l'Angleterre s'y sont trouvées aux prises jusqu'aux jours de la guerre de l'Indépendance, qui délivra le territoire américain de l'occupation étrangère. Aujourd'hui, on peut dire que tout ce pays est devenu, en quelque sorte, la Suisse du Nouveau Monde. L'été ce n'est plus qu'un immense hôtel. On arrive facilement aux Montagnes Blanches, de toutes les cités de l'Atlantique : New-York, Boston, Philadelphie, et les touristes y sont innombrables pendant la belle saison. Les fermiers de ce pays ont compris un beau jour qu'il leur serait plus profitable de vendre à des citadins en villégiature, les produits de leurs champs que de les porter au marché. Ils firent aussitôt paraître des annonces dans les grands journaux de New-York et de Boston, disant que les fermiers du New-Hampshire demandaient à loger des familles durant l'été ; et maintenant, pendant toute la belle saison, durant les mois de juin, juillet, août, de tous côtés on ne voit que des touristes escaladant les Montagnes Blanches, ou des essaims de jeunes miss, aux blonds cheveux, jouant au law-tennis dans la prairie. La gorge de Crawford, dont l'aspect est très curieux dans sa partie la plus étroite, n'a pas 8 mètres de largeur, et des deux côtés de la brèche s'élèvent des collines à pic, qui ont plus de 800 mètres de hauteur.

LES HOTELS DE LA PRESSE, à New-York, sont si vastes, que seuls ils donnent une idée de ce que peut être cette civilisation des États-Unis, que l'Europe ne fait que soupçonner. La presse anglaise elle-même, malgré ses feuilles séculaires, est aujourd'hui distancée par la presse américaine. Il nous a paru intéressant de montrer ainsi à nos lecteurs quel avait été le développement des journaux, et par conséquent de la pensée humaine, sur cette terre d'Amérique, qui ne fut pas une colonie française, au sens propre du mot, mais qui fut arrosée de tant de sang français, puisque c'est la France qui contribua à lui donner la liberté, et qui fut en quelque sorte fécondée par le grand mouvement intellectuel de la fin du dix-huitième siècle. A New-York, c'est près de Hall Park que se trouve le quartier des journaux. Notre vieille rue du Croissant, si délaissée aujourd'hui, ne peut en donner qu'une imparfaite idée. On peut se rendre compte sur la photographie de l'importance des hôtels à journaux. voici à gauche la City Hall; bien au-dessus des autres toits apparaît le toit doré du World (Monde), à côté le Sun (Soleil), un peu plus loin la Tribune. Le New-York Herald a abandonné ce quartier pour se faire construire un hôtel, qui se trouve entouré de rues et est certainement le plus bel hôtel de journaux du monde. On remarquera les dimensions énormes des hôtels du World, du Sun, de la Tribune; le nombre d'étages inusité dans les villes de la vieille Europe. L'hôtel du New-York Herald est encore plus luxueusement installé. Nous ne pouvons nous faire une idée, en France, de la perfection mécanique des machines, et de l'organisation de ces usines immenses.

LE PIC DE MITRE est une des plus hautes montagnes qui s'élèvent au-dessus du détroit de Milford. Sur la côte sud-ouest de South-Island, où il y a une trentaine de golfes, ce détroit est un des plus beaux et des plus larges. L'entrée est grandiose ; mais les glaciers ont rétréci le canal. De formidables rochers sortant de l'eau s'élèvent à une hauteur vertigineuse. Le pic de Mitre a une hauteur de près de 1800 mètres ; plus loin, le mont Pembroke a 2000 mètres, et le Tutoko près de 3000. Non loin de l'entrée du détroit, les chutes de Stirling tombent d'une hauteur de 150 mètres, mais la masse des montagnes environnantes est si imposante, que les chutes d'eau à côté d'elles paraissent en quelque sorte insignifiantes. Une autre cataracte incomparable, le Bowen, tombe d'une hauteur de 180 mètres, et quand les pluies d'orage l'ont grossie, le spectacle qu'elle offre est unique. Les habitants de la Nouvelle-Zélande visitent fréquemment ces admirables paysages qui, en Océanie, sont aussi célèbres qu'en Europe, la Suède et la Norwège. On ne s'imagine pas facilement chez nous, que là-bas, aux antipodes, existe une civilisation rapidement mûrie qui, de même qu'en Amérique, a très vite créé toutes les facilités de la vie, et les moyens de locomotion les plus perfectionnés. Il existe en Australie, comme en Amérique, de grands express, et les voyages sont maintenant aussi commodes dans les contrées jadis les plus sauvages, qu'en Bretagne ou dans le Midi de la France. Il y a, pour faire l'ascension du Pic de Mitre, autant de touristes que pour les Pyrénées ou les Alpes. La Suisse n'est pas plus visitée que les paysages de la Nouvelle-Zélande, dont le caractère est certainement plus sauvage.

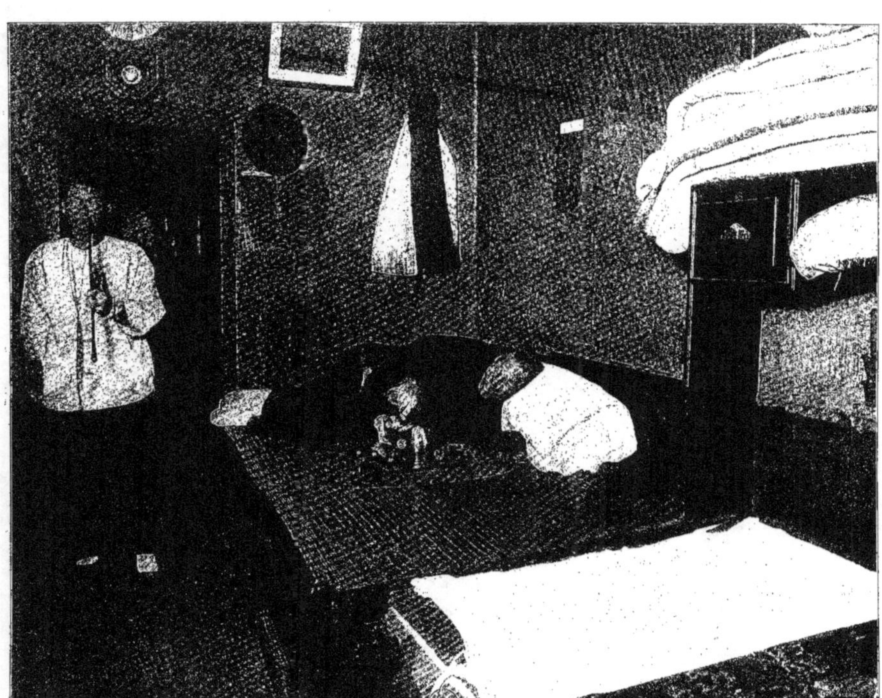

LES FUMEURS D'OPIUM, dans toutes les colonies françaises des Indes ou du voisinage de la Chine, sont extrèmement nombreux, et ont des lieux de réunion spéciaux, que les Américains appellent des cavernes de fumeurs d'opium. C'est là que les fils du Céleste-Empire viennent, en humant dans de petites pipes le filtre empoisonné, oublier tous les soucis et toutes les tristesses. Les poètes, les romanciers français ont décrit les sensations des fumeurs d'opium, et les rêves plus ou moins enchanteurs, que procure ce poison particulièrement dangereux qui, rapidement, use la vie et, plus rapidement encore, enlève la raison. Malheureusement les Européens se laissent aussi gagner par cette déplorable habitude. On peut dire qu'il y a en quelque sorte une contagion de l'opium, et dans tous les pays où les Chinois sont nombreux : dans les colonies françaises d'Extrême-Orient, en Amérique, surtout à San-Francisco, à Londres même, il y a des cavernes de fumeurs d'opium. Les Américains ont fait cette remarque curieuse que les hommes qui ont un caractère fourbe et dissimulé sont ceux qui ont la plus grande propension à s'adonner à ce poison. Dans l'Indo-Chine, le commerce de l'opium est si important que le gouvernement a dû organiser une « ferme de l'opium » qui donne des bénéfices considérables. Il paraît que cette passion est peut-être la plus dangereuse de toutes. Les Chinois prétendent que quiconque a fumé de l'opium ne peut désormais s'en passer. Ce poison est en outre bien plus dangereux pour les hommes de race blanche, Européens ou Américains, que pour les Chinois. Aussi, en Amérique, les écrivains ne cessent-ils de dénoncer cette dégradante manie.

PITTSBOURG, en Pensylvanie, est une des villes américaines dont la prospérité a été la plus grande et la plus rapide. Sur son emplacement s'élevait jadis le fort Duquesne qui appartenait à la France et qui fut une de nos plus anciennes colonies. Quand les Anglais s'en emparèrent, ils l'appelèrent Pitt. De là vint le nom de Pittsbourg. En 1800, cette ville n'avait que 1650 habitants. Elle en compte maintenant plus de 300,000. On l'a appelée le Birmingham américain, à cause des innombrables usines où l'on travaille le fer et l'acier, et aussi « la Cité enfumée » à cause des nombreuses cheminées qui étendent perpétuellement sur elle un nuage d'épaisse fumée. C'est aussi le grand centre des communications entre le Nord et l'Ouest des États-Unis. Pendant la guerre de Sécession, Pittsbourg fut transformée en une immense fabrique de canons et de fusils. Son commerce dépasse chaque année 4 millions de tonnes. Mais la ville, avec ses maisons enfumées, a un aspect triste, malgré les superbes constructions que la richesse de ses habitants a pu élever. C'est aussi un grand centre catholique et le siège d'un évêché. Jadis les Indiens campaient presque sous ses murs. La civilisation américaine a eu longtemps à lutter contre de farouches tribus. Pittsbourg s'éclaire maintenant avec le gaz naturel qui sort de la terre, comme d'ailleurs beaucoup d'autres villes américaines. Ce gaz n'a qu'un inconvénient, c'est que parfois il produit d'assez graves explosions, tout comme le gaz industriel que nous donne la houille. Par exemple la lumière qu'il produit est bien plus belle. Néanmoins, même dans ce pays, l'électricité triomphe aujourd'hui.

LE SIÈGE DU GOUVERNEMENT A NASSAU, dans les îles Bahama, connues aussi sous le nom des îles Lucayes (*los Cayos*, les Écueils, en espagnol), est un séjour merveilleux, car on jouit dans ce pays d'un printemps éternel. Les îles Bahama ont été jadis d'importantes colonies françaises. Les Anglais les avaient découvertes vers 1629 et occupées ; mais ils en furent très vite délogés par des aventuriers français ; l'Espagne aussi, un instant, les eut sous sa domination. Enfin, en 1783, elles furent définitivement cédées à l'Angleterre, qui en est toujours restée maîtresse. Il est probable que Nassau, du jour où son climat sera plus connu, deviendra une station hivernale aussi célèbre qu'Alger ou l'Égypte. Aux îles Bahama, les palmiers ont une verdure éternelle, et le ciel est d'un azur immuable. A Nassau, il n'y a à craindre ni la froidure des après-midi, ni la traîtrise des soirées. On peut même, la nuit, reposer dans un hamac, sous les étoiles, sans danger. Enfin le pays est magnifique et très pittoresque. Depuis trente-cinq ans il existe à Nassau un superbe bâtiment construit par le gouvernement anglais pour les invalides et les malades. On trouve tout autour de larges pelouses et de délicieuses promenades. Déjà, du reste, on peut voir dans ce pays d'assez nombreuses familles anglaises. Et dans ces îles lointaines, ces îles des écueils, où jadis des sauvages féroces assassinaient et très probablement dévoraient les voyageurs naufragés, on trouve maintenant des maisons à l'européenne très confortables, un club et de nombreux emplacements pour law-tennis. Quoique Nassau soit très loin, les Anglais, qui ne connaissent pas la distance, finiront par lui donner une célébrité.

LE MONT ROSS est un des pics les plus curieux que l'on rencontre dans le Canada, cette ancienne colonie française, où la France a laissé tant de traces de sa civilisation et de ses mœurs. Le mont Ross est situé dans la province d'Alberta; il fait partie des Montagnes Rocheuses, la chaîne la plus longue du monde entier, qui s'étend du cap Horn à l'Alaska. C'est là que le gouvernement canadien a sagement constitué d'utiles réserves pour l'émigration. Depuis 1896, une ère de prospérité nouvelle a commencé pour le Canada. Quelques parties du territoire de l'Alberta n'ont pas encore été bien établies, mais dès qu'il y aura un nombre suffisant d'électeurs, ils pourront envoyer un représentant au Parlement. Toute cette région est presque entièrement en prairies fertiles, excepté vers l'ouest, du côté de la Colombie. Le spectacle des montagnes est magnifique; la nature y apparaît sous son aspect le plus grandiose, et dans la vieille Europe il n'y a point de paysage qui puisse être comparé à celui des Montagnes Rocheuses. C'est là qu'une foule de grands fleuves viennent prendre leur source. Non seulement dans toute cette région l'agriculture est extrêmement développée, mais il y a un nombre considérable de mines, notamment des mines de houille et de fer, dont la production est très grande. Enfin, il faut signaler les puits de pétrole qui ont été découverts, et qui sont déjà une source de richesse puissante pour leurs heureux propriétaires. Cette contrée a vu sa prospérité grandir d'une façon merveilleuse depuis l'inauguration du Canadian-Pacific, et il est certain que des résultats plus grands encore seront obtenus, quand d'autres lignes seront ouvertes de tous côtés.

L'ALGÉRIEN que représente la photographie ci-dessus est le descendant de ces vaillants soldats d'Abd-el-Kader, qui prolongèrent si longtemps leur défense et qui ne cédèrent que devant l'héroïsme de notre armée africaine. Il est de cette superbe race arabe, qui a conservé des spécimens si curieux de la beauté mâle et fière dont les sculpteurs anciens avaient tenté de modeler l'image impérissable. Quel rêve passe en ce moment dans cette tête songeuse? Rêve-t-il à la gloire de ses aïeux? Songe-t-il au paradis que Mahomet a promis à ses fidèles? Il est probable que son rêve est plus terre à terre. Il pense sans doute aux femmes qu'il a laissées sous la tente ; au cour- sier agile qui l'a emporté jusqu'à la ville, où il vient peut-être réclamer contre quelque injustice; aux nombreux moutons qui paissent dans la plaine, et qui sont sa propriété. Les Arabes, maintenant, acceptent la conquête française. Ils se sont admirablement battus pour nous ceux qui, en 1870, étaient dans les rangs de notre armée. Les turcos, à Wissembourg, se sont couverts de gloire, et partout les spahis se sont fait tuer avec un courage admirable. L'Algérien, pourvu que l'on res- pecte ses habitudes, sa religion ; pourvu qu'il ne se sente en but à aucune persécution, reste fidèle au drapeau. Un ministre de la guerre avait même pensé à enrôler en quantité les Algériens, si la guerre éclatait.

LA CHUTE DE L'OISEAU est un des paysages les plus étranges et les plus curieux que l'on trouve à chaque pas dans ces admirables forêts vierges de la Guyane française, qui entourent notre colonie comme d'un réseau de lianes inextricables. La Guyane, en 1626, a été occupée par des colons rouennais, dont le roi Louis XIII protégea l'établissement. Mais ce ne fut qu'en 1664 que la compagnie des Indes occidentales y créa un établissement sérieux. Les Hollandais battirent les troupes françaises en 1676, et la Guyane fut très diminuée; néanmoins, la colonie était très prospère quand éclata la Révolution. Le 10 novembre 1797, la Guyane vit débarquer les 16 déportés du 18 fructidor. Au commencement de l'année suivante, 500 déportés nouveaux vinrent augmenter le chiffre de la population. C'est par un décret du 8 décembre 1851, que la Guyane fut désignée pour recevoir les repris de justice et les forçats. On sait que c'est dans cette colonie que, tout dernièrement, a été envoyé l'ex-capitaine Dreyfus, condamné pour trahison. La grande richesse de la Guyane fut un instant la recherche de l'or et l'exploitation des vastes forêts du pays. Depuis, les mines d'or de la Guyane n'ont pas eu tout à fait la même fortune que les mines de l'Australie, néanmoins la colonie est appelée à un très grand avenir et à une prospérité qui ira toujours en s'accroissant.

LES PRISONNIERS MALGACHES, représentés ci-dessus étroitement liés, et dont les physionomies, férocement intelligentes, sont si curieuses à observer, sont des bandits de grand chemin, qui ont volé, incendié, assassiné, et qui errent, libres, dans les rues des villes hovas. Leur seul châtiment est de porter des fers qui, ainsi que l'on a pu le voir, les empêchent de s'enfuir. A cette heure, tous doivent être délivrés de leurs chaînes, et enrôlés dans l'armée de la reine. Ce seront peut-être les meilleurs soldats que nous aurons à combattre. Prêts à tous les coups de mains, ce sont eux que nous rencontrerons dans tous les combats d'avant-garde et dans toutes les embuscades.

Il ne faut point croire que ces gens-là soient des sauvages dans la véritable acception du mot, beaucoup sont chrétiens, et on est obligé de dire que ceux-là mêmes qui les excitent le plus violemment contre nous sont les missionnaires anglicans, qui les ont convertis et qui ont sur eux une influence très grande. Néanmoins, parmi eux, il y a encore un grand nombre d'idolâtres ou plutôt de sectateurs de la magie, car l'ancienne religion des Malgaches, comme nous aurons à l'expliquer, n'est guère qu'une suite de pratiques de sorcellerie. Fourbes et cruels, les Malgaches, dont on voit les photographies, montrent très bien, par leur physionomie même, l'astuce profonde de leur race.

LA RUE COLLINS est la voie la plus importante de Melbourne, la grande ville de l'Australie. Melbourne fut ainsi nommée par le gouverneur anglais Bourke, qui traça au cordeau toutes les rues de la cité et les baptisa des noms qu'elles portent encore aujourd'hui, ce qui donne à Melbourne l'aspect curieux d'une ville créée de toutes pièces. Les rues sont à angle droit, et les principales ont une largeur partout égale. Les grandes voies ont environ 2 kilomètres de long, comme la rue Collins. Melbourne est construite sur deux petites montagnes; la rue Collins unit ces deux hauteurs; on y trouve les monuments principaux, les grands cercles, l'hôtel de ville, les compagnies d'assurance et les banques importantes. Le grand bâtiment que l'on voit sur la droite de la photographie ci-dessus est la banque de la Nouvelle-Zélande. La rue Collins porte le nom du colonel David Collins, qui tenta, avec une troupe d'aventuriers, de s'emparer de Fort-Philippe, en 1835. En 1836, il n'y avait à Melbourne que treize habitations : huit huttes de gazon, deux maisons en ardoise et trois construites en planches. A cette époque, un lot énorme de terrain, situé au coin de la rue Collins, était acheté 250 francs; aujourd'hui, les terrains y sont aussi chers que dans les principales villes d'Europe. Vers 1840, de nombreux Français s'installèrent à Melbourne.

LA COLONNE D'HERCULE que représente cette photographie est l'ouvrage de la nature; ce n'est point la main des hommes qui a édifié cette masse colossale surplombant le chemin. Cet admirable rocher, peut-être unique au monde, se trouve sur la rivière Colombia, sur le *Northern - Pacific - Railway*. C'est certainement une des manifestations les plus curieuses de la puissance de vie extraordinaire de la terre du Nouveau Monde. Ce nom de Colonne d'Hercule lui a été donné, il y a bien des années, par les habitants mêmes du pays, qui, dans leurs naïves superstitions, s'imaginaient que c'était en quelque sorte le point terminus d'un monde. Aujourd'hui, c'est un endroit de rendez-vous pour les touristes, qui descendent du chemin de fer pour admirer le monstrueux rocher. Tout autour, le paysage a un caractère sauvage extrêmement curieux, qui mérite l'admiration que lui témoignent toujours les Américains. La Colonne d'Hercule n'est point la fin d'un monde, elle ne marque pas le point terminus où doit s'arrêter l'inquiète curiosité des hommes, mais il est certain que le nom fabuleux qui lui est resté, donne bien l'idée de l'impression étrange qu'elle produit sur le voyageur qui la voit pour la première fois. Comme Hercule, qui sépara les montagnes de Calpé et d'Abyla, on dirait qu'un géant, jadis, arracha ce rocher de la montagne voisine.

5*

LE ROCHER PUPITRE est une célébrité de l'autre côté de l'Atlantique, comme, en France, les rochers de la forêt de Fontainebleau, les gorges d'Apremont ou la Table du Roi. Sa forme bizarre a de tout temps excité la curiosité des voyageurs qui ont traversé l'*Utah*. On dirait, aussi, quelque gigantesque pupitre qu'un géant de la fable a voulu arracher de la montagne pour conduire l'orchestre mystérieux des fées et des gnomes. Dans toute cette terre américaine, remuée d'ailleurs par de fréquents bouleversements géologiques, il semble que la nature a multiplié les phénomènes capables de frapper l'imagination humaine. Dans certaines contrées, tout prend des proportions fantastiques, depuis les arbres géants qu'enserrent des lianes séculaires, jusqu'aux rochers monstrueux que la main des hommes est impuissante à déplacer. Le rocher Pupitre est certainement un des phénomènes naturels les plus intéressants que l'on puisse relever de l'autre côté de l'Océan. Jadis, au temps où toutes les curiosités de la nature ou de l'industrie frappaient si vivement l'esprit des hommes, le rocher Pupitre aurait certainement passé pour une des merveilles du monde. Les sauvages, qui habitaient ces régions avant la conquête du Nouveau Continent, en avaient fait un autel mystérieux, où ils venaient sacrifier au grand Esprit.

LA VALLÉE MYSTÉRIEUSE de Watkins, dans l'État de New-York, est un des plus étranges paysages qui puissent attirer la curiosité des touristes. Elle s'étend depuis la jolie nappe d'eau du lac Seneca jusqu'au petit village de Watkins. Un ruisseau, descendant de la montagne, a, peu à peu, creusé son chemin entre deux rochers perpendiculaires qui ont une hauteur de plus de 100 mètres, et, pendant près de 5 kilomètres, le ravin est juste assez large pour laisser couler le petit torrent. Comme dans beaucoup de sites du même genre, une succession d'échelles et de plates-formes en bois ont été attachées avec adresse aux rochers, et permettent aux excursionnistes d'approcher, sans trop de danger, comme on peut s'en rendre compte par la photographie ci-dessus. La vallée de Watkins ressemble un peu à la vallée du Colorado, elle n'a point tout à fait la grandeur sauvage de ce dernier site, mais c'est néanmoins un des paysages les plus poétiques que l'on puisse trouver dans le Nouveau Monde. Ses cascades successives arrosent incessamment de leurs éclaboussures les deux rives du torrent, où poussent avec profusion des fleurs sauvages d'une couleur merveilleuse, et, de chaque fissure des rochers, sortent de grandes fougères qui étendent sur l'eau l'ombre de leurs larges feuilles. Le général La Fayette habita, dit-on, dans les environs.

LA PORTE-D'OR, tel est le nom que les Américains donnent à la baie de San-Francisco, la ville magique de l'or. Mais ce n'est point seulement parce qu'il ouvre sur la ville extraordinaire qui fut le berceau des chercheurs de pépites, et en moins d'un siècle est devenue une des cités les plus belles du monde, qu'on a donné à ce magnifique paysage le nom de Porte-d'Or. Aux rayons du soleil couchant, ce paysage, aux yeux du voyageur placé sur le pont du steamer qui se dirige vers San-Francisco, apparaît enveloppé d'un léger voile d'or. Au commencement de ce siècle, il n'y avait là qu'un modeste refuge de pêcheurs mexicains, appelé *Yerba buena*. Puis on découvrit les premières mines d'or. Les aventuriers du monde entier se ruèrent vers ce coin de terre qui, tout de suite, prit ce nom magique : « le Pays de l'or ». Il y vint beaucoup de Français, si bien qu'il y eut longtemps, quand la ville de bois n'avait pas encore été détruite par les incendies, un quartier français, comme il existe aujourd'hui un quartier chinois. Les bandits de toutes les nations s'étaient également réfugiés à San-Francisco, et l'imagination des romanciers s'est longtemps exercée à raconter les aventures des différentes associations de voleurs qui, pendant longtemps, exploitèrent le pays, jusqu'au jour où les habitants honnêtes surent faire vigoureusement leur police, et appliquer dans toute sa rigueur la loi de Lynch. Il y avait à San-Francisco, jadis, une véritable franc-maçonnerie de la pègre ; cette société de bandits terrorisait la police et forçait la justice à fermer les yeux sur ses méfaits. Il y avait notamment, près du port, des cabarets où se réunissaient les chefs, et que, pendant longtemps, on n'osa fermer.

Aujourd'hui, San-Francisco est aussi civilisé que Paris ou Londres. La police y est aussi rigoureuse que dans n'importe quelle ville d'Europe. Les quartiers en bois, détruits par des incendies célèbres, ont disparu, laissant la place à une ville de palais et de maisons gigantesques, dont quelques-unes atteignent une hauteur vertigineuse. Est-ce parce que la découverte de l'or a donné à cette contrée plus facilement la richesse ? On dirait que les habitants de San-Francisco n'ont pas cette fièvre du travail, cette hâte dans les affaires qui semble distinguer les autres Américains. San-Francisco est une ville de plaisirs comme il n'en existe pas d'autre dans le Nouveau Monde. Déjà, du reste, au premier temps de la recherche de l'or, les mineurs venaient s'y reposer, dans de terribles orgies, des fatigues de la vie de pionniers. C'est à San-Francisco que vint danser Lola Montès, celle qui avait été la maîtresse d'un roi, et qu'avait attirée là-bas la fièvre de l'or. Dans aucun pays d'Amérique, le luxe n'est plus grand. Le Grand-Hôtel de San-Francisco a la réputation d'avoir réalisé toutes les merveilles du confort moderne. On dit même que c'est la ville où il y a le plus de millionnaires. Mais le nombre des pauvres y est aussi très grand. Depuis quelques années, depuis que les mines d'or sont épuisées, San-Francisco est devenu un centre important de propagande socialiste. Les nombreux livres publiés en Europe sur l'Amérique, et dont beaucoup ne sont point écrits avec une sincérité suffisante, ont suscité, jadis, la croyance qu'à San-Francisco on jouait plus facilement du revolver, qu'en Angleterre du coup de poing. Cette réputation ancienne n'est plus justifiée, et c'est à peine si les grèves y sont parfois violentes.

LES CUEILLEURS D'ORANGES, dans les colonies des Antilles, sont presque toujours des nègres, d'ailleurs très friands de ce fruit, grapillant un peu au fur et à mesure de leur cueillette. L'histoire de la migration des plantes est toujours intéressante à consulter, car c'est en quelque sorte l'histoire des grands mouvements de l'humanité. Ces orangers, qui poussent maintenant d'une façon si admirable dans les Antilles, sont originaires de la Chine, et ont passé par l'Europe avant de s'acclimater dans les Indes américaines. L'orange, en effet, depuis un temps immémorial, a poussé dans la Chine méridionale et dans l'Indoustan. Les Arabes l'importèrent dans le sud-ouest de l'Asie, vers le neuvième siècle, à peu près en même temps que le riz. Puis quand, sous Mahomet, l'islamisme se répandit comme un torrent sur l'Europe et l'Afrique, partout où passa l'invasion musulmane, l'orange fut implantée. Au douzième siècle, les Croisés la trouvèrent en Palestine et la rapportèrent en Italie et en Provence. Plus tard, les Espagnols transportèrent l'orange en Amérique et dans les Antilles. C'est ainsi que l'on peut dire que l'orange a fait le tour du monde. Ce que l'on sait peu, c'est que ce furent les Assyriens qui, les premiers, firent figurer les fleurs d'oranger dans les mariages. La raison de ce choix, disaient-ils, est que la fleur de l'oranger est en même temps son fruit. Nous qui ne pouvons, dans nos climats, manger l'orange cueillie fraîchement sur l'arbre, nous ne connaissons pas la douceur délicieuse de ce fruit ou, plutôt, nous ne la connaissons qu'imparfaitement. Dans les colonies, l'orange est également un excellent préservatif contre les fièvres, et elle est très recherchée par les colons Européens.

QUÉBEC, capitale de cette ancienne colonie française du Canada, où tout est resté si français, a été fondé, en 1606, par le Français Champlain, qui remonta le Saint-Laurent et traça le premier emplacement de ce qui devait devenir plus tard une des villes les plus importantes du Nouveau Monde. Son nom de Québec lui vient d'un mot indien. Les Peaux-Rouges appellent « Kébec » tout rétrécissement de fleuve produit par un brusque rapprochement des rives. Québec fut pris par les Anglais, en 1759, après une résistance acharnée; mais, en plus d'un siècle, ils ne sont pas parvenus à défranciser ce pays, un seul détail suffit à le prouver : sur 9 journaux qui s'impriment à Québec, 7 sont en langue française. La ville occupe une situation admirable. C'est une sorte de *Gibraltar* bâti sur un promontoire, en amont de l'endroit où le Saint-Laurent s'évase comme un bras de mer. La ville haute est accrochée à la colline abrupte qui domine le cours du fleuve; la ville basse s'étend sur les rives où sont construits les entrepôts et les docks. La plupart des maisons sont en bois, et les quelques édifices, sauf peut-être la cathédrale, sont sans grand style. Enfin, les Anglais ont bâti une vaste citadelle occupée par une garnison importante. Au pied du rocher, que couronne la ville, la rivière Saint-Charles vient se jeter dans le Saint-Laurent; on voit en face de riants villages, aux blanches maisons ombragées de vieux arbres. Des centaines de navires et d'embarcations sillonnent le fleuve majestueux. Le port de Québec est très vaste et très sûr; on disait, jadis, qu'il pourrait contenir cent vaisseaux de ligne et cent belles frégates. Sa largeur est de plus de quatre kilomètres.

LE LAC WESLEY, dans le New-Jersey, est une station balnéaire fréquentée par les Américains. Le parc Asbury, qui se trouve sur ses bords, est un séjour charmant, et dans lequel il est agréable de se reposer des fatigues et des travaux de la ville. La vie y est en tous points semblable à celle que l'on mène dans les stations balnéaires de la vieille Europe. Dans ce parc se trouvent deux ou trois lacs naturels assez peu profonds, pour que l'on puisse laisser, sans danger, les enfants y patauger en toute liberté. De-ci, de-là, apparaissent des îles reliées par des ponts rustiques. Sur le sable fin du rivage sont installés des jeux de croquet ou de law-tennis. Le lac Wesley, comme le lac d'Enghien aux environs de Paris, est couvert d'embarcations légères et coquettes; c'est le rendez-vous des plus habiles canotiers. Le soir, des bateaux éclairés par des lanternes vénitiennes le sillonnent en tous sens, et l'on entend au loin les joyeuses chansons des rameurs. Ce pays fut autrefois le théâtre des événements les plus importants de la guerre de l'Indépendance. Il s'y livra de glorieuses batailles, entre autres celle de Freehold, le 28 juin 1778, qui fut une grande victoire. Le New-Jersey avait été, au dix-septième siècle, colonisé par les Hollandais, puis par les Suédois. Une colonie d'aventuriers français s'y était ensuite établie, mais les Anglais avaient occupé toute la contrée en 1664. Aujourd'hui, c'est un joli pays qui, malgré son caractère très américain, peut faire songer le voyageur au lac d'Enghien ou à quelque paysage de la Suisse. Cette exquise station balnéaire est même tout à fait à la mode, et toutes les riches familles américaines viennent, au moins de temps en temps, y faire un court séjour.

L'ALLÉE DES PALMIERS, près de Port-Louis (île Maurice), donne une très vivante idée de ce que peut être la végétation des tropiques. Presque toutes les espèces de palmiers figurent sur la photographie que nous reproduisons, depuis les palmiers qui fournissent les planches les plus solides, jusqu'aux plus élégants des arbres plantés dans les vastes jardins des villas européennes. Ne semble-t-il pas que l'aspect de ce coin de paysage est tout à fait différent de celui que l'on peut voir dans notre vieille Europe, fût-ce même tout à fait au midi? Là, sans doute, on trouve des palmiers, mais ils n'ont ni cette exubérance de vie, ni cette étrangeté sauvage. On voit, d'ailleurs, à Maurice tous les arbres des tropiques et notamment le bananier. Les lianes aux fleurs multicolores donnent un aspect merveilleux aux forêts dans lesquelles on trouve des bandes de singes et des nuées de perroquets. Puis ce sont les champs immenses de cannes à sucre, la richesse de Maurice, qui s'étendent à perte de vue. Peu à peu, cette culture a envahi toute l'île, et l'on a négligé pour elle le café, les épices, le coton et l'indigo. Détail curieux, c'est de Madagascar que Maurice tire toute sa viande de boucherie. Aussi la guerre actuelle apporte-t-elle une grande perturbation dans les relations commerciales de notre ancienne colonie, qui faisait avec Madagascar un important trafic d'échanges. Néanmoins, parmi les descendants des Français qui habitent encore Maurice, le sentiment d'affection pour l'ancienne patrie est encore si vibrant, que de nombreux jeunes gens ont demandé à servir comme volontaires dans le corps expéditionnaire. Cette allée conduit à la maison de M. O..., ancien entrepreneur français.

LE JARDIN DES DIEUX, tel est encore le nom pompeux qui est resté à un des paysages les plus étranges du Colorado. Ce cirque gigantesque se trouve non loin de la ville de Manitou, — Manitou, dans la langue des Peaux-Rouges, veut dire grand Esprit, ce qui semble prouver que ces merveilleux sites avaient frappé l'imagination des Indiens qui y trouvaient comme une manifestation de la puissance divine. — Le voyageur, en arrivant de Manitou, voit d'abord deux rochers immenses, qui ont plus de 100 mètres de hauteur et 300 mètres de circuit. Ces rochers forment, en quelque sorte, la porte du jardin des dieux, et quand on franchit l'étroit passage qui les sépare, on se sent comme écrasé par ces géants de granit. Les rochers de l'intérieur du cirque sont d'un rouge sombre, comme si des milliers et des milliers de couchers de soleil, à force de s'y refléter, leur avaient donné leur couleur. Le jardin lui-même est une sorte de terre désolée d'où émergent des rocs de toute grandeur, capricieusement sculptés par le temps. Quand vient la nuit, quand le soleil a disparu, on croirait entrer dans le domaine fantastique de quelque magicien qui, pour mieux frapper l'imagination des hommes, a bouleversé un coin de la nature. Certes, ce nom de jardins des dieux ne pouvait être mieux appliqué. Là, malgré soi, on songe à ces divinités du nord, dont Wagner a voulu chanter la mystérieuse mythologie. On peut s'imaginer que ce cirque étrange précède le Walhalla, et qu'un peu plus loin apparaîtra le palais du grand Odin. Il n'est pas de paysage qui puisse mieux rappeler les Walkyries. On s'attend à les voir passer sur leurs coursiers ailés, comme dans la célèbre chevauchée.

LES TISSEUSES MALGACHES, dont nous reproduisons les très curieuses physionomies, sont des tisseuses de *lambas*, l'étoffe nationale, l'étoffe malgache par excellence. Le lamba est fait de différentes façons, parfois en soie, parfois en laine, mais la plupart du temps en soie et en laine. Le fond du tissu est de laine et les rayures sont faites en soie de couleur vive. Les étoffes qui sont à la mode, d'ailleurs, dans ce pays, sont toutes de tons extrêmement voyants. Les Hovas, comme les nègres, n'aiment que les couleurs criardes qui, en quelque sorte, forcent l'attention de l'œil et la retiennent. Comme on peut s'en rendre compte, les métiers sur lesquels ces étoffes sont faites sont extrêmement primitifs. Néanmoins, les femmes hovas, qui ont la spécialité du tissage des lambas, sont d'une adresse très curieuse, et travaillent relativement assez vite.

Ce n'est point cependant qu'elles ne soient paresseuses, comme on peut s'en rendre compte dans la photographie ci-dessus. La vieille femme travaille avec *résignation*, presque machinalement, et sa main court aussi vite qu'elle peut à travers la trame. Les jeunes femmes, au contraire, causent ou rêvent. Le travail ne doit pas s'achever rapidement entre leurs doigts. Néanmoins, les étoffes tissées à Madagascar même reviennent aux habitants moins cher que les plus médiocres des cotonnades fabriquées en Europe. Les plus beaux lambas sont inférieurs comme prix aux cotonnades fabriquées à Rouen ou à Manchester. Il y a pour cela deux raisons très simples : d'abord, à Madagascar, les transports se font à dos d'homme et coûtent excessivement cher (environ mille francs la tonne), ensuite la main-d'œuvre est presque pour rien dans ce pays.

LA BAIE DE NEW-YORK est un des plus beaux spectacles qu'il soit donné de contempler au voyageur qui quitte le rivage du Vieux Monde pour voguer vers le Nouveau, vers les terres inconnues découvertes par Colomb, et qui semblent aujourd'hui plus civilisées que la vieille Europe, puisque les inventions les plus extraordinaires, celles qui ont le plus modifié les mœurs des hommes : la vapeur, le téléphone, pour ne parler que de celles-là, sont venues d'Amérique. La photographie que nous reproduisons ne donne pas l'idée de l'immensité de la rade de New-York ni du mouvement incessant des navires, des chemins de fer, et aussi des hommes, mais elle donne l'impression étrange que l'on éprouve au clair de lune, en face du phare immense que nous avons tous vu à Paris, et qui est en quelque sorte comme l'hommage de l'art français à la grande cité républicaine. Voici tous les bateaux dormant sur leurs ancres en attendant que la marée les emporte ; au loin passe un transatlantique dont le panache de fumée se perd dans les nuages. La lune va bientôt disparaître et le soleil va poindre à l'horizon ; alors nous verrons toutes ces voiles s'ouvrir au souffle du vent, et entrer dans le vaste port, où le pilote doit être bien habile pour ne point heurter au passage un de ces immenses trains qui descendent l'Hudson ; de lourds vapeurs, servant de remorqueurs, ne traînant, parfois, pas moins de trente chalands énormes, et c'est miracle de voir évoluer tout cela dans ce port gigantesque. Le trafic de New-York est énorme, non seulement le trafic transatlantique, mais encore le trafic fluvial. La baie de New-York est comme un immense avant-port où s'abritent des centaines de navires.

LE GROUPE DE BOURJANES, que l'on vient de voir, est certainement, jusqu'ici du moins (car il faut espérer qu'après la conquête les moyens de transport seront plus faciles), une des curiosités de Madagascar. Jusqu'à ce jour, ce sont les esclaves qui ont eu la spécialité de porter les fardeaux et aussi les voyageurs; car on sait que, de la côte de Tananarive, tous les voyages se font à dos d'homme. Il n'y a à Madagascar ni voitures ni chevaux. Ce sont des hommes qui, dans une chaise à porteurs très simplifiée, transportent les voyageurs. Peu à peu, ces esclaves des Hovas, qui ont pris cette spécialité humiliante de porter les hommes libres et les étrangers, en sont arrivés à former une sorte de caste à part extrêmement curieuse. Comme on peut s'en rendre compte par la photographie ci-dessus, ces noirs ne sont certes point très civilisés, mais ils ne sont point non plus tout à fait ignorants de la civilisation. Dans leur accoutrement même se mêlent, de la façon la plus pittoresque, les oripeaux aux couleurs éclatantes, qui sont une des spécialités de Madagascar, et aussi les vêtements et les bibelots qu'ils tiennent de la générosité des voyageurs ou qu'ils leur ont volés. Bien étrange surtout ce nègre qui, à gauche, porte une sacoche en bandoulière. Toutes ces physionomies méritent d'être curieusement examinées; on y retrouve toute l'astuce des nègres et je ne sais quelle « roublardise » gagnée au contact des Européens, dont ces singes perfectionnés ne savent imiter que les défauts et surtout les vices. Les femmes, elles aussi, reflètent un état d'âme particulier. Dans ces régions, où l'amour est purement bestial, elles sont impudiques et apportent, s'il est possible, une corruption nouvelle.

L'HOTEL BANFF est une des stations thermales les plus fréquentées et les plus célèbres du Canada. Il a été construit par la compagnie de chemin de fer le Pacifique Canadien, dans la province d'Alberta, et se trouve situé dans ce que l'on appelle le Parc national. Ce parc a une longueur de près de 40 kilomètres et 18 kilomètres de largeur. On y trouve les plus beaux points de vue des Montagnes Rocheuses. Il est entouré de pics audacieux, et on y voit une cascade merveilleuse qui tombe d'une hauteur de plus de 300 mètres. L'hôtel a été construit au-dessus des chutes de la Bow-River (rivière de l'Arc), au pied du mont Sulphur, tout près des sources d'eau chaude, qui possèdent de précieuses qualités médicales. Les bains ont été construits avec la protection du gouvernement. L'hôtel a été installé avec tout le confort moderne. Il peut loger 800 voyageurs, et certes c'est une des surprises du touriste de trouver ainsi, dans ce site sauvage, tous les raffinements de la civilisation. Des fenêtres, on a un spectacle admirable. La rivière, qui prend sa source dans les glaciers, roule au pied de l'hôtel avec un bruit de torrent et semble se perdre, dans la vallée, au milieu d'une forêt séculaire. Aussi loin que le regard peut s'étendre, on n'aperçoit que de hautes montagnes, dont les sommets empanachés de neige vont se perdre dans les nuages, et le contraste est saisissant entre la vallée toute verdoyante, dans laquelle des myriades de fleurs sauvages piquent de taches multicolores les épais taillis d'une forêt qui connaît à peine la hache des hommes, et les montagnes arides, dont les rochers sombres et neigeux semblent couverts d'un hiver éternel.

LES VILLAGES LACUSTRES, que montre cette photographie : Aouansori, Afotonou, sont de très anciennes constructions, faites sur pilotis par les habitants du Dahomey, que l'on aperçoit en naviguant en pirogue sur le lac Nokoué, et que les indigènes, voulant fuir les exigences des fonctionnaires royaux, ont été contraints d'édifier. Rien n'est pittoresque comme cet assemblage de maisons au milieu des eaux; il paraît, malheureusement, que rien aussi n'est plus malsain. Le lac Nokoué mesure 31 kilomètres de la rive d'Abomey-Calavi à la crique de Kotonou, et 18 kilomètres d'Aouansori à Sô. Les chaloupes à vapeur peuvent y naviguer toute l'année, quoique sa profondeur soit très variable, selon les saisons. La principale occupation des habitants des villages lacustres est la pêche. Le poisson, dont le goût est excellent, est leur unique nourriture. Ils le préfèrent fumé, ou tout au moins quelque peu pourri. Le voyage sur ce lac Nokoué est d'un pittoresque étrange. De tous côtés, les pirogues se croisent, on échange des politesses : « Okou okou! Okou déon! Okou kaka! Okou baba! » (Bonjour, comment vas-tu? Comment va ton père? ta sœur? etc., etc.). Les formules de salutation sont longues et dites sur un rythme doux : « Okou yevo! » (Bonjour blanc). Mais le cri que l'on entend bien plus souvent encore, c'est « Tafia! Tafia! » C'est en quelque sorte le cri de tous les nègres dès que paraît un Européen : « Donne-nous du tafia ». Les pauvres diables, du reste, n'ont d'autre bonheur que l'ivresse. Toujours menacés d'être pendus ou décapités, n'ayant rien qui n'appartienne au roi, ils oublient dans le tafia, et leur humiliante servitude, et la fatalité qui pèse sur leur race, et la mort cruelle qui les attend.

CHAPULTEPEC, à 8 kilomètres de Mexico, est une des villes les plus anciennes du Mexique. Vers la fin du septième siècle, les Aztèques, cette mystérieuse nation qui domina pendant tant d'années l'empire mexicain, avant l'invasion espagnole, installèrent leur résidence à Chapultepec. Les rois de Mexico y construisirent une maison de plaisance que les Espagnols détruisirent. On y voit encore, cependant, l'emplacement des jardins de Montézuma. Lors de l'expédition française, Bazaine y plaça son quartier général, et l'empereur Maximilien, séduit par ce site admirable, en fit son séjour favori. Il occupa le vieux château que le vice-roi espagnol, Galuy, avait fait construire. De la terrasse, d'ailleurs, on découvre un des plus beaux panoramas du monde. Au pied de la terrasse s'étendent de vastes pelouses, coupées de bois de cyprès séculaires, qui ont près de 16 mètres de circonférence, et qui sont les derniers vestiges de ces fameux jardins de Montézuma, que les Espagnols détruisirent quand ils firent disparaître tout ce qui pouvait rappeler aux vaincus, l'antique puissance de leurs chefs. Les deux aqueducs, qui conduisent l'eau à Mexico, partent de Chapultepec. Aujourd'hui un tramway à vapeur unit à Mexico la vieille demeure des caciques. Pendant la guerre du Mexique, on avait installé à Chapultepec une sorte d'ambulance pour les convalescents, car le climat y est excellent, et bien des soldats français ont dû aux ombrages de Chapultepec et à la pureté de son eau de pouvoir revoir la France. Aujourd'hui que le Mexique est devenu un pays tout à fait civilisé, les riches habitants de Mexico ont, à Chapultepec, des maisons de plaisance.

LE LAC GEORGE. est un des plus beaux du Canada, et du reste un de ceux que les touristes fréquentent le plus volontiers ; il est même devenu une véritable station estivale. Un grand nombre d'hôtels ont été construits sur ses rives, et les steamers qui le sillonnent déposent à chaque débarcadère de nombreux voyageurs. Qui songerait, à voir aujourd'hui ce rendez-vous des voyageurs les plus joyeux, qui viennent chercher dans ce beau site un délassement à leurs travaux, qu'il fut jadis le théâtre de sanglantes batailles au temps de la lutte de l'Angleterre contre la France, au Canada. En 1755, nos soldats subirent un échec sur les bords mêmes du lac ; l'armée anglaise fut victorieuse, mais, deux ans plus tard, en 1757, le fort qui domine la vallée se rendit au gouverneur français, le célèbre marquis de Montcalm. Les Indiens, que les Anglais avaient enrôlés de force, massacrèrent toute la garnison. Le *lac* s'appelait alors, lac du Saint-Sacrement ; le nom qu'il porte aujourd'hui lui fut donné par les Anglais, quand ils furent les maîtres du Canada, en l'honneur de George II. Les Indiens campaient alors dans toute cette région qui, en un siècle, est devenue un centre de plaisirs luxueux, où les plus délicats trouvent tout ce que l'on est convenu d'appeler le confort moderne. Le lac George est situé dans un site admirable ; de tous côtés l'on aperçoit les cimes rocheuses des pics audacieux qui l'environnent, et du cristal de ses eaux émergent des îles innombrables. Sur les rives s'étendent de larges rideaux de verdure, et le climat, pendant l'été, y est délicieux ; on y jouit d'une éternelle fraîcheur. Les habitants de ce pays sont domestiques, guides ou hôteliers ; le sol ne se prêtant pas à la culture.

LE MARCHÉ de la ville chinoise de San-Francisco donne un intéressant spécimen des habitudes et des mœurs des enfants du Céleste-Empire émigrés en Amérique. On n'y trouve guère, cependant, de chats, de chiens, de rats ou de souris, comme dans les villes de l'empire chinois. En Amérique, les Chinois gagnent de l'argent, et très vite ils se sont habitués à une nourriture plus succulente. Malgré les restrictions apportées par le gouvernement américain à l'immigration chinoise, le quartier chinois est un des plus vastes de San-Francisco. On peut même dire que c'est une particularité de la ville. On y retrouve les cavernes des fumeurs d'opium, des magasins chinois, des théâtres chinois, et aussi ces lieux de répugnante débauche, si nombreux dans toute la Chine. Il y avait autrefois de nombreuses maisons de jeu, mais il n'en reste plus que deux, tolérées par la police. La ville chinoise de San-Francisco, cependant, ne subit que très imparfaitement les lois américaines, et le visiteur qui veut la parcourir, la nuit, doit se faire accompagner d'une troupe suffisante d'agents de police. Le premier théâtre chinois qui s'établit, brûla dans des conditions curieuses. Il gênait un concurrent venu de Pékin avec une troupe nombreuse, et qui, lui aussi, voulait s'établir. Un soir, des morceaux de phosphore enflammé furent jetés de tous côtés sur la scène. Tout brûla, y compris même de nombreux spectateurs. Bien entendu, il fut impossible de mettre la main sur les incendiaires, et le concurrent eut tout le temps de s'installer et de faire connaître sa nouvelle troupe. Depuis la guerre actuelle, le quartier chinois est morne.

SUR LA COTE-D'IVOIRE, la rue centrale du village d'Annibilikrou, avec ses oisifs étendus mollement sur des troncs d'arbres, peut donner une idée intéressante de ces pays vers lesquels s'avance en ce moment le colonel Monteil, et qu'explorèrent le capitaine Binger, Monnier, Braulot, Maclaud, Marchand et tant de vaillants qui sont allés planter le drapeau de la France dans ces régions jusque-là inconnues. Annibilikrou veut dire en langue agui, la langue du pays, village d'Annibile. Krou ou Kourou veut dire village, et Annibile est un des fils du roi qui commande en son nom dans le pays. Annibilikrou est sur la route de Grand-Bassam et de Cape-Coast. C'est un très grand village, presque une ville, et en sa qualité de résidence royale, on y voit un nombre considérable d'esclaves. Les rues sont larges, si elles ne sont pas bien entretenues. Voici des esclaves qui passent chargés d'épis de maïs, ils vont approvisionner la cuisine du grand chef. Or cette cuisine est fort importante, car le grand chef nourrit non seulement sa cour, mais encore un très grand nombre de parasites. Ils attendent paisiblement sur ces troncs d'arbres, qui leur servent de banc, le repas que doit leur donner la munificence royale. C'est du reste à peu près toute leur occupation. Cependant ils sont aussi quelque peu courtisans. — Les rois nègres eux-mêmes ont besoin de courtisans. — En échange de la nourriture qu'on leur donne, ces courtisans doivent assister aux conseils, et applaudir à tout ce que dit le chef. Du reste, aucun ne s'aviserait de la moindre opposition, car tous savent que non seulement ils perdraient d'excellent dîners, leurs uniques rentes, mais peut-être aussi la tête par la même occasion, car les rois ne sont pas patients.

LUCKNOW ou, plus exactement, Laknau est une ville de l'Inde qu'ont rendue à jamais célèbre la révolte des cipayes, le siège de la Résidence et les massacres cruels qui suivirent la répression. Au temps où les nababs d'Aoudh possédaient Laknau, ils en avaient fait une ville splendide, et l'on admire encore leurs magnifiques jardins. Les nababs d'Aoudh firent, au siècle dernier, une guerre acharnée aux Anglais, et la compagnie française des Indes leur envoya des officiers qui commandèrent leurs troupes dans plusieurs batailles. Mais, quand les Français furent contraints d'abandonner la plus grande partie de l'Inde, le nabab d'Aoudh dut payer tribut aux Anglais. Aussi quand, en 1857, ceux-ci voulurent annexer définitivement l'Aoudh, cette prétention fut-elle une des principales causes de la révolte des cipayes, qui, nulle part, ne fut plus générale et plus violente, parce que nulle part le nom anglais n'était plus détesté. A cette époque Laknau était déjà une très grande ville, et comptait 150,000 habitants. La province était occupée par 23,000 hommes de troupes, sur lesquels il n'y avait que 900 Anglais. Ceux-ci s'enfermèrent dans le palais de la Résidence le 25 mai 1857, et, sous le commandement de sir Henry Lawrence, soutinrent avec courage un siège terrible. Ils ne furent délivrés que le 17 octobre suivant. Les Anglais, maîtres de Laknau, se livrèrent à une répression féroce absolument unique dans les annales coloniales de tous les pays. C'est là que des files entières de cipayes furent attachées à la bouche des canons. Laknau est aujourd'hui une superbe ville qui compte 200,000 habitants, et dont les monuments mauresques modernes sont nombreux et curieux.

LA VIEILLE MISSION, dont nous donnons la reproduction, est un des derniers souvenirs que l'on retrouve au Texas, de ces nombreux missionnaires catholiques, qui portèrent la croix parmi les populations barbares du Mexique. Les missionnaires précédèrent de longtemps les pionniers. Le vieux bâtiment que l'on voit à San-Antonio, et qui est assez bien conservé, date de la fin du seizième siècle ou du commencement du dix-septième. Peu à peu, sous l'influence des missionnaires, les Indiens modifièrent leurs mœurs, leurs habitudes et jusqu'à leur langage. En 1821, le Texas faisait partie de la république mexicaine, et ce fut sous la protection du gouvernement mexicain que les premiers colons américains s'installèrent dans cette région. En moins de dix ans, plus de 20,000 Américains s'établirent au Texas. Un soulèvement fit du Texas une république indépendante. En 1845, il fut compris dans le territoire des Etats-Unis. Le Mexique protesta, la guerre éclata, et les Mexicains furent battus. Depuis, la prospérité du Texas n'a fait que s'accroître dans des proportions énormes. Ainsi, en 1880, la population de San-Antonio n'était que de 20,550 habitants. San-Antonio en compte aujourd'hui près de 50,000. C'est dans ce pays qu'habitèrent les fameux cow-boys qui gardaient et gardent encore d'immenses troupeaux paissant en liberté dans des plaines sans limites. La prairie, aujourd'hui, a remplacé la steppe, et il y a de ces gardiens de troupeaux qui, parfois, restent six mois sans mettre le pied dans un village. Tout près de San-Antonio, on aperçoit des troupeaux de bœufs innombrables, quelquefois même on en trouve un sur la ligne du chemin de fer, broyé par un train.

LES APPAREILS DE JUSTICE que nous représentons, ainsi que Legba, le dieu androgyne que les Dahoméens vénèrent comme l'esprit du mal, sont d'étranges mais curieux spécimens des mœurs féroces de ce peuple, chez lequel les *legbas*, les dieux du mal, sont les principales divinités. Ces misérables ont été si accoutumés à voir toujours la force triompher, et n'être vaincue, parfois, que par la ruse, qu'ils ne peuvent même avoir la notion du bien. Après les premières victoires du général Dodds, le Bocono Nugbozoumé, le grand féticheur, après avoir fait quelques sacrifices propices, c'est-à-dire après avoir fait couper le cou à des vieillards et à des enfants, interrogea les legbas. Ces divinités malfaisantes répondirent que Behanzin serait victorieux. Cependant le mot justice existe dans la langue de ce peuple, et l'on dit que ce sont des appareils de justice, ces couteaux d'acier que l'on a vus ci-dessus, et qui servent au *mingan* ou bourreau pour couper les têtes lors des sacrifices humains; elle est bien curieuse cette canne du bourreau, qu'il porte dans les cérémonies, et qui est l'insigne de sa toute-puissance dans un pays où il est certainement le premier fonctionnaire. La pomme est faite d'un crâne humain auquel sont fixés une barre de justice et un clou de gibet, comme pour indiquer que, quand le coupable est décapité, son corps est suspendu à un gibet pour être mangé par les corbeaux. Il est vrai qu'au Dahomey les coupables étaient non pas ceux qui avaient commis des crimes, mais ceux qui se trouvaient sous la main du roi, quand il avait envie de faire tomber des têtes. On sait que Behanzin, comme ses prédécesseurs, faisait de véritables sacrifices humains.

L'ÉGLISE DE SAN-MIGUEL, à Santa-Fé, dans le Nouveau-Mexique, est la plus vieille église américaine. Que de souvenirs représentent ces murs délabrés, quel sujet pour un peintre que ces ruines désolées! La croix est restée debout au sommet de la vieille tour, battue par toutes les tempêtes, témoin muet des révolutions et de la méchanceté des hommes! Santa-Fé est la plus ancienne cité du Nouveau Monde. Quand les Espagnols, en 1540, arrivèrent dans le pays, ils trouvèrent un « pueblo » (village) indien. Avant la fin du seizième siècle, une ville espagnole considérable s'élevait sur l'emplacement du pueblo. D'après la tradition, la fête de l'église de San-Miguel célébrait la fondation même de la ville espagnole. Des révoltes d'Indiens éclatèrent et l'église fut saccagée. Elle a été reconstruite en 1710. On peut donc dire qu'elle a assisté à toutes les luttes des Espagnols et des Indiens, des Mexicains et des Américains. C'est à l'ombre de ses murs qu'un écrivain américain connu, le général Lew Wallace, a écrit son *Histoire du Christ*, alors qu'il était gouverneur du Nouveau-Mexique, en 1879-1880. C'est à Santa-Fé que le général Sherman avait installé son quartier général quand, en 1866, il commença la campagne d'extermination contre les Indiens. Il faut reconnaître que cette campagne, si terrible qu'elle fût, était nécessaire pour rétablir la sécurité dans tous ces pays en proie, depuis tant d'années, aux troubles les plus violents. Deux ans après le commencement de cette campagne, non loin de Santa-Fé, les Indiens arrêtaient encore un train et scalpaient tous les voyageurs, ainsi que le petit poste de soldats qui, alors, se trouvait dans tous les trains.

MAESTRI est une mine d'argent au nord-ouest de la Tasmanie, île située au sud de l'Australie, plus connue en France sous le nom de terre de Van Diémen, qu'explora jadis le marin français d'Entrecasteaux et qui est maintenant une possession anglaise. C'est là que les Anglais ont envoyé leurs déportés, les fameux *convicts*. En 1803, l'Angleterre jeta sur l'île ses premiers condamnés et construisit la prison d'Hobart-Town. Bientôt la geôle devint une ville. Quelques colons et des fonctionnaires composèrent une classe d'hommes libres. Aujourd'hui, les descendants des convicts, fondus avec la population libre, sont d'excellents citoyens anglais, et la Société scientifique d'Hobart-Town est estimée dans le monde entier. Malheureusement les Anglais, pour se débarrasser des indigènes, ont employé un moyen féroce. Ils les ont, pendant des années, chassés comme des bêtes fauves, dressant des chiens contre ce gibier humain. La mine de Maestri est une des plus importantes du monde. C'est en 1792 que l'amiral d'Entrecasteaux, parti à la recherche de La Pérouse, aborda en Tasmanie avec les navires *l'Espérance* et *la Recherche*. Il mouilla dans la baie des Tempêtes et découvrit toutes les côtes, qu'il nomma le port de la Recherche, la baie de l'Espérance, enfin le détroit d'Entrecasteaux. *Sic vos non vobis*, telle semble être, hélas, la devise de la colonisation française. Partout on retrouve la trace du courage de nos soldats, de l'audace de nos marins, du dévouement de nos savants; mais, dès que le pays découvert ou occupé a une valeur de rapport, on voit arriver les Anglais qui, en gens pratiques, savent très vite recueillir le fruit de notre courage, de notre audace, de notre science.

LES INDIENS ZUNI, que représente la photographie ci-dessus, habitent les environs de Puebla, la ville fameuse prise après tant d'efforts par l'armée française, et au siège de laquelle le général de Gallifet, alors chef d'escadron, fut si grièvement blessé qu'en France on annonça sa mort. Ces Indiens sont les véritables descendants des premiers habitants du Mexique conquis par les Espagnols. Peu à peu, ils sont devenus très civilisés, et apprennent avec une facilité surprenante tous les métiers. Ils sont surtout d'excellents agriculteurs. Ils ne sont point du tout nomades. Mais leurs maisons sont singulières. Ordinairement leurs villages sont installés sur le sommet de quelque colline, et les habitations sont entassées, comme de grosses masses de briques inégales, les unes à côté des autres. On n'y voit ni portes ni fenêtres. Pour entrer, il faut grimper à une échelle qui va jusqu'au deuxième étage. Évidemment ces maisons ont été édifiées dans un but de défense. En général les murs sont construits avec de la brique cuite au soleil. Dans l'intérieur, pas d'escaliers. Des échelles font communiquer les étages entre eux. C'est sur la grande place du village que les Indiens se livrent à leurs danses nationales et religieuses. On croit que, loin de diminuer, la population indienne, au Mexique, n'a fait qu'augmenter depuis l'invasion espagnole, malgré les ruines immenses que l'on rencontre à chaque pas. Nous avons vu en Europe, depuis quelques années, des types curieux d'Indiens zuni; des Barnums sont parvenus à décider des familles misérables à venir s'exposer comme des bêtes curieuses, et leur ont fait traverser l'Atlantique. Les pauvres diables ont beaucoup souffert de notre climat.

CE GROUPE DE CANAQUES représente des indigènes de la Nouvelle-Calédonie, au milieu desquels apparaissent des chefs, c'est-à-dire ceux qui ont, auprès du gouvernement français, la responsabilité de leurs tribus. Les Canaques, en effet, sont divisés en tribus, et chacune a un chef qui la représente auprès des autorités coloniales. La Nouvelle-Calédonie ne fut occupée qu'au commencement du règne de Napoléon III, et alors tous ses habitants étaient non seulement des sauvages dans toute l'acception du mot, mais encore des anthropophages. Peu à peu, l'influence française a fait disparaître ces horribles pratiques; néanmoins, sur quelques points de l'île se trouvent encore des troupes de Canaques rebelles même à une apparence de civilisation, et qui ont conservé la passion de leurs pères pour la chair humaine. On remarquera que certains chefs canaques portent des médailles. Ce sont les chefs fidèles qui ont été les auxiliaires de la France, quand il fallut réprimer la grande insurrection d'il y a quelques années, qui fut, comme on le sait, le suprême effort des naturels du pays contre la civilisation. Cette insurrection fut horrible, et il fallut toute l'énergie du commandant Rivière pour en venir à bout. On n'a pas oublié que, pour défendre la colonie, il fut même obligé de choisir au bagne les meilleurs sujets et de les armer. Fort heureusement un certain nombre de tribus étaient restées fidèles, et leurs chefs ont reçu des médailles en souvenir des services qu'ils ont rendus. Détail curieux: dans tous les villages canaques les chefs seuls ont le droit de construire des cases pointues. C'est le signe unique de leur puissance, car tous vivent à peu près de même façon.

UN BUFFET sur le chemin de fer central mexicain ne ressemble que très imparfaitement aux luxueuses stations dans lesquelles, sur nos lignes de chemin de fer, les voyageurs peuvent rapidement se restaurer entre deux trains. En plein soleil, à côté des rails — les quais sont inconnus là-bas — une table formée de quelques planches et de deux tréteaux, sur laquelle s'étale une nappe jadis blanche, quelques chaises de bois; voilà, dans toute sa simplicité, le mobilier du buffet mexicain. Des cruches de *pulque*, le breuvage national, quelques bouteilles de vin du pays, de la bière mexicaine, du pain, des œufs durs, que le soleil doit rendre plus durs encore, tel est tout l'approvisionnement, et il faut que les voyageurs, qui n'ont point le moyen de dîner commodément dans les pullman-cars, s'accommodent d'une frugalité de Spartiate; néanmoins, le buffet est le rendez-vous des oisifs à plusieurs lieues à la ronde. C'est la distraction des Mexicains, qui viennent, à l'heure du passage des trains, fumer une cigarette, boire un verre de pulque et causer avec les amis. Rien n'est pittoresque comme les grands sombreros et les costumes aux couleurs éclatantes, dans lesquels ces fiers descendants des Espagnols ou des caciques drapent leur orgueil. Il y a bien des trous, parfois, dans les vestes et les culottes, mais leurs propriétaires n'en gardent pas moins une dignité superbe. Dans sa simplicité, la photographie ci-dessus est un intéressant tableau des mœurs de ce peuple curieux, qui semble avoir pris aux Espagnols leur morgue, aux Américains leur esprit d'affaires et aux Indiens, qui furent les premiers possesseurs du sol, une sorte de fatalisme étrange et superstitieux.

LE DERBY de Chicago est devenu un évènement important de la vie américaine. Le jour de la grande réunion, le parc Washington, où se trouve le champ de courses, offre un spectacle bien curieux, mais qui ne rappelle que très imparfaitement le Derby anglais. Dès le commencement du siècle, il y eut de nombreuses réunions sportives aux États-Unis ; on peut même dire que les courses furent tout de suite très populaires ; mais, en 1855, leur vogue fut éclipsée par les courses de trot, pour lesquelles les Américains ont eu une véritable passion. Faire en une heure le plus de kilomètres possible ; *battre le record* a toujours été la grande préoccupation de ce peuple qui, toujours, veut aller plus vite ; mais, dans ces dernières années, les réunions de trot, parvenues à leur apogée, ont commencé à décroître. La mode est revenue aux courses de galop, et il y a maintenant, aux États-Unis, de très nombreuses et même très célèbres écuries sportives, qui ont élevé de magnifiques coureurs, lesquels sont venus remporter des prix importants en Angleterre et en France. Le premier cheval de course amené d'Angleterre aux États-Unis, s'appelait Bully-Rock, fils d'Arabe. Le plus bel étalon américain fut, en 1780, Messager ; on dit que les beaux chevaux que l'on a admirés de nos jours sont ses arrière-petits-fils. Quoi qu'il en soit, il est certain qu'il existe aux États-Unis une race de chevaux merveilleuse, et que l'élevage des pur sang y a réussi admirablement, puisque des étalons américains sont venus gagner le Derby anglais et les premières courses françaises. Chicago est une ville où les Français sont nombreux, surtout depuis la grande Exposition de 1883.

LE TYPE DE CRÉOLE que l'on vient de voir représente une de ces belles créatures que l'on trouve dans nos colonies de la Martinique ou de la Guadeloupe, et dont les passions, parfois un peu sauvages, ont tenté de si nombreux romanciers français, y compris Alexandre Dumas qui, lui-même, d'ailleurs, était créole. La belle fille qui se trouve ainsi photographiée est coquette comme toutes les jolies filles de la Martinique, son pays. Avec quel soin elle peigne ses admirables cheveux noirs, un peu crépus cependant, ce qui semble prouver qu'elle a conservé ce souvenir du nègre ou de la négresse qu'elle a eu parmi ses ancêtres. C'est une robuste gaillarde qui est fière de la pureté des lignes de son corps, et, dans ses grands yeux sombres, passe comme une flamme. Les créoles, dit-on, ont « dans le sang les amours les plus passionnées, et le soleil de leur pays échauffe éternellement leur cœur ». Par exemple elles n'ont de goût que pour la toilette, et surtout pour les étoffes claires ou bariolées. Elles sont paresseuses, très gourmandes et très violentes. Les crimes passionnels sont fréquents aux pays créoles. La beauté des créoles et le charme tout particulier qu'elles possèdent ont été justement célébrés. Il ne faut point aussi oublier que la créole qui eut peut-être la destinée la plus brillante s'appelait Joséphine de la Pagerie, et devint impératrice des Français.

L'HOTEL PONCE DE LÉON, en Floride, est un curieux spécimen de ce qu'a produit la civilisation hâtive des Américains, greffée sur l'art espagnol et sur le goût prononcé des premiers conquérants du Mexique pour la vie facile. Ce magnifique hôtel, dont certains côtés semblent vouloir rappeler l'Alhambra, avec ses étages de mosaïque italienne, ses bosquets d'orangers, son verger ancien, son cloître, les longues lianes de fleurs qui s'échappent des fenêtres, semble également avoir quelque ressemblance avec les couvents du seizième et du dix-septième siècle. Alors, certes, les rues n'avaient point la vie bruyante et l'activité d'aujourd'hui. On ne voyait circuler que des cavaliers la plume au casque et l'épée au côté aujourd'hui tout le luxe du dix-neuvième siècle est réalisé dans cette ancienne colonie espagnole, et l'hôtel dont nous parlons est un des plus confortables du monde entier. Ponce de Léon, dont il a pris le nom, est ce soldat espagnol célèbre qui, après avoir combattu les Maures de Grenade, rejoignit, en 1493, la seconde expédition de Christophe Colomb avec une troupe d'aventuriers dont la plupart étaient Français. En 1509, il s'empara de Porto-Rico et s'en improvisa gouverneur. Mais la famille de Christophe Colomb l'éloigna de l'île, et cet intrépide aventurier partit à la recherche d'une certaine fontaine de Jouvence dont il avait beaucoup entendu parler. Le lundi de Pâques 1513, il aperçut la terre et la baptisa Florida (la Floride). Il revint en Espagne, rapporta de curieux souvenirs de sa nouvelle conquête et en fut fait gouverneur en 1521 ; puis il repartit pour la Floride où il fut tué.

LES PICS ESPAGNOLS, dans le Nebraska, sont, d'après les données de la science, les derniers et étranges vestiges d'un monde disparu, dans une contrée qui a subi successivement de profondes perturbations géologiques. Sur les sommets neigeux il y a encore de petits bassins, dont quelques-uns ont une profondeur de près de cinq mètres et contiennent une eau presque glacée. C'est tout ce qui reste de grands lacs disparus. Vers le nord, on aperçoit une succession de jolies collines dont l'ascension se fait graduellement et facilement. Il y a entre elles de brusques ravins, dont les rochers polis offrent un très curieux spectacle : on dirait les ruines de quelque vieux château fort, ou bien ces vieilles murailles que les Chinois construisirent jadis pour arrêter les invasions des Mongols. On a vainement cherché la véritable origine de leur nom, car il semble certain que les mots « Pics espagnols » doivent répondre à quelque souvenir historique. Mais on n'est pas parvenu à en retrouver la trace On voit sur les rocs d'étranges hiéroglyphes tracés jadis par les Indiens, et que les savants ont le plus grand mal à déchiffrer. Quand on passe dans le Dakota, on trouve des montagnes de sable dont la hauteur est extrêmement variable, et qui sont recouvertes de grandes touffes d'herbe qui en arrêtent l'effondrement. Nebraska signifie *terre des larges rivières*. La principale est le Missouri, dont le cours n'a pas moins de 4600 kilomètres, et dont, vers l'embouchure, la largeur est telle qu'il est impossible d'une rive d'apercevoir l'autre. Le Missouri est aussi une des grandes voies de communication de l'Amérique du Nord, et de nombreux navires le sillonnent en tous sens.

LE LAC DU DIABLE, en indien Minnewanka, est un des points les plus pittoresques qui se trouvent dans le Parc national entourant l'hôtel Banff, dont nous avons déjà parlé. C'est, au Canada, un des paysages les plus célèbre de notre ancienne colonie. Il a, du reste, une vague ressemblance avec ce beau lac du Bourget, qui est le grand charme d'Aix-les-Bains. Les montagnes qui environnent le lac du Diable sont, en tous points, semblables aux Alpes françaises ; elles ont le même caractère sauvage, et sont parfois enveloppées des mêmes brouillards bleuâtres, d'un si étrange effet. Le lac finit à l'anse du Diable ; là, le torrent, s'enfuyant en cascades, suit la ligne du Pacifique canadien, jusqu'au moment où il va tomber dans la rivière de l'Arc. Une route carrossable conduit de l'hôtel Banff au lac du Diable, et un sentier, très bien tracé, permet d'en suivre tous les contours. Ce lac contient des truites universellement estimées au Canada et dont la grosseur est unique. Dans tout ce pays, qui a subi de profondes révolutions géologiques, il y a d'importantes mines de houille, qui rendent souvent difficile l'accès de certaines montagnes. Un des côtés les plus pittoresques du lac du Diable, c'est que, de même que les Alpes qui entourent le lac du Bourget, les pics qui surplombent le lac canadien, dès que l'automne arrive, s'empanachent de neige et gardent leurs blancs chapeaux jusqu'au milieu du printemps. On trouve quelquefois, en été, de la neige sur certains sommets. On dit que le nom de lac du Diable lui a été donné à cause des abimes insondables qu'il renferme. En effet, à certains endroits l'eau tourbillonne, et aucun des objets que l'on jette dans ces abimes ne revient à la surface.

LES FILANZAMES, comme on peut s'en rendre compte, sont de véritables chaises à porteurs qui, à Madagascar, servent aux voyages, car dans ce pays les chevaux et les mulets sont inconnus, et c'est sur les filanzames que l'on fait les longues routes. Quatre hommes les portent ; mais, pour les grands parcours, on engage une douzaine de porteurs qui se relayent. Quoi qu'il en puisse paraître, le filanzame n'est pas extrêmement fatigant. Le siège, fait en peau de buffle ou en toile à voile, est très doux, et il y a un support commode pour les pieds. Les brancards, très solides mais très légers, sont en bois dur du pays. Pour aller de la côte à Tananarive, il faut voyager douze jours en filanzame. La nuit, on fait halte dans les villages et dès l'aube on repart. Les porteurs malgaches ont une grande vigueur et une agilité extraordinaire. On s'habitue très vite à leur pas rythmé, qui finit par être une sorte de bercement. De la côte à Tananarive, la route escalade souvent d'étroits sentiers, où il n'y a place que juste pour les porteurs, et l'on traverse des torrents sur des ponts formés de troncs d'arbres. Souvent, aussi, on passe une rivière à gué, et ce n'est pas toujours sans danger, car les caïmans sont très nombreux dans tous les cours d'eau du pays. C'est en filanzame que M. Le Myre de Vilers, le ministre de France qui est allé porter aux Hovas l'ultimatum de notre gouvernement, a fait son dernier voyage. Les Hovas ont toujours interdit l'introduction des chevaux et des mulets, et n'ont jamais voulu tracer une route plus commode, s'imaginant que la difficulté de parvenir à Tananarive serait leur meilleur moyen de défense. L'expédition qui va commencer leur donnera la preuve que cette précaution était inutile.

LE PALAIS NATIONAL de Mexico fut, jadis, la demeure du général Forey au moment de l'occupation française et fut ensuite également habité par l'infortuné Maximilien. Aujourd'hui c'est le palais national de la république mexicaine. Sa façade a plus de 250 mètres, ce qui suffit à montrer les vastes dimensions de ce monument. Là sont installés les bureaux du gouvernement, l'administration militaire, les archives, les collections météorologiques, enfin un observatoire. On y remarque un superbe hall destiné aux réceptions des ambassadeurs, et orné de nombreuses peintures des meilleurs artistes du pays. D'un côté du palais se trouve la cathédrale, la plus belle et la plus grande de l'Amérique méridionale; de l'autre, on voit l'antique palais des vice-rois espagnols. Il ne faut pas oublier, au nord, et faisant en quelque sorte partie du palais, la poste et le musée national d'histoire naturelle et d'antiquités. Plus loin, on remarque le palais municipal, dans lequel sont, à la fois, la bourse de commerce et la prison. Mexico est une antique cité, et la civilisation des caciques en avait fait une ville énorme quand les Espagnols, en 1519, occupèrent le Mexique. Mexico avait alors près de 500,000 habitants. Fernand Cortez écrivait que c'était une cité merveilleuse. Depuis, la civilisation européenne l'avait fait péricliter. Elle est cependant, depuis quelques années surtout, redevenue une ville assez vaste et très jolie. On y voit beaucoup d'Indiens et de métis. Le commerce de Mexico est très important. Un des côtés les plus pittoresques de la capitale mexicaine, c'est que toutes les maisons sont peintes en blanc, en jaune, en rouge, en vert. Ce barjolage de couleurs est du plus curieux effet.

KINGSTON fut, un moment, la capitale du Haut-Canada. Elle est située sur le lac Ontario et sur la rive gauche du Saint-Laurent, au confluent du Cataracqui. Après Québec et Halifax, c'est la situation la plus forte du Canada. Les Anglais ont établi des fortifications, qu'ils affirment imprenables, sur l'emplacement de l'ancien fort français que M. de Courcelles construisit en 1672. Plus tard, ce fort s'appela le fort Fontenac, en l'honneur du comte de ce nom. A plusieurs reprises, les Français et les Anglais le prirent et le reprirent. Il est aujourd'hui, en quelque sorte, le centre militaire de l'occupation anglaise. Le grand bâtiment que, dans la vue ci-dessus, l'on aperçoit s'avançant sur le Cataracqui, est le collège militaire. De nombreuses batteries défendent la ville, et l'île Wolff, que les Anglais ont ainsi appelée en souvenir de leur célèbre général,

est une position formidable. La ville compte environ 15,000 habitants; elle est très bien tracée, et les monuments sont construits avec une pierre bleuâtre qui leur donne un aspect particulier. Le mouvement commercial a pris une réelle importance depuis la création du canal qui fait communiquer Kingston avec l'Ottawa. Le port est vaste, et les plus grands navires peuvent y aborder en toute sécurité. Kingston est donc facilement devenu, à la fois, un port de guerre et un entrepôt commercial très important. C'est, du reste, un séjour charmant et très recherché par les fonctionnaires. De superbes villas sont construites sur les bords du lac et sur les bords du Saint-Laurent, et de magnifiques jardins étendent au loin leur rideau de verdure, au delà de la ligne des forts et des batteries casematées. Kingston, par exemple, est devenu très anglais.

L'OCKLAWAHA est une rivière de la Floride, sur laquelle, pendant la saison, 5 bateaux à vapeur, semblables à celui que représente la photographie ci-dessus, promènent les touristes. On sait que la navigation fluviale est très fréquente en Amérique; mais, nulle part le voyage n'est plus curieux et plus pittoresque. Les bateaux, quoique petits, sont confortablement installés avec leurs deux étages de chambres et de salons, et le tableau qui se déroule aux yeux du voyageur est merveilleux. Quoiqu'on soit dans la région tropicale, les palmiers et tous les arbres immenses qui ombragent la rivière donnent une fraîcheur agréable. Par moment, le cours de la rivière se rétrécit et l'on vogue entre deux haies épaisses de cyprès, dont le feuillage éploré retombe jusque dans l'eau. A certains moments, les branches sont si pressées qu'elles semblent absolument enserrer le bateau, et qu'il faut toute l'adresse du pilote pour passer entre les vieux troncs et échapper à l'étreinte des lianes gigantesques. Mais, ce qu'il y a de plus étrangement beau, c'est le spectacle que l'on peut avoir, et surtout l'impression que fatalement on éprouve, quand on passe une nuit sur l'Ocklawaha. Le souvenir en reste dans l'esprit, comme celui d'un rêve fantastique. L'obscurité mystérieuse des rives fait contraste avec les lumières éclatantes du bateau se reflétant dans la limpidité de la rivière. Seuls, les cris étranges des oiseaux de proie, ou le bruit que font les tortues en se jetant à l'eau, troublent la majesté silencieuse de cette nature grandiose. Puis, quand le jour commence à poindre à l'horizon, une lueur rouge, peu à peu, monte et semble embraser la forêt gigantesque.

LE ROI DE TSIALAN, qui est ici photographié, gouverne les Antakaravas, tribu malgache habitant au nord de l'île et absolument indépendante des Hovas. Les Antakaravas occupent toute la partie septentrionale de Madagascar, en face des îles Nossi-Bé et Mayotte, jusqu'à la baie de Diégo-Suarez. Le roi est l'ennemi des Hovas, et l'on peut compter sur son concours dans l'expédition actuelle. Comme on peut s'en rendre compte, ce ne sont point du tout des sauvages que les Antakaravas. Leur principal commerce fut cependant, pendant longtemps, celui des esclaves. Le pays, encore peu connu, est riche; de nombreux troupeaux errent dans les plaines et sur les montagnes. On y trouve également des porcs sauvages en grande quantité et des poules de Guinée. Près du cap Ambre, à l'extrémité nord de Madagascar, se dressent d'assez hautes montagnes, dont l'altitude dépasse 300 mètres. Le commerce d'échange commence à être très important dans tout ce pays. Un bœuf ne coûte presque rien sur la côte, et l'on y achète aussi assez facilement de la poudre d'or; ce qui permet de croire qu'il y a, dans les montagnes, des mines importantes. La baie de Diégo-Suarez appartient à la France depuis 1750. Quand l'expédition en cours sera terminée, il nous sera très facile d'établir d'une façon complète notre influence sur toute cette partie de l'île. Les Antakaravas aiment déjà la France et craignent d'une façon absolue les Hovas. Ils savent que rien n'est plus cruel que la domination de la reine, et que le rôle d'esclave leur serait réservé dans un avenir prochain, si la victoire des Hovas était possible. A notre grand avantage, les Hovas sont détestés des autres populations de l'île.

LA GRANDE RUE de Butte, dans le Montana, démontre d'une façon frappante, rien que par la photographie que l'on vient de voir, ce que peut devenir, en peu d'années, un camp de mineurs. A peine un pionnier a-t-il trouvé dans sa pelle quelques fragments de minerai jaune, à peine quelques pépites ont-elles été découvertes que, de tous côtés, des tentes se dressent, des chantiers s'installent et des camps immenses couvrent des collines qui, jusque-là peut-être, n'avaient jamais été foulées par le pied de l'homme. Le soleil se lève sur un désert et il se couche sur le fourmillement d'une ville naissante. Le premier camp des chercheurs d'or s'établit, à Butte, en 1863. Un seul placer, très rapidement, donna 30,000,000 d'or. Alors la vogue de ce nouvel Eldorado fut immense. Comme jadis, à San-Francisco, les aventuriers du monde entier s'en furent vers cette terre magique. Cependant les placers s'épuisèrent, et le travail qu'exigeait la recherche de l'or devint à peine rémunérateur. Comme quantité de villes américaines du même genre, Butte déclina beaucoup jusqu'en 1875. Mais alors de grandes machines furent installées, et la recherche du quartz commença. Ce fut la véritable richesse de Butte. Aujourd'hui, la ville est immense, éclairée à la lumière électrique, sillonnée par d'innombrables tramways. Là, où, en 1863, il n'y avait que des tentes d'aventuriers, s'élèvent d'immenses maisons, un opéra, des églises et jusqu'à des hôtels de journaux. La rapidité avec laquelle les villes se créent et se développent dans le Nouveau Monde nous semble, en Europe, le plus étrange des phénomènes. Il est facile cependant de l'expliquer par l'émigration constante.

UNE HUTTE D'INDIENS, telle que la représente la gravure ci-dessus, donne une idée exacte de ce qu'est maintenant le degré de civilisation des Indiens du Canada. Même aujourd'hui, ils ne se plient pas facilement aux habitudes des blancs; cependant la hutte que l'on vient de voir représente déjà une grande amélioration. Nous sommes déjà loin des cabanes de branchages qu'habitaient les héros de Fenimore Cooper. Les portes sont même faites avec une certaine habileté, et les petites divisions intérieures, séparant en quelque sorte la hutte en plusieurs appartements, prouvent qu'aujourd'hui les Indiens commencent à ne plus vivre absolument comme des sauvages. Ils sont maintenant habillés à l'européenne et ne portent plus les plumes et les grandes couvertures aux couleurs éclatantes de leurs ancêtres. Ils ont perdu l'habitude des tatouages. Le pittoresque y perd, mais la sécurité de la vie au Canada y gagne. Les Indiens que nous avons photographiés sont des chasseurs d'ours ou de paisibles commerçants, qui n'ont plus aucun désir de scalper les visages pâles. Néanmoins, il y a sur tous ces fronts comme une étrange mélancolie. C'est, en effet, la caractéristique de cette race, de ne supporter qu'avec chagrin la civilisation. Ils ont, malgré eux, le regret des vastes forêts et des grands lacs. Ils ont aussi le regret de la gloire de leurs aïeux; ceux-là mêmes qui consentent à se civiliser un peu, redisent à la veillée les ballades guerrières des tribus disparues. Ne pouvant faire la guerre, ils ont un goût prononcé pour la pêche et la chasse. Très braves, comme leurs ancêtres, ils se plaisent à poursuivre les ours, et parfois à lutter corps à corps avec les fauves les plus dangereux,

UNE FERME AU CANADA est devenue, de nos jours, une très grosse industrie agricole. Peu à peu, les colons ont su exploiter les plaines fertiles du Canada et leur faire produire le maximum de céréales. On voit, dans la photographie ci-dessus, les charrues tracer leurs sillons, les herses remuer la terre, et, au loin, arrive au galop un cavalier, le fermier, qui surveille les travaux de ses ouvriers. Aujourd'hui, beaucoup de gentilshommes anglais ou français sont allés chercher au Canada une fortune peut-être plus difficile à gagner qu'en Californie jadis, ou en Australie maintenant, à la recherche des pépites d'or, mais plus sûre certainement. Les exploitations agricoles du Canada ne demandent qu'un travail opiniâtre. Tous ceux qui ont obtenu des concessions ont réussi merveilleusement, s'ils ont eu l'énergie nécessaire pour travailler la terre et attendre le moment où elle peut rendre ce que l'on attend d'elle. Malheureusement, un certain nombre de colons ont entrepris des exploitations sans avoir les capitaux nécessaires. Ceux-là ont échoué. Les autres, ceux qui ont pu attendre la récolte favorable, sont sur le chemin de la fortune. Il y a en France de nombreuses agences d'émigration canadiennes, car ce sont des Français surtout que l'on désire avoir dans ce pays, où la France a laissé de si profondes traces de sa domination, et où sa langue est restée celle de l'immense majorité de la population. Mais le Français émigre difficilement, il n'a pas le goût des Anglais pour les grands voyages, ou cette facilité des Allemands de s'installer dans n'importe quel coin du monde. Néanmoins, il y a, depuis quelques années, au Canada, de très curieux villages d'émigrants français.

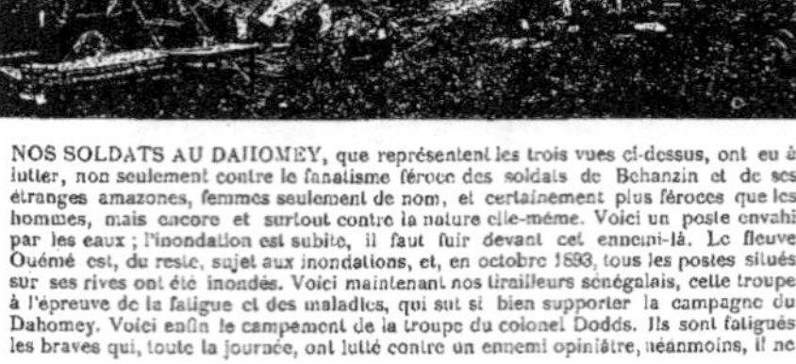

NOS SOLDATS AU DAHOMEY, que représentent les trois vues ci-dessus, ont eu à lutter, non seulement contre le fanatisme féroce des soldats de Behanzin et de ses étranges amazones, femmes seulement de nom, et certainement plus féroces que les hommes, mais encore et surtout contre la nature elle-même. Voici un poste envahi par les eaux ; l'inondation est subite, il faut fuir devant cet ennemi-là. Le fleuve Ouémé est, du reste, sujet aux inondations, et, en octobre 1893, tous les postes situés sur ses rives ont été inondés. Voici maintenant nos tirailleurs sénégalais, cette troupe à l'épreuve de la fatigue et des maladies, qui sut si bien supporter la campagne du Dahomey. Voici enfin le campement de la troupe du colonel Dodds. Ils sont fatigués les braves qui, toute la journée, ont lutté contre un ennemi opiniâtre, néanmoins, il ne faut reposer qu'avec beaucoup de méfiance, ils le savent. Ils reviennent, après avoir été battus, se glissant comme des serpents dans la brousse, ces Dahoméens fanatiques dont, à Dogba, le 19 septembre 1892, on a entendu, jusqu'à l'entrée du camp français, les cris féroces : « Koia ! Koia ! Dahomé ! » (En avant ! En avant ! Dahomey) Le plus grand danger pour la colonne c'était d'être surprise, et le colonel Dodds, surtout après le combat de Dogba, a eu l'habileté d'éviter toute embuscade, ce qui était certainement difficile dans la brousse, où des milliers d'hommes peuvent se glisser dans les hautes herbes. Dans le camp français il n'était permis de dormir que d'un œil, et les sentinelles, constamment relevées, n'avaient pas le temps de laisser engourdir leur vigilance. Les hommes, prêts à la moindre alerte, gardaient près d'eux leurs armes.

LA ROUTE DES FORÇATS, que représente cette gravure, a été tracée par les convicts anglais, dans les Bermudes, après que la Grande-Bretagne eût pris à la France cette colonie d'une façon définitive, et eût résolu de s'y installer. Il est facile de se rendre compte de la difficulté qu'ont vaincue les hommes qui ont fait un pareil travail. C'est dans le roc même qu'il a fallu tracer et creuser ce chemin. Aujourd'hui il serait impossible, peut-être, de faire faire de semblables ouvrages par les naturels du pays. Le nombre des forçats anglais, dans les colonies, a diminué en effet depuis vingt ans d'une façon intéressante. En 1870, il y avait 13,120 forçats à Gibraltar et aux colonies. En 1894, c'est à peine si l'on pouvait en compter 5000. Non seulement les tribunaux anglais ont pris l'habitude de prononcer de plus courtes peines, mais encore le gouvernement a adopté un nouveau système pénitentiaire, considérant que les agglomérations de forçats sur certains points des colonies étaient plutôt un danger. C'est à partir de ce moment qu'il a fait travailler dans les prisons d'une façon constante pour les services publics, et qu'il a employé des groupes de forçats à des travaux nécessaires à Gibraltar, à Chatam et à Portsmouth. Il y a pourtant encore un certain nombre de forçats aux Bermudes. En Australie, on n'en envoie plus depuis 1868. L'an passé, dans ce dernier pays, il n'en restait que 88, presque tous des vieillards ou des fous. Aux Bermudes, comme en Australie, il y a, d'un autre côté, de nombreux descendants de convicts libérés, qui ont fait souche d'honnêtes gens. Il a couru bien des légendes, sans doute, à ce sujet; néanmoins, le fait même est certain.

LA PORTE DE L'ENFER, sur le chemin de fer du Midland, « Heligate » comme disent les habitants du Colorado, est une gorge des Montagnes Rocheuses, dans laquelle apparaît d'une façon merveilleuse le génie et l'audace des hommes, qui ont su faire passer des lignes de chemin de fer là où les muletiers, autrefois, ne s'aventuraient pas sans circonspection. La ligne, en effet, après avoir traversé Manitou, grimpe le passage Utel, qui porte le nom de la tribu indienne qui l'a tracé, puis, franchissant le pic Pike, la plus haute montagne de la chaîne, elle gravit lentement une pente très rude. C'est peut-être le plus audacieux travail que les Américains aient tenté. Du reste, cette ligne a coûté 4,500,000 francs le mille anglais, soit environ 3,000,000 le kilomètre. Pendant des mois et des mois, des ouvriers travaillèrent suspendus sur les précipices, et c'est à coups de dynamite que l'on est parvenu à se frayer un passage dans la roche. L'impression du voyage est saisissante. On dirait que le train court sur le bord même du précipice. Des fenêtres du wagon, quand il suit les courbes de la ligne autour de la montagne, le voyageur peut jeter un journal dans la rivière cent mètres plus bas. La devise du Colorado est : « Rien sans Dieu ». Les hommes courageux, qui ont tant de fois risqué leur vie pour construire ce chemin de fer, ont dû, bien souvent, se rappeler cette devise de leur pays, et avoir une foi invincible en la puissance de la divinité, pour braver à la fois d'aussi graves dangers et d'aussi rudes fatigues. Depuis, en Europe, on a construit des chemins de fer, des ponts au-dessus d'abîmes vertigineux, mais aucun des travaux d'art modernes n'a été accompli avec des moyens aussi rudimentaires.

LE MONT SHASTA, dans la Haute-Californie, est à l'extrémité méridionale de la chaîne des Cascades, ainsi nommée à cause des innombrables cascades de la rivière Colombie qui traverse, au nord, les montagnes de cette chaîne. C'est la plus haute des montagnes, du Pacifique jusqu'à la Sierra-Nevada. Le mont Shasta s'élève à 5000 mètres au-dessus du niveau de la mer. Il est, en quelque sorte, détaché de la chaîne des autres montagnes, ce qui lui donne une sorte de grandeur imposante. C'est du reste, peut-être, le pic le plus élevé du Nouveau Monde. De loin, il est difficile de s'apercevoir que c'est un volcan éteint; mais, quand on arrive au sommet, on trouve un immense cratère, qui a plus de 1500 mètres de diamètre et au moins 300 mètres de profondeur. Il ne vomit plus ni lave enflammée ni fumée, et la neige l'a presque entiè-

rement comblé. La neige, du reste, couvre éternellement le sommet du Shasta, et de nombreux glaciers, qui rappellent ceux du mont Blanc, en rendent l'ascension assez difficile. La seule trace des éruptions volcaniques est une source sulfureuse que l'on rencontre un peu avant d'arriver au sommet, dans un étroit couloir formé par des blocs de lave durcis par le temps. L'ascension du Shasta est très longue; mais, quand on parvient au sommet, on est bien dédommagé de sa peine par le spectacle admirable que l'on a sous les yeux. La plaine immense s'étend à perte de vue, coupée par des forêts de pins d'une étendue considérable. On dirait que le monde entier apparaît à vos yeux éblouis, et, quand le soleil couvre d'une sorte de poudre d'or les plaines sans fin et les cimes vertes des arbres, on se croirait transporté dans quelque féerique contrée.

LA SÉANCE DE SIKIDI, photographiée ci-dessus, est une des plus vieilles superstitions qui constituent la religion ancienne des Madécasses, comme on disait, autrefois, en parlant des habitants de Madagascar. Cette religion, du reste, consistait surtout en quelques pratiques rappelant celles des sorciers du moyen âge par plus d'un côté curieux. Les prêtres, ou ombias, n'étaient et ne sont encore que des magiciens; car il faut se garder de croire que tous les Malgaches soient convertis au protestantisme parce que la reine, tous les dimanches, assiste au prêche. Une de leurs superstitions les plus atroces était, alors, l'épreuve du poison. Quand l'accusé survivait, ce qui était rare, car le poison qu'on lui faisait prendre était toujours extrêmement violent, les accusateurs devenaient ses esclaves. Il y a, dans cette façon sauvage de rechercher la culpabilité, quelque chose comme la naïveté féroce de nos pères, quand ils instituèrent le jugement de Dieu. Les Malgaches croient que leurs prêtres ou sorciers ont une influence invincible, qu'ils peuvent évoquer les esprits et que, par leur intervention, leurs ennemis seront frappés et eux seront sauvés. La séance de Sikidi, que nous représentons, n'est autre chose qu'une séance d'évocation magique de ce genre. Ces superstitions, les Malgaches convertis au christianisme ne les ont point toutes oubliées. C'est même pour cela que les pasteurs anglicans, tout-puissants à Tananarive, près de la reine, ont pris une influence égale sur l'imagination du peuple, qui leur attribue auprès de la divinité une puissance supérieure à celle des autres hommes. L'idolâtrie, chez ces peuples, reste toujours comme le fond même de leurs croyances.

LE CHEMIN DE FER D'OROYA au Pérou, qui va du port de Callao à Lima, la capitale du pays, puis traverse les Andes jusqu'à Oroya, est, comme certains chemins de fer américains, la preuve de ce que peuvent le travail et le courage des hommes. Ce chemin de fer a une histoire curieuse, car celui qui l'a fait a eu certainement la fortune la plus mouvementée. Il est en quelque sorte le type absolu des aventuriers qui s'enrichirent au Nouveau Monde. Henry Meiggs était né à Catskill en 1811. Il commença à faire des affaires à New-York et à Boston, mais ne réussit pas, et fut déclaré une première fois en faillite en 1837. Il se remit au travail et, dix ans après, il apportait à San-Francisco une cargaison de bois et de vieux meubles qu'il vendit dans des conditions si avantageuses qu'il put très vite rétablir ses affaires sur une large échelle; puis il fut ruiné de nouveau par la panique de 1854 : on dirait aujourd'hui le krack de 1854. Il s'enfuit avec sa famille dans l'Amérique du Sud et se mit à construire des ponts et des chemins de fer; en peu d'années, il refit une grosse fortune. Sa dernière entreprise fut le chemin de fer de Callao à Oroya, qui lui rapporta de tels bénéfices qu'il mourut archi-millionnaire après avoir désintéressé tous ses anciens créanciers de Californie. Les ingénieurs qui ont tracé les premiers plans de cette ligne étaient Français et, depuis que les premiers travaux ont été commencés, il s'est établi au Callao et à Oroya d'importantes colonies françaises. L'influence de la France s'est du reste affirmée d'une façon absolue au Pérou, depuis les guerres de l'Indépendance, et par ses commerçants, et par ses ingénieurs, et par ses artistes.

LE POPOCATEPETL est le grand volcan du Mexique. Son altitude est de 5400 mètres. Son nom signifie « la Montagne fumante ». Bien qu'il n'ait plus eu d'éruption depuis 1802, une colonne de fumée s'échappe toujours de son cratère entouré de neiges éternelles. Les Aztèques, frappés de la majesté de cette montagne, y avaient placé le séjour de leurs divinités. Un Français, le baron Gros, qui fit l'ascension complète, en a donné la première description scientifique. Néanmoins, le premier qui tenta d'escalader le volcan fut un Espagnol de l'armée de Cortez, nommé Ordoz. Il ne parvint pas au sommet, mais en récompense de son courage Charles-Quint l'autorisa à mettre un volcan dans ses armes. Une légende raconte aussi qu'un autre Espagnol, nommé Francisco Montana, arriva jusqu'au cratère, et y descendit chercher du soufre pour fabriquer de la poudre. De nos jours l'ascension du Popocatepetl se fait assez fréquemment, et les Indiens vont ramasser du soufre qu'on trouve en assez grande quantité autour du cratère. « Ce cratère, dit le baron Gros, peut avoir une lieue de circonférence et mille pieds de profondeur. Le bord extérieur est entièrement dépourvu de neige; mais dans l'intérieur, du côté qui ne s'échauffe pas aux rayons du soleil, un grand nombre de stalactites pleuvent sur l'incendie terrestre. » A mi-chemin du cratère on trouve un campement d'Indiens qui doit être très ancien. Ce qui rend l'ascension extrêmement difficile, ce sont les alternatives de froid intense et de chaleur torride par lesquelles doivent passer les ascensionnistes. La vue ci-dessus est prise du sommet de l'ancienne pyramide aztèque de Cholula. La croix massive qu'on aperçoit date de Fernand Cortez.

LA PASSE DES SIOUX est au-dessus d'une vallée appelée le cañon Écho. Le mot cañon est un mot espagnol (canyon) signifiant tube, qui s'applique plus exactement aux fentes creusées dans le roc par les torrents, aux abîmes du Colorado par exemple, qu'à une vallée de ce genre. Ce pays était jadis habité par les Sioux, cette tribu indienne dont l'imagination des romanciers et des poètes a célébré de tant de façons les exploits féroces. Le Dakota, qui est le nom de l'État où habitaient jadis les Sioux, fut, en 1871, le théâtre de scènes étranges et dont on peut difficilement se faire une idée dans l'Ancien Monde. Là où moins d'un demi-siècle auparavant les Sioux avaient construit leurs cabanes, se dressèrent tout à coup des camps de chercheurs d'or. Ils en trouvèrent. Avec une rapidité magique, les maisons, les monuments remplacèrent les tentes. Des industries se créèrent; 10,000 mineurs s'installèrent; un commerce s'organisa et ses bénéfices furent bientôt énormes. Des maisons de banque firent des fortunes, des magasins splendides s'établirent, et tout de suite, comme partout en Amérique, où le besoin de la lecture est constant, trois journaux quotidiens se créèrent. Ils ont été plusieurs fois déjà obligés d'agrandir leur format, le nombre de leurs annonces augmentant constamment. Là où jadis on allumait de grands feux pour éloigner les fauves, l'électricité éclaire de larges rues où peu à peu s'installent de belles boutiques. Chose intéressante à noter: dans ces villes nouvelles d'Amérique, avant même que des maisons remplacent les tentes et les cabanes, les trois monuments que l'on construit tout d'abord, sont : un théâtre, une église et une école.

LE CAMPEMENT DE LA MISSION BINGER sur la Côte-d'Ivoire, dans ce pays encore si peu connu où en ce moment le colonel Monteil dirige avec tant de peine une colonne française, montre quelles sont les difficultés que rencontre le voyageur blanc au pays noir. Ou les villages sont trop loin, ou il faut les éviter et camper dans la brousse. Il est rare qu'on puisse s'approcher d'un village en toute sécurité et qu'on ait tout de suite l'assurance des dispositions pacifiques et hospitalières des habitants. Il faut surtout craindre les querelles soulevées soudain par les vols auxquels se livrent les porteurs, qu'il est toujours difficile de bien tenir sous la main et qui peuvent, en un instant, soulever toute une population. Souvent, aussi, on doit craindre la mauvaise qualité des eaux qui se trouvent dans le voisinage des habitations. D'ordinaire on choisit un petit cours d'eau limpide et, sur ses bords, on dresse les tentes, en prenant bien soin de protéger les bagages contre l'humidité et les termites, et l'on s'endort sous les étoiles, tout en prenant la précaution de placer des sentinelles, car il faut se garder contre une surprise. Dans ce pays, le plus grand danger est toujours le noir. Quand il promet amitié et fidélité, il faut encore se méfier de lui. Rien que pour voler quelques paquets de pacotille, il se glisse dans la brousse, prêt à massacrer la poignée d'hommes assez audacieux pour s'avancer ainsi dans des terres inconnues. Les fauves sont rares, et de grands feux suffisent pour les éloigner ; mais il faut craindre les fourmis voyageuses, dont les terribles crocs et le nombre incalculable sont aussi à craindre que la dent du tigre, et les scorpions, dont la piqûre est souvent mortelle.

LE LAC TAHOE s'étend entre la Californie et le Nevada, arrosant ces deux pays de ses eaux qui semblent entourer de leurs flots, d'un bleu de saphir, les blanches montagnes de la Sierra Nevada. Ce lac a 22 milles de long et 10 milles de large, et ses eaux, qui ont à certains endroits plus de 500 mètres de profondeur, sont merveilleusement claires. Le lac Tahoe est situé à 2500 mètres au-dessus du niveau de la mer et, quoiqu'il y ait tout autour de nombreux glaciers, jamais, même dans les hivers les plus rudes, ses eaux ne sont prises. L'air, dans ce pays, est particulièrement sain et réconfortant. Aussi de nombreuses maisons ont-elles été construites peu à peu autour du lac; c'est un grand charme que la saison estivale dans cette délicieuse région de la Sierra Nevada. Les poètes américains ont proclamé le lac Tahoe le plus beau lac du monde; ce qui est certain, c'est qu'il n'en existe pas dont les eaux soient plus limpides. Les petits bateaux à vapeur, qui font le service sur ses rives, ne tracent aucun large sillon sur la nappe, unie et polie comme une glace, de ses ondes. On dirait à peine le léger trait tracé par un diamant sur le verre, tant l'eau est transparente comme du cristal. Une rivière, appelée « Truckee », sort du lac Tahoe. On y pêche des truites énormes et d'une saveur délicieuse. Un phénomène assez étrange se passe au lac Tahoe, qui a été le théâtre d'assez nombreux suicides ou accidents. Jamais on n'a retrouvé un cadavre. Quiconque tombe dans ses eaux disparaît comme une balle de plomb dans la mer, et plus rien ne revient à la surface. Aussi les désespérés qui veulent mourir simplement, sans qu'on parle d'eux après leur mort, choisissent le lac Tahoe.

LE TOMBEAU de la femme d'un grand chef, tel qu'on le voit ci-dessus, prouve que si l'Indien, parfois, vend sa femme comme une esclave au premier venu, il sait aussi, dans certaines occasions, honorer sa compagne. Néanmoins, il est certain que, dans les tribus indiennes, les femmes ont la même situation que chez les autres peuples sauvages ; c'est à peine si elles ont une place un peu supérieure à celle des esclaves. Le chef qu'on voit ici appartient à la tribu des *Crow* ou Corbeaux, alliée à celle des Sioux, et qui passait jadis pour être encore plus *féroce* qu'elle. Cette tombe indienne rappelle les descriptions de Chateaubriand : « Que cette coutume indienne est touchante ! Je vous ai vus, dans vos campagnes désolées, pompeux monuments des Crassus et des Césars, et je vous préfère encore ces tombeaux du sauvage, ces mausolées de fleurs et de verdure que parfume l'abeille, que caresse le zéphyr et où le rossignol bâtit son nid et fait entendre sa plaintive mélodie. » L'Indien n'avait que deux passions : la guerre et l'amour. La femme était son esclave ; mais, à certains moments aussi, il était l'esclave de sa femme. Sa langue, d'ailleurs, a des intonations musicales, douces comme des caresses, et l'on comprend que les poètes aient été tentés par ces natures primitives. Du reste, la cruauté, la dissimulation que l'on reproche à l'Indien ne sont-elles pas surtout des vices qu'il a gagnés au contact des peuples dits civilisés? Et, s'il éprouve une joie sans pareille à faire mourir dans mille supplices son ennemi, n'est-ce pas un peu parce que cet ennemi est venu lui prendre la terre de ses aïeux, la libre montagne où il pouvait sans crainte, jadis, dresser les tentes de sa tribu?

LA RUE DU CANAL, à la Nouvelle-Orléans, sépare la vieille ville de la nouvelle. C'est une grande voie traversant les quartiers les plus commerciaux de cette ancienne cité française. C'est peut-être le centre commercial le plus curieux du monde. Du reste, c'est pour des raisons exclusivement commerciales que, en 1803, les États-Unis achetèrent la Louisiane à la France. Aussi sa prospérité n'a-t-elle fait que s'accroître. Elle compte aujourd'hui 250,000 habitants. On peut dire que les créoles de la Louisiane ont conservé, en quelque sorte, le cachet français. Les Américains ont souvent écrit qu'ils ont l'esprit gaulois. Peu à peu, les Américains ont envahi la Nouvelle-Orléans et légèrement modifié les mœurs. Néanmoins, en dehors du monde exclusif des affaires, les habitudes de la vie créole sont restées à peu près ce qu'elles étaient il y a un siècle. Le français y est encore très couramment parlé dans beaucoup de familles, et l'on se plie difficilement aux habitudes protestantes. La vie est très libre, très en dehors et le luxe a un caractère tout particulier. Enfin l'éducation des femmes n'y est point du tout la même que dans le reste des États-Unis. Ajoutons que la séduction des habitantes de la Nouvelle-Orléans est quasi célèbre. Elles ont la beauté créole unie à un charme particulier, le charme des Américaines, qui est indéfinissable, mais que connaissent bien tous ceux qui, dans les villes cosmopolites, ont fréquenté quelque peu les salons, où l'on peut apprécier à la fois le charme et la beauté des femmes de presque tous les pays. C'est à la Louisiane qu'eurent lieu jadis les duels les plus célèbres de l'autre côté de l'Atlantique, et aussi les plus terribles, les plus sauvages.

LES TOUCOULEURS, photographiés ici, sont ces habitants du Soudan qui ont donné tant de mal à nos soldats, et contre lesquels nous avons encore à lutter, car ces peuplades guerrières ne sont jamais complètement soumises. On n'a pas oublié l'admirable campagne du colonel Archinard contre Samory, ce dernier fuyant toujours et entassant derrière lui les ruines et les cadavres, pour revenir inquiéter la colonne française. Les Toucouleurs, comme leur nom l'indique, sont issus de plusieurs races. Ce ne sont point tout à fait des Éthiopiens ; le caractère physique de ces peuples se distingue profondément du type éthiopien pur. Les Toucouleurs sont le produit du croisement du peuple fouliah, qui conquit le Soudan vers le dix-septième siècle, avec les Torados, les Yolofs et les Mandingues. Ils sont musulmans, et il est probable que les Foullahs sont venus en conquérants des bords du Nil. Le Soudan est un immense pays dont on ne connaît pas bien jusqu'ici toutes les richesses. On sait seulement qu'il produit le caoutchouc, le coton, le riz. Sur des plaines sans limites s'étend la brousse, et les guerres que les différentes peuplades se sont faites entre elles ont décimé la population. L'aspect du pays est uniforme. On ne voit qu'une succession de plateaux d'un faible relief, occupant de vastes espaces et formant la séparation de plaines et de vallées étendues. Le massif du Fouta Djallou est le point le plus élevé de ces sortes de terrasses dont la pente est légère. Chaque jour, dans ce pays, l'influence française s'affirme d'une façon plus précise. Le moment n'est point encore venu, cependant, où le Soudan payera au commerce français les gros sacrifices que nous y avons faits.

UNE LAGUNE EN NOUVELLE-CALÉDONIE montre ce que sont les paysages de notre lointaine colonie, où les forêts sont admirables et où les prairies sont si vastes que des troupeaux composés de plusieurs milliers de bêtes à cornes peuvent y errer en toute liberté. Le climat y est très bon, quoi qu'on en ait dit jadis, et il est regrettable que les Français aient en réalité si peu de goût pour la colonisation et si peu de facilités pour s'expatrier. Sans cela, la Nouvelle-Calédonie aurait eu déjà une fortune presque égale à celle de l'Australie. On y a trouvé, jusqu'ici, peu de mines d'or, mais il existe des mines de nickel admirables et qui, du reste, appartiennent aux plus gros financiers français. Le jour où la France fera comme les autres pays d'Europe et remplacera sa monnaie de cuivre par de la monnaie de nickel, ces mines auront une très grande valeur. En attendant, dans cette nature encore sauvage, mais dont la force de vitalité est très grande, l'industrie la plus prospère est l'élevage et la confection des boîtes de conserves. Le prix des bestiaux élevés en liberté dans d'immenses territoires est très bas, et on peut avoir la main-d'œuvre à un prix relativement minime. Aussi les conserves préparées en Nouvelle-Calédonie sont elles destinées à la France, où elles servent à la nourriture de nos soldats et de nos marins en campagne. On remarquera le caractère mystérieux et triste du paysage photographié. Les sites de la Nouvelle-Calédonie, en effet, n'ont pas cette puissance de vie réconfortante des terres tropicales. Ils ont un caractère sauvage, parfois, mais presque toujours mélancolique comme ces paysages d'Écosse chantés par les bardes et dépeints si bien par Walter Scott.

CE CAMPEMENT DE CANAQUES montre bien le caractère particulièrement sauvage des naturels de la Nouvelle-Calédonie. Quand, en 1853, le contre-amiral Febvrier Despointes prit possession de l'île au nom de la France, il y trouva des peuplades plus féroces que des bêtes fauves. Presque tous les Canaques étaient alors anthropophages; les différentes tribus se faisaient souvent la guerre, et l'on mangeait les morts et les prisonniers. On peut même dire que la Nouvelle-Calédonie n'est définitivement soumise que depuis la grande insurrection de 1878, dont nous avons déjà parlé et qui faillit un instant compromettre l'existence de la colonie. Cette insurrection commença le 19 juin par le massacre d'un colon nommé Chêne et de toute sa famille, puis partout on signala des scènes de meurtre et de pillage. Les Canaques obéissaient à un plan de révolte assez habilement conçu. L'insurrection éclatait sur plusieurs points à la fois, afin d'émietter la résistance. Les colons surpris étaient assassinés, les fermes pillées et brûlées. Le chef de l'insurrection était un Canaque appelé Ataï dont on connaissait depuis longtemps la résistance à notre domination. Il fallut les mesures les plus énergiques et le courage de la population civile qui s'enrôla, augmentant ainsi le faible effectif des troupes, pour venir à bout de cette révolte. On put former une colonne, forte d'environ 4000 hommes, qui détruisit les tribus les plus rebelles et força les autres à une soumission réelle cette fois. Depuis ce temps, les Canaques semblent avoir renoncé à toute velléité d'indépendance. Néanmoins le nombre des soldats a été augmenté et la surveillance des indigènes est plus sévère qu'autrefois.

NOTRE-DAME-DE-GUADELOUPE est une église fort intéressante de Chihuahua (Mexique), où les reliques sont très nombreuses, et où l'on voit notamment une belle statue d'Ignace de Loyola. Mais ce qui est encore plus curieux que ce qu'on peut y voir, c'est l'origine même de son nom qui rappelle une vieille légende religieuse dont le souvenir se retrouve à chaque instant dans l'histoire du Mexique. Sur les bords du lac Teyenco, à 5 kilomètres à l'est de Mexico, au mois de décembre 1531, la Vierge, dit la légende, apparut à un Indien converti nommé Juan Diego. Quand il revint conter son aventure à l'évêque, celui-ci ne put douter du miracle, car l'Indien portait l'image de la Vierge peinte sur son manteau. Cette apparition frappa si vivement l'imagination populaire que, à partir de ce moment, la dévotion à la Vierge devint la plus importante des pratiques religieuses. L'anniversaire de l'apparition fut fêté comme un jour de fête nationale. De tous côtés des églises furent consacrées à Notre-Dame-de-Guadeloupe ; mais la plus importante, celle où le culte de la Vierge est le plus passionnément suivi, est l'église de Chihuahua. *Notre-Dame-de-Guadeloupe* a tenu une grande place dans l'histoire du Mexique. On sait que la dévotion des Espagnols, qui le conquirent, était profonde, et que les prêtres et les religieux eurent une puissance extraordinaire dans ce pays où l'Inquisition fut si longtemps triomphante. La plus haute décoration mexicaine était celle de Notre-Dame-de-Guadeloupe. « Guadeloupe ! Guadeloupe ! » fut le cri de ralliement dans beaucoup de batailles et même, chose curieuse, celui des guérilleros de Juarez, l'ennemi des prêtres, quand ils dressaient des embuscades à nos soldats.

LA MAISON DU QUAKER, comme on l'appelle dans le Massachussetts, qui, jadis, fut la demeure d'un protestant français exilé, fut aussi l'habitation d'une femme qui a joué un rôle important dans les affaires du Nouveau Monde, puisque, à la fois, elle fut l'apôtre le plus acharné de la suppression de l'esclavage, et prêcha jusqu'à son dernier jour, réclamant pour la femme le droit de vote et le droit d'éligibilité aux fonctions publiques. Lucrèce Coffin naquit en 1793 dans cette vieille maison si riante, à Nantucket, dans le Massachussetts. Ses parents étaient de la secte austère des quakers. Ils furent obligés d'aller, pendant quelques années, habiter successivement Boston et Philadelphie. Elle se maria dans cette dernière ville, en 1811, et épousa James Mott, dont elle fit très vite un quaker forcené. En 1817, elle commença à se faire entendre en public, prêchant le dimanche sur des sujets religieux ou philosophiques et, comme elle avait un grand talent de parole, elle fut reçue dans la Société des Amis, la plus puissante société protestante aux États-Unis à cette époque. Alors se décida la vocation de cette étonnante femme. Elle partit en croisade à travers l'Amérique, ameutant la foule dans les rues, sur les routes, dans les promenades publiques, prenant pour chaire une borne, un banc, un tréteau, et prêchant avec une passion communicative la guerre à l'esclavage. Quand la Société des Amis se partagea sur cette question, elle se rangea du côté libéral et fonda la première Société pour l'abolition de l'esclavage. On peut dire que nul n'a plus poussé au grand mouvement dont la guerre de Sécession fut la conséquence. Lucrèce Coffin est morte en 1880.

LES CHUTES DU KOOTENAI, sur la rivière de ce nom, près de la ville de Libby, dans le Montana, sont sur la limite du Canada et des États-Unis. La rivière de Kootenai arrose les deux territoires, et son cours a été l'objet de contestations nombreuses entre les deux pays. On sait que les relations commerciales sont assez difficiles entre les États-Unis et le Canada, et les difficultés sont fréquentes aux frontières où les grandes rivières sont comme des routes naturelles dont chacun réclame la propriété. Au temps où le Canada était français, les Canadiens réclamaient déjà comme leur appartenant le cours de la rivière de Kootenai. Dans tout ce pays habite une tribu très ancienne qu'on appelle, du reste, les Indiens du Kootenai, et qui sont certainement les moins gênants et les plus paisibles Peaux-Rouges de toute l'Amérique, bien que, en quelque sorte à cheval sur les deux territoires, ils aient plus de facilité que les autres d'échapper à une rapide répression. Les deux territoires américains, le Montana et l'Idaho, voisins des chutes, ont pris depuis quelques années un très grand développement. Jadis on n'y trouvait guère que des campements de mineurs, se livrant avec passion à la recherche de l'or; mais, peu à peu, les placers se sont taris et, pour faire vivre les habitants des villes qui s'étaient élevées comme par enchantement, il a fallu trouver autre chose. Des industries se sont créées avec cette rapidité de conception et d'exécution qui est le caractère distinctif de l'Américain; des entreprises commerciales importantes ont été tentées, et toute cette contrée se développe avec facilité. Ajoutons aussi qu'il existe dans ce pays des mines de houille d'une extrême richesse.

CES PIROGUES qui circulent sur le fleuve Tanoe, à la Côte-d'Ivoire, sont à peu près le seul moyen de locomotion pratique dans ce pays où les voyages à travers la brousse sont si pénibles et où les fleuves sont à chaque instant barrés par des rochers et interrompus par des rapides qui en rendent la navigation impossible à tout autre genre d'embarcation. Le Tanoe est un grand fleuve qui forme la frontière entre la Côte-d'Ivoire française et la Côte-d'Or anglaise et vient se jeter dans la lagune Ahi, prolongement oriental de la lagune d'Aby ou d'Assynie. Le Tanoe est très large; la distance entre ses deux rives varie entre 60 et 80 mètres. Ses eaux rapides courent sous des lianes gigantesques et des fourrés de palmiers épineux. Toute cette végétation est particulièrement vigoureuse et belle. Le plus grand danger de la navigation sur le Tanoe n'est pas de voir culbuter la pirogue et de disparaître dans quelque rapide. Les naturels nagent comme des poissons et savent se tirer des courants les plus violents. Le plus grand danger, c'est que les caïmans y pullulent, et qu'il est bien rare qu'ils manquent l'imprudent nautonnier dont la barque a chaviré. Ces pirogues sont creusées dans des troncs de fromager, le *bombax africanus*, dont le bois est très dur. Les pagaies ont la forme de pelles. Trois pagayeurs suffisent pour mener une pirogue contenant une tonne de marchandises. Les habitants du pays, les Appoloniens, la race la plus belle, la plus intelligente et la plus commerçante de cette région, sont de très habiles pilotes. C'est plaisir de voir avec quelle adresse ils font évoluer les troncs d'arbres qui leur servent d'embarcations, et comment ils passent à travers les rapides.

LE PARC WASHINGTON est une des curiosités de Chicago, cette étrange ville américaine où, depuis la dernière Exposition surtout, la France a marqué si puissamment l'empreinte de son génie artistique et de son génie industriel. La ville de Chicago est le plus fabuleux exemple de la rapidité avec laquelle les cités nouvelles de l'Amérique se sont développées. En 1837, elle entre dans l'Union. Alors sa population était de 4170 habitants, et sa surface à peine de 15 kilomètres carrés. Au dernier recensement elle comptait 1,098,576 habitants, et sa surface était de près de 300 kilomètres carrés. Cette prospérité extraordinaire n'a même pas été arrêtée par l'incendie de 1871. Ce désastre ne coûta pas moins d'un milliard. Mais, avec une rapidité folle, les ruines disparurent ; comme à San-Francisco, les vieilles maisons de bois furent remplacées par des constructions splendides, et l'industrie et le commerce se développèrent. Quelques-uns des boulevards de Chicago ont été tracés sur le modèle des grandes voies de Paris qu'en effet ils rappellent beaucoup. Le parc Washington est aussi pittoresque que les plus curieuses de nos promenades parisiennes et certainement entretenu avec plus de soin encore, s'il est possible. Les villes américaines comme Chicago ont en effet l'habitude de surveiller très rigoureusement l'entretien des promenades agréables que l'on a tracées pour permettre aux travailleurs, dans l'intérieur même de la ville, de venir se reposer à l'ombre des grands arbres et respirer le parfum des fleurs, sans être obligé pour cela de s'en aller bien loin dans la campagne. Ces parcs, qu'on trouve en Amérique et en Angleterre, sont d'excellents moyens d'hygiène.

LES SEPT CHATEAUX ou les sept brèches de la Vallée Rouge, dans le Colorado, sont un des spectacles les plus curieux de ce beau pays, où la nature semble s'être ingéniée à multiplier les paysages étranges. Quand, du haut d'une de ces brèches, on aperçoit, au-dessous, 7 ou 800 mètres plus bas, couler la rivière, on se demande quel chemin elle a suivi pour arriver là. On se demande comment, goutte à goutte, l'eau a fini, dans la suite des siècles, par se tracer une route dans le roc. Quelles méditations provoquent de semblables spectacles! Comme l'homme est petit devant l'œuvre immortelle de la nature! Comme la vie humaine est peu de chose devant l'éternité des montagnes et des vallées! Il semble que notre vie s'écoule plus rapidement que le torrent qui passe, roulant des pierres dans sa course, et arrosant la mousse de ses rives. De quelles civilisations disparues, de quels combats [fabuleux ces masses de rochers et de terre ont-elles été les témoins? Si elles pouvaient parler; si du fond des cascades ou des grottes une voix mystérieuse pouvait sortir, comme jadis, à Cumes, racontant cette fois le passé au lieu de prédire l'avenir, quelles leçons plus intéressantes que celles des savants elle pourrait donner! Car notre pauvre humanité souffre de cette triple incertitude : elle ne connaît d'une façon absolue ni d'où elle vient ni où elle va; elle ne connaît même pas ce qu'est ce point dans l'espace que l'on appelle la terre, où s'agitent les passions des hommes, ces fourmis de l'éternité. La nature immortelle semble si grande, dans sa jeunesse qui ne finit pas, devant la petitesse des hommes, devant la frivolité de leurs querelles, et aussi devant l'imbécillité de leurs espérances!

LES TROIS FRÈRES sont trois pics qui semblent étroitement liés les uns aux autres dans cette vallée de Yosémite, en Californie, qu'ont si longtemps fouillée des pionniers français. C'est, du reste, une habitude très ancienne de personnifier les choses ou les forces de la nature. Les anciens avaient fait un dieu du soleil et l'appelaient Phœbus. Éole était le dieu du vent, et l'Olympe était peuplé des divinités de la terre ou de la mer. En Amérique, surtout, ces images sont fréquentes. On appelle les Trois Sœurs, trois petites îles plantées au milieu du Niagara ; un rocher isolé est connu sous le nom de l'Hermite, et les Trois Frères sont un trio de pics situés au-dessus de la vallée de Yosémite. On dirait, en effet, trois jumeaux qui doivent le jour à une terrible convulsion de leur mère, la Terre. Ils ont un air de famille et se ressemblent bien comme trois frères. Ils élèvent vers le ciel la même tête aride et sauvage, et les rochers tracent dans leurs flancs les mêmes sillons profonds. Tous trois semblent aussi dédaigneux des vertes parures qui, parfois, couvrent les montagnes. On n'aperçoit pas un sapin sur leurs flancs abrupts. Du reste, ces ressemblances, si fréquentes dans la nature, ne sont-elles pas en quelque sorte la résultante d'une de ses lois? La principale d'entre elles est certes la gravitation, l'attraction de la matière vers la matière. Au premier aspect, il semble que, dans l'infini, les astres sont indépendants les uns des autres, mais la science nous apprend qu'une force invincible les fait graviter les uns autour des autres. Il en est de même des montagnes que la terre a enfantées : elles gravitent comme les astres, en quelque sorte attirées les unes par les autres, en vertu de lois mystérieuses et éternelles.

LE LAC MIROIR, dans la vallée Yosémite, étend paisiblement sa blanche nappe entre des montagnes admirables, dont les cimes altières et les pins centenaires viennent se refléter dans ses eaux. Les monts Watkins et les Domes étendent sur lui leur ombre, et l'on dirait que, pour mieux garder leur image, le lac a obtenu de la brise une longue accalmie. Aucune ride n'apparaît à sa surface et, après les cascades, les torrents, les rapides, toute cette nature bruyante et tourmentée, il semble que l'on peut goûter ici une paix éternelle. On dirait que c'est pour le lac Miroir que Lamartine a écrit ces beaux vers si connus :

> Ainsi, toujours poussés vers de nouveaux rivages,
> Dans la nuit éternelle emportés sans retour,

> Ne pourrons-nous jamais sur l'Océan des âges
> Jeter l'ancre un seul jour ?...

> O lac ! t'en souvient-il ? nous voguions en silence.
> On n'entendait au loin, sur l'onde et sous les cieux,
> Que le bruit des rameurs qui frappaient en cadence
> Tes flots harmonieux !

Il semble, en effet, que, sur le lac Miroir, la promenade du poète doit être plus féconde en sensations profondes, et que les amoureux eux-mêmes doivent se recueillir dans une extase plus complète, en présence de cette nature endormie dans le silence et la paix. On est si loin de la mêlée des passions, du bourdonnement des ambitions !

LA MAISON DU LIERRE, tout près de Québec, fut habitée quelque temps par ce fameux marquis de Montcalm, qui défendit si vaillamment, au Canada, le drapeau de la France. La guerre venait d'éclater de nouveau entre la France et l'Angleterre, en 1756. Le gouverneur du Canada demanda du secours. On lui envoya le marquis de Montcalm, qui vint prendre le commandement des 4000 hommes qui composaient toute l'armée de la France au Nouveau Monde. Mais Montcalm, à lui seul, était un renfort puissant. Pendant que la France n'envoyait qu'un général pour défendre la plus belle de ses colonies, les flottes anglaises, chaque jour, apportaient de nouveaux renforts. Malgré cela, le marquis de Montcalm commence par infliger aux Anglais, défaites sur défaites. C'est d'abord la prise du fort Henry sur le lac George, puis c'est la victoire de Carillon; mais le nombre, comme toujours, finit par avoir raison du courage. Après trois années de luttes héroïques arrivent les revers. Le général anglais Wolfe, le rival en courage de Montcalm, prend Québec. Acculés, cernés, les Français, toujours héroïques, gagnent la bataille de Montmorency, mais ils succombent écrasés par la multitude de leurs ennemis. La victoire coûta cher aux Anglais : Montcalm fut tué, mais Wolfe le fut aussi. Il faut même rendre cette justice aux Anglais : pour ne point trop heurter le sentiment des Canadiens, ils ont consenti à ce que, sur la place publique, la statue de Montcalm s'élevât en face de celle de son adversaire, mort le même jour que lui. Cependant, ce n'est point seulement de la générosité chevaleresque de la part des possesseurs actuels du Canada, c'est surtout de l'habileté politique.

SANTIAGO, la capitale du Chili, a été photographiée des hauteurs de Sainte-Lucie, l'antique forteresse qui défendait la ville. On peut dire que tout ce pays a été rénové par les nombreux colons français qui se sont établis au Chili, et qui ont créé notamment les chemins de fer que l'on trouve maintenant dans toute la région. Santiago est aujourd'hui une superbe cité, construite dans un site admirable, d'où l'on aperçoit les cimes neigeuses des Andes. Les voies sont larges, bien tracées, et l'on remarque de nombreux monuments, entre autres la cathédrale qui, détruite en 1647 par un tremblement de terre, fut alors reconstruite avec magnificence. La population a été toujours en augmentant. Santiago compte de nos jours plus de 200,000 habitants, et son commerce serait très florissant si les guerres civiles n'y étaient si fréquentes comme, du reste, dans toutes les républiques de l'Amérique du Sud. Elle fut fondée en 1541 par le conquérant du Chili, Pédro Valvidia. En 1863, Santiago fut le théâtre d'un horrible événement. Un soir, près de 4000 fidèles étaient réunis dans l'église des Jésuites consacrée à la Vierge, quand, tout à coup, des lampions mirent le feu à des guirlandes de fleurs. En un instant la flamme gagna le toit qui était en bois et bientôt le chœur ne fut qu'un brasier. La foule se précipita vers toutes les issues et s'y étouffa. 2500 victimes périrent dans cet affreux sinistre. Ce fut une longue et terrible agonie. On raconte que quelques centaines de personnes furent sauvées par des paysans qui, montés sur leurs chevaux, s'approchèrent des portes et lancèrent leurs lasos. Santiago, du reste, a été très éprouvée. De nombreux tremblements de terre y ont fait beaucoup de victimes.

CETTE ARCHE est formée naturellement par une roche qui s'étend sur les bords du lac Huron, dans cette île féerique de Machinac, qui semble garder à la fois l'entrée du lac Huron et celle du lac Michigan. C'est un de ces tours de force auxquels parfois se complaît la nature, et que ne sauraient tenter les architectes les plus audacieux. Jadis, tout autour, on avait construit un fort redoutable. Aujourd'hui ce n'est plus qu'une agréable station balnéaire. La petite station de pêche et de chasse, créée par des marchands français, est devenue une succession de beaux édifices, parmi lesquels se trouvent des hôtels qui peuvent rivaliser avec les plus beaux caravansérails du Nouveau Monde. L'air est si pur dans ces régions, le climat y est si tempéré, qu'un séjour un peu prolongé sur les bords de ces lacs donne une vigueur nouvelle au corps et à l'esprit. On dirait que la nature a voulu créer, dans cet endroit, un merveilleux établissement sanitaire. Le paysage y est, en outre, admirable. Tout près des murailles en ruine du vieux fort, on voit des cavernes étranges, des rochers que la nature a capricieusement taillés, et une végétation luxuriante. Des fleurs sauvages tachent de leurs couleurs éclatantes le vert sombre des buissons, et des pins aussi vieux que des chênes étendent l'ombre de leurs branches sur les bords des lacs. Les sites curieux se trouvent à chaque pas. L'île de Machinac est devenue également un point de rendez-vous pour les chasseurs et les pêcheurs. Dans les lacs on pêche des truites admirables, et dans la région environnante on trouve des ours et des daims gigantesques. De grandes chasses et de nombreuses battues sont organisées à toutes les époques de l'année.

LA MOSQUÉE DE BONDOUKOU, sur la Côte-d'Ivoire, est un lieu de pèlerinage pour les fanatiques musulmans de ces régions. Cependant l'islamisme n'est guère autre chose, là-bas, qu'un fétichisme dissimulé. Les nègres ne cherchent dans le Coran que des versets dont la puissance magique doit leur donner par sortilège : force, puissance, victoire sur leurs ennemis, santé, richesse. Il y a pourtant dans ce pays des pèlerins qui ont été à la Mecque. Ceux-là sont de véritables musulmans, et leur foi féroce dans le triomphe de l'islam est sans limite. La mosquée de Bondoukou, comme celle de Kong, la capitale du pays, est un monument grossier, construit en terre battue, et que maintiennent des poutrelles de bois qui font saillie à l'extérieur. Aux quatre coins s'élèvent des minarets ; ceux de l'est et de l'ouest sont plus hauts que les autres. Bondoukou est à 300 kilomètres au sud-ouest de Kong, au nord de l'Abron. C'est une colonie du genre de Kong, aussi malpropre que cette dernière ville d'ailleurs. Sa population est de 4 à 5000 habitants. Chaque jour les marabouts, que l'on appelle là-bas « kraramako » (gens qui savent traduire le Coran), vont cinq fois à la mosquée faire le *Salam*, prière prescrite par Mahomet. Les habitants du pays, pas plus que les marabouts eux-mêmes, d'ailleurs, ne comprennent grand'chose au Coran. Cependant l'almany, le grand chef religieux, qui est aussi le grand chef militaire, et qui rend la justice, — une justice sans appel, — fait faire souvent des lectures publiques du Coran, que les marabouts ignorants sont chargés d'interpréter. On devine ce que peut être cette interprétation : une excitation perpétuelle à la guerre et au meurtre des infidèles.

LE CHATEAU DE ROC est un immense rocher dont la célébrité est générale; on l'aperçoit sur les rives du fleuve Colombie, ainsi que l'appellent les Américains, et que nous connaissons mieux sous le nom d'Orégon. D'une hauteur de près de 150 mètres, ce rocher donne bien, de loin, l'illusion de quelque gigantesque forteresse. L'Orégon est un des plus beaux fleuves de l'Amérique du Nord. Il prend sa source dans les glaciers du Selkirtz, au Canada, et entre ensuite sur le territoire américain. C'est le plus grand tributaire du Pacifique. Son cours est de 1650 kilomètres. Son nom de Colombie, qui lui fut donné par les Américains, lui est venu du vaisseau américain *Colombia*, commandé par le capitaine Grey de Boston, qui fut le premier blanc qui naviqua dans ses eaux, et qui découvrit son embouchure en 1792. En 1804, Lewis et Charke en tentèrent la première exploration, et passèrent un hiver à l'embouchure du fleuve. Quatre ans plus tard, la compagnie du Missouri établit un comptoir à l'embouchure de la rivière de Lewis, et, en 1811, la compagnie du Pacifique jeta les bases de la ville d'Astoria. A son origine, l'Orégon passe par une série de rapides et de cascades. A son embouchure le fleuve est large et profond, et les plus grands vaisseaux peuvent aller jusqu'à Vancouver, c'est-à-dire remonter à plus de 150 kilomètres de la mer. Dans toutes ces régions, les premiers colons qui s'établirent furent des Français, et la langue française y est toujours parlée, malgré la conquête du Canada faite par les Anglais, malgré les efforts d'assimilation qu'ils ont tentés, malgré l'influence des États-Unis d'Amérique où, partout, la langue anglaise domine.

LES MONTAGNES DE SAN FRANCISCO sont une des chaînes des Montagnes Rocheuses qui, au sud du Colorado, s'éparpillent sur une vaste étendue de pays, et sont séparées par de vastes plaines et de profondes vallées. Les montagnes de San Francisco, dont les plus hauts pics ne dépassent pas 400 mètres d'élévation, sont des volcans éteints, et vers le Colorado on voit encore, sur une distance de près de 50 kilomètres, des coulées de lave solidifiée. L'Arizona est une partie du territoire que, en 1853, les États-Unis ont obtenu du Mexique, en l'achetant 10 millions de dollars, environ 50 millions de francs. C'est dans tout ce pays qu'habitent les fameux Apaches, ces Indiens, les plus féroces des Peaux-Rouges, dont les exploits sauvages ont été si souvent contés par les écrivains américains, et aussi par les écrivains français. C'est un magnifique pays qui fut le théâtre des luttes les plus terribles contre ces Indiens sauvages, que le gouvernement américain n'est parvenu à dompter qu'au prix d'efforts sans pareils. La partie méridionale de l'Arizona, la plaine, est chaude et malsaine; mais les plateaux, comme celui que représente cette photographie, ont toute l'année un climat délicieux. Un chemin de fer traverse maintenant la contrée. Il y a, du reste, dans toutes ces montagnes, des richesses inestimables; l'argent et le cuivre y abondent. L'or aussi s'y trouvait facilement, au temps de la fièvre des recherches, alors que de tous les points du globe des aventuriers arrivaient par groupes, campaient dans la forêt et fouillaient les flancs de la montagne avec une passion farouche. Mais les placers sont taris, et il faut maintenant se rabattre sur l'argent et le cuivre.

UN VILLAGE INDIEN, sur les frontières du Canada et des Etats-Unis, est un des derniers vestiges de cette race si curieuse que, peu à peu, on est parvenu à exterminer. Dans le lointain, les huttes apparaissent, avec les pointes bien connues de leurs toits; des chevaux errent en liberté, et, graves, les Peaux-Rouges accroupis fument mélancoliquement leurs longs calumets. N'est-ce pas l'occasion de rappeler la description célèbre de Chateaubriand : « Les voyageurs arrivent aux premières cabanes du village. La famille assemblée était assise sur des nattes de jonc, les hommes fumaient le calumet, les femmes filaient des nerfs de chevreuil. Des melons d'eau et des pommes de mai étaient posés, sur des feuilles de vigne vierge, au milieu du cercle. Ils traversent au milieu du village dont les cabanes supportaient un toit arrondi en dôme. Ces toits de chaume de maïs, entrelacé de feuilles, s'appuyaient sur des murs recouverts au dedans et au dehors de nattes fort minces. Des vieillards fumaient, des femmes allaitaient leurs enfants. Un grand nombre de guerriers exécutaient la danse de guerre ou celle du buffle, tandis que des musiciens frappaient avec une seule baguette une sorte de tambour, soufflaient dans une conque sauvage, ou tiraient des sons d'un os de chevreuil percé à quatre trous, comme le fifre aimé du soldat. » Il y a peu de changements dans la vie de ces Peaux-Rouges, depuis que René alla visiter leurs ancêtres. Ils s'affublent, parfois, de quelques oripeaux empruntés aux blancs, qui les rendent grotesques, mais ils ont encore la même morgue hautaine, et esclaves en quelque sorte, décimés, ils gardent pieusement les mœurs et les coutumes des aïeux.

L'HOTEL CORONADO, à San-Diégo, sur la côte du Pacifique, a été construit sur un banc de sable de la côte du Pacifique, à 22 kilomètres de la frontière mexicaine et à 500 kilomètres au sud de San Francisco. Un service de bateaux, qui fait la côte du Pacifique, unit cette dernière ville à San-Diégo. Des missionnaires catholiques français s'y établirent en 1796; c'était alors un coin sauvage et abrupt. La fortune de la Californie a transformé le banc de sable en un éden délicieux. Les Américains, frappés de l'admirable température de ce pays où, en été, le thermomètre ne monte jamais à plus de 32 degrés et ne descend pas, en hiver, à plus de 20, l'ont transformé en station balnéaire. De riants cottages ont été construits tout le long de la côte, et sur le banc de sable ancien on peut voir de riants jardins, plantés d'arbres fruitiers d'une variété infinie, et dans lesquels les fleurs poussent en toute saison. L'hôtel Coronado est, après celui de San Francisco, peut-être le plus vaste du monde. Il occupe une surface de plus de 31,500 mètres carrés et contient 800 chambres. Entièrement éclairé à la lumière électrique, avec de vastes salons et toutes les commodités du luxe moderne, il loge parfois jusqu'à 1000 voyageurs. Il paraît que ce séjour est merveilleux et bien supérieur, pour les poitrinaires, à tous ceux qui sont connus en Europe et en Afrique. On trouve dans cet hôtel une longue liste de gens qui affirment avoir retrouvé à San-Diégo la santé et la vie. Il est regrettable pour les malades d'Europe que l'océan Pacifique soit si loin, car il est certain que son climat est le plus doux du monde. San-Diégo est aussi un des ports les plus sûrs que les Américains possèdent sur le Pacifique.

L'AVENUE DES CÈDRES mène les baigneurs de la plage de l'Océan à la ville de Long-Branch, cette station balnéaire si à la mode dans le New-Jersey, et si proche de New-York, puisqu'elle n'en est distante que de 55 kilomètres. La plage de Long-Branch est superbe. Elle étend à perte de vue son tapis de sable fin. Elle est adossée à de belles falaises boisées, où s'élèvent maintenant des hôtels merveilleux, et des villas innombrables. C'est une des stations américaines les plus gaies de l'Amérique. Chaque soir, pendant la saison, il y a un bal dans chaque hôtel, et, comme à Trouville, c'est là que les élégantes américaines viennent exhiber les toilettes nouvelles. Cette avenue des Cèdres est même le rendez-vous de tout le tourbillon mondain des New-Yorkais; les beaux équipages y prennent le file, et l'on peut, vers cinq heures du soir, de juin à octobre, y admirer les plus jolies Américaines. A cet endroit même où maintenant on ne songe guère qu'au plaisir, il y a un peu plus de cent ans, des flots de sang furent répandus. Tout le nouveau Jersey fut le théâtre le plus acharné de la lutte suprême des Américains, secourus par les Français, contre l'Angleterre. Sur cette plage, solitaire jadis, ont campé les volontaires de La Fayette, et l'on a fusillé ferme les habits rouges dans les bois qui couronnaient les falaises, où maintenant on aperçoit de si riants cottages. Cette guerre de l'indépendance américaine, qui fut on peut le dire une guerre française, car c'était la lutte contre l'Angleterre, alors notre perpétuelle ennemie, a laissé des souvenirs impérissables dans la mémoire des Américains. A chaque pas on retrouve quelque vieille croix, rappelant que des héros sont morts pour la patrie.

LA ROUTE D'ORMOND-SUR-HALIFAX, au cœur de la Floride, est de ces délicieux paysages qu'on trouve à chaque pas dans ce pays tropical, où pousse une végétation d'une richesse inouïe. C'est là qu'on trouve non seulement les chênes centenaires, sur lesquels la mousse décrit de capricieux festons, mais encore les magnoliers, les cyprès, les cèdres et les rouges grenadiers de l'Inde. Dès qu'un arbre est renversé dans la forêt, la vigne vierge s'enroule autour de ses branches mortes, et, dans tous les buissons, apparaissent des myriades de fleurs dont les couleurs éclatantes réjouissent le regard et dont les parfums capiteux embaument toute la campagne. C'est à Ormond-sur-Halifax, qu'en 1564, Jean Ribaut vint s'établir à la tête d'une troupe de huguenots français, fuyant les persécutions religieuses. Mais déjà les Espagnols étaient établis en Floride depuis 1539;

ils virent d'un très mauvais œil une colonie française s'établir si près de ce qu'i considéraient comme leur domaine. Jean Ribaut n'était à la tête que d'une poignée d'hommes, les Espagnols étaient nombreux. Ils assaillirent la petite troupe et la massacrèrent. Ils pendirent les prisonniers qu'ils avaient faits aux vieux chênes séculaires d'Ormond, mettant à chaque pendu cet écriteau : « Pendu, non comme Français, mais comme hérétique. » Quelques années plus tard, les Français revinrent en Floride et vengèrent Jean Ribaut et ses compagnons. A leur tour, ils pendirent aux mêmes arbres quelques centaines d'Espagnols, avec cet écriteau : « Pendu, non comme Espagnol, mais comme assassin. » Après bien des vicissitudes, après avoir été le théâtre de nombreuses guerres, la Floride fut définitivement cédée aux États-Unis en 1821.

LE PONT DE HAWKESBURY, sur la rivière du même nom, est un des plus beaux ouvrages d'art qui aient été faits, et c'est en Australie, à l'autre bout du monde, dans ce pays qui, il y a un siècle et demi, n'était habité que par des sauvages anthropophages, que la native civilisation des colons est parvenue à le construire. Là encore on retrouve le souvenir de la France, car ce sont ses explorateurs qui ont découvert les premiers tout ce fleuve, et ce sont des ingénieurs français qui ont jeté les premières bases de ce beau pont. Le Hawkesbury est un fleuve magnifique qui se jette dans l'océan Pacifique, et que les voyageurs ont comparé au Rhin, en raison de la rapidité de son courant et des pittoresques paysages que l'on trouve sur ses rives. C'est en 1850 que le premier chemin de fer fut commencé dans ce pays, mais les difficultés étaient si grandes, les ouvrages d'art étaient si difficiles, autour de Sydney, notamment, que la construction en fut très lente. Ce ne fut qu'en 1880 que l'on put inaugurer, avec une grande solennité, du reste, le pont de Hawkesbury. N'est-il pas intéressant de trouver ainsi, tout à fait au bout du monde, dans cette Océanie qui fut la dernière partie du globe découverte, des ouvrages merveilleux et dans lesquels la science moderne semble avoir dit son dernier mot? A ce point de vue, l'Australie est particulièrement curieuse. La race anglo-saxonne possède des qualités colonisatrices de premier ordre; elle sait surtout risquer avec audace ses capitaux dans des entreprises lointaines. Si les capitalistes français avaient eu la moitié de l'audace des capitalistes anglais, la Nouvelle-Calédonie serait depuis longtemps une des colonies les plus fructueuses du monde.

BETSIMIKARAKA, tel est le nom malgache des cabanes, des cases construites en ravenala (arbre du voyageur), que l'on trouve dans tous les villages, et dont la structure est très simple. Le ravenala, qui sert ainsi aux Malgaches pour construire facilement et économiquement des maisons, est une grande et belle plante qui rappelle à la fois les bananiers et les palmiers. Ses feuilles immenses forment le toit de la cabane ici représentée. Ses fruits sont des capsules épaisses, grandes, coriaces, renfermant de nombreuses graines ovoïdes noirâtres, couvertes d'une enveloppe bleu de ciel. Les graines de ses feuilles emboîtées les unes dans les autres comme celles des iris, forment une sorte de réservoir, toujours rempli d'une eau très fraîche et très pure, qui lui a fait donner le nom d'*arbre du voyageur*, car dès qu'il le rencontre, le voyageur peut manger et boire. On mange, en effet, les graines réduites en farine, et l'on prétend que, cuites avec du lait, elles sont un plat très acceptable. Enfin l'arille qui les entoure donne une huile assez estimée. L'aspect du ravenala est superbe. Ses longues feuilles sont disposées pittoresquement en éventail, et ses fleurs, d'une couleur blanchâtre, pendent en longues grappes. Le ravenala croît surtout à Madagascar; on le trouve aussi cependant à la Réunion et à Maurice. Il y en a quelques-uns également en Europe, dans des serres, et leur culture est à peu de chose près celle des bananiers. Cet arbre est, en quelque sorte, un spécimen de la merveilleuse nature de ce pays admirable où, dans une seule plante qui étend son ombrage sur les buissons et les fleurs, les habitants trouvent à la fois de quoi couvrir et construire leurs maisons, et soulager leur faim et leur soif.

LA MAISON DE LA FAYETTE. C'est ainsi que l'on appelle une très vaste et très belle maison, d'ailleurs en partie reconstruite depuis le siècle dernier, et qui se trouve sur la vieille route de Boston. On n'est pas bien sûr que M. de La Fayette y ait jamais demeuré, ou s'il y logea, ce fut certainement entre deux batailles; mais cette maison qui, seulement par cette étiquette, se recommande à l'attention des touristes, est devenue peu à peu, en quelque sorte, la maison de campagne modèle. On y trouve en effet et le confort spécial que les Américains savent donner à toutes leurs demeures, et la simplicité pratique qu'il est indispensable d'avoir dans des habitations campagnardes. Hawthorne, le grand écrivain américain, l'habita. C'est sur cette route que l'armée anglaise, définitivement battue, battit en retraite. Ces souvenirs de la lutte héroïque de leurs pères pour l'indépendance sont chers aux cœurs de tous les Américains. Ils gardent avec un soin pieux la mémoire de toutes ces luttes héroïques, et, il faut le reconnaître, une reconnaissance beaucoup plus grande même que nous ne nous le figurons, pour les Français comme La Fayette et Rochambeau qui furent les collaborateurs dévoués de Washington. Il est intéressant de remarquer que, sur tous les points du globe, partout où des opprimés ont cherché à sortir de l'oppression, partout où un peuple a héroïquement combattu pour son indépendance, on trouve des noms français associés à ces glorieux souvenirs. Mais nulle part, peut-être, on n'en a mieux gardé la mémoire qu'en Amérique. Pourquoi faut-il qu'à cette même époque on ait oublié le Canada? Il eût suffi d'un si mince effort pour sauver ce beau pays!

CE MÉTIER DE TISSERAND DE LA CÔTE-D'IVOIRE, si primitif qu'il soit, représente la seule industrie qui existe véritablement dans cette région. Là-bas, tout le monde sait tisser, mais surtout les Dioulas musulmans de Kong et de Bondoukou. Quand un Dioula part en voyage, pour commercer, il emporte sa navette et du fil. Partout, dans tous les villages, on trouve des métiers comme celui que reproduit cette photographie. Partout on voit des mains agiles courir sur la trame. Le Dioula est-il obligé de s'arrêter dans un village pour une raison sérieuse: guerre, famine, caprice d'un chef, il se met au métier et tisse des bandes de cotonnade. Ces bandes, blanches ou bleuies par l'indigo, ont une largeur d'environ 10 centimètres. On les coud ensemble et on en fait les pagnes du pays. Ces pagnes sont très recherchés par les noirs des forêts. Les Haoussas savent les broder avec de la soie d'une couleur éclatante. Dans les villes musulmanes, les tisserands tissent aussi des bandes plus larges qui servent à confectionner des vêtements dans le genre de ceux que portent d'ordinaire les Arabes. On remarquera l'extrême simplicité du métier des tisserands de la Côte-d'Ivoire. Malgré cela, ils sont d'une très grande habileté et travaillent avec une très grande rapidité. Ils sont même très laborieux, chose assez rare dans ces pays, où la nonchalance des noirs est connue.

LE TEMPLE MAÇONNIQUE est, à Chicago, un des monuments les plus curieux, et on le montre, même aux étrangers, comme une merveille. C'est, du reste, un des spécimens les plus intéressants de l'architecture américaine. D'une hauteur de plus de 80 mètres, le temple maçonnique de Chicago passe pour la maison la plus élevée qui ait jamais été construite. C'est dans ce temple que les maçons français, si nombreux aux États-Unis, ont donné, durant l'Exposition, ces solennités dont il a été tant parlé. Ce temple fait l'angle des rues State et Randolph, et domine, en quelque sorte, le reste de la ville. Les trois premiers étages sont construits en granit; tous les autres sont en briques grises. La photographie ci-dessus ne donne qu'une idée imparfaite de la grandeur imposante des piliers qui le supportent. A l'intérieur se trouve une salle des fêtes, la plus vaste du monde, dit-on, qui a une hauteur presque égale à celle de l'édifice. Elle est faite de marbres de couleurs différentes, ce qui lui donne le plus étrange aspect. Dans cet énorme monument, quatorze ascenseurs sont continuellement en mouvement, et un magnifique escalier de bronze conduit jusqu'au sommet. Sur les vingt étages, beaucoup sont loués à des magasins. Les cinq derniers seulement sont consacrés à l'administration du ministère de la maçonnerie, qui occupe un nombre très considérable d'employés.

L'ÉGLISE DE LA TRÈS-SAINTE-TRINITÉ, à Mexico, était l'église favorite de l'infortunée épouse de Maximilien, l'impératrice Charlotte. C'est une des plus belles et des plus anciennes cathédrales du Mexique, qui fut jadis le pays le plus catholique du monde. Après la conquête, la croix était plus puissante que l'épée au pays des caciques. Les ordres religieux étaient innombrables et leurs richesses infinies. Il faut, du reste, leur rendre ce témoignage que c'est à eux que le Mexique doit la création des hôpitaux et de toutes les institutions charitables. Aussi l'immense majorité des Mexicains est-elle catholique. Dans ce pays, où l'on compte plus de 10,000 églises catholiques, c'est à peine s'il se trouve 150 temples protestants. Sur 11,000,000 d'habitants, c'est à peine s'il y a 10,000 protestants. Pourtant, quand Juarez triompha de Maximilien, il voulut faire payer au clergé l'appui qu'il avait donné à l'empereur et à l'armée française. Un grand nombre d'ordres religieux furent abolis, des couvents furent fermés, les biens de l'Église furent, en grande partie, confisqués, et il fut même interdit aux prêtres, par une loi sévère, de porter le costume ecclésiastique. Enfin, les grandes processions publiques, qui faisaient, en quelque sorte, partie de la vie nationale depuis des siècles, furent absolument proscrites. Malgré cela, le Mexique est encore très catholique et même très superstitieux.

L'ÉTANG DU DIABLE, dans les Montagnes Blanches, est un bassin d'une centaine de mètres de largeur et d'une profondeur d'une vingtaine de mètres, dans lequel coule une eau noire et glacée. Peu à peu l'eau tombant de la montagne a creusé cette énorme cuvette et l'a soigneusement polie, comme la main des hommes serait inhabile à le faire. De là lui vient son nom d'étang du Diable. Du reste, dans ces régions, tout prenait, jadis, aux yeux des anciens habitants, une tournure fantastique. Les Indiens, qui furent les premiers possesseurs du sol, regardaient ces montagnes aux fronts neigeux comme la demeure du grand Esprit. Ils n'auraient jamais osé en tenter l'ascension de peur d'offenser la divinité, et quand des Européens voulurent explorer ces hauteurs, les Indiens les supplièrent de ne pas s'aventurer ainsi, car il était bien probable que jamais on ne les verrait redescendre. Les Indiens ont pour l'Himalaya des superstitions analogues. Tous les phénomènes de la nature frappent d'une façon extrêmement vive les imaginations des peuples primitifs. Il leur semble même que chercher à vouloir expliquer ces forces étranges, c'est, en quelque sorte, manquer de respect à la divinité. C'est pour cela que de simples prestidigitateurs de foires ont été parfois regardés comme des envoyés des Grands-Esprits, par les sauvages américains.

LA CHUTE DE MULTNOMAH, aux sources mêmes de l'Orégon, est une des plus belles du Nouveau Monde. Les cascades tombent d'un rocher couronné d'eau, et s'en vont se perdre dans le torrent, près de 300 mètres plus bas. Le spectacle est admirable. Du reste tout l'État de l'Orégon est célèbre pour ses magnifiques cascades. Jadis, un poète américain a dit : « Où coule l'Orégon, on n'entend que le bruit de ses eaux mugissantes. » Cela n'est plus vrai. De grandes villes se sont élevées, des industries se sont créées, et les déserts se sont peuplés. Il y a cinquante ans, on disait que cette contrée était trop éloignée pour pouvoir être gouvernée. Aujourd'hui, les universités, les écoles de l'État de l'Orégon sont célèbres. On peut dire, par exemple, que ce pays s'est développé seul, sans l'aide des autres États de l'Amérique. Aussi en est-il très fier. La devise de ses armes, au-dessous de l'aigle, est : *Il vole avec ses propres ailes*. Toute l'histoire même de l'Orégon se trouve, en quelque sorte, résumée dans ses armes : on y voit un chariot d'émigrant, un vaisseau traversant la mer, un animal sauvage, et, au-dessous, un grain de blé, une charrue, un râteau et une pique. La civilisation, en effet, a conquis ce pays les armes à la main, contre les sauvages qui l'occupaient. Les émigrants sont venus, et leurs travaux incessants ont rendu le sol fertile et riche.

10*

LE PIC PIKE est le roi du Colorado. Ce n'est pas seulement sa hauteur qui lui mérite cette situation exceptionnelle. Il y a d'autres montagnes plus hautes que lui, bien qu'il élève sa tête majestueuse à une altitude de plus de 5000 mètres, mais il n'en est pas de plus imposante et que le voyageur puisse apercevoir de plus loin. Placé à l'orient des Montagnes Rocheuses, il se dresse superbement, couvrant de son ombre toutes les autres montagnes. Sur un de ses flancs, le passage *Ut*, dont nous avons déjà parlé, le traverse. C'est une merveilleuse vallée, où se succèdent les paysages les plus curieux et les plus inattendus. Aussi le voyageur est-il étonné quand, au milieu de cette vallée sauvage et grandiose, il trouve un joli parc tracé par la main des hommes, un lac artificiel, un magnifique hôtel, un cercle et toutes les commodités du confort moderne. En Amérique, comme en Suisse, on dirait que la main d'une fée a *truqué* les paysages les plus grandioses, et, derrière les cascades terrifiantes, il faut s'attendre à trouver la lumière électrique, comme des chemins de fer à crémaillère sur les montagnes dont les cimes semblent se perdre dans les cieux. Les Indiens, qui s'imaginent que vouloir forcer les secrets de la nature c'est faire outrage au Grand-Esprit, regardent aujourd'hui avec tristesse passer les locomotives empanachées de fumée.

LA CHUTE DE NEVADA, dans la vallée Yosémite, a plus de 200 mètres de hauteur, et, à son sommet, se trouve une sorte de tourbillon d'un effet merveilleux. Un roc, en effet, brise la masse d'eau et la rejette d'un côté avec une grande violence. Le spectacle est saisissant, et l'on a pu dire que la chute de Nevada est aussi curieuse que les chutes du Niagara. On dirait une cascade de diamants, tant est grande la force avec laquelle l'eau est projetée. Aussi, dès que l'on a vu cette magnifique cataracte, éprouve-t-on le besoin de remonter jusqu'à la source même du torrent. C'est, du reste, la plus intéressante exploration. On traverse des bois que la hache n'a jamais touchés, et, tout à coup, apparaissent de vastes clairières, où toutes les bêtes sauvages trouvent une herbe épaisse et grasse. Dans la vallée même, devant la majesté des cascades, la rudesse grandiose des montagnes, où l'on passe entre des blocs de granit gigantesques, le voyageur ne peut se défendre d'une impression de tristesse anxieuse, et c'est pour lui comme un soulagement quand il aperçoit cette campagne merveilleuse, où la nature s'est plu, en quelque sorte, à montrer les plus beaux échantillons de la puissance de sa végétation. Le contraste est complet entre la montagne sombre, triste, sauvage et la plaine luxuriante, où le soleil caresse les beaux épis et les vertes frondaisons.

LES INDIGÈNES DE L'AUSTRALIE, que les Anglais ont traqués comme des bêtes fauves et qu'ils sont arrivés à détruire en grande partie, sont des sauvages extrêmement intelligents. Très voraces, ils sont fort adroits pour trouver leur nourriture, ils savent admirablement se servir de tout ce que la nature primitive leur a donné. Leurs armes, faites de bois et de pierres, sont très ingénieuses, et ils savent s'en servir avec une adresse merveilleuse. Une corde jetée sur un arbre leur suffit pour grimper jusqu'au faîte; ils savent dénicher les aigles et faire tomber les canards sauvages dans les filets qu'ils ont tendus, en imitant le cri rauque de l'épervier. Ils vivent parfois des semaines entières dans des contrées où il n'y a pas d'eau, buvant la rosée ou humant la sève des plantes. Leurs huttes sont d'une simplicité sans pareille. Leur système de numération est bizarre et embarrasserait certainement nos plus habiles mathématiciens, car ils ont des habitudes de numération tout à fait particulières. Les tribus se font, entre elles, facilement la guerre; mais quoique dans les batailles on se lance un grand nombre de javelots, les boucliers parent les coups les plus dangereux, et les blessés, bien plus nombreux que les morts, ont des herbes d'une puissance merveilleuse qui guérissent très vite les blessures, d'autant plus facilement qu'elles sont plus légères.

CE VILLAGE AGUI est situé au nord, sur le fleuve Comoé. Les Aguis, proches parents des Achantis de la Côte-d'Or anglaise, habitent toute la région boisée qui s'étend de la mer au 8e degré de latitude nord. Ils sont divisés en plusieurs familles dont les mœurs et les coutumes varient selon le plus ou moins de rapports qu'elles ont avec les blancs des factoreries de la côte. Le village que nous représentons est dans l'Anno, pays peu étendu, dont le chef, Mollo, habite Aouabou. A peine séparés de leurs parents de l'Indiéné par quelques kilomètres et par le Comoé que l'on traverse à Atakrou, les gens de l'Anno ont un tout autre caractère; leur bonne foi commerciale et leur probité sont célèbres dans tout le pays ; ils sont hospitaliers et doux et n'ont point les pratiques sanguinaires qu'on leur a prêtées à tort. Les musulmans de Kong ont créé une grande ville à 10 kilomètres au nord d'Aouabou : c'est Mango, centre important du commerce de la noix de kola, que les indigènes cultivent avec succès. Les villages de l'Anno sont très propres. Les cases ont le toit plus incliné que dans l'Indiéné ; elles sont disposées de chaque côté d'une large rue orientée du nord au sud. Au milieu se trouvent des figuiers banians sous lesquels ont lieu les palabres, ces sortes d'assemblées populaires rappelant les forums antiques, et dans lesquelles on décide de la paix ou de la guerre, on signe les traités, on reçoit les étrangers. L'aspect de ces villages aguis est extrêmement pittoresque. — Derrière s'étend la forêt vierge, immense nappe de verdure qui continue à vol d'oiseau pendant 400 kilomètres, et dont les arbres gigantesques s'élèvent à une hauteur de plus de cent pieds.

LA MAISON DE L'HEUREUX BALDWINS est presque aussi célèbre de l'autre côté de l'Atlantique, qu'en France la maison de M. de Rothschild. Baldwins est un de ces millionnaires de Californie, dont la fortune fut constamment heureuse. Le peuple de San-Fransciso, il y a vingt ans et plus, l'avait surnommé l'heureux Baldwins à cause de la chance extraordinaire qui le suivit dans toutes les affaires qu'il tenta. Un écrivain américain a dit : « L'homme faible espère en la chance ; l'homme fort n'attend la fortune que de son travail et de sor intelligence. » Ce n'est point seulement la chance qui a permis à l'heureux Baldwns de gagner ses millions, c'est surtout sa ténacité au travail, et aussi le merveilleux bon sens qui lui faisait prévoir les événements. Nul homme n'a su, avec plus de logique, mieux déduire des causes les effets qu'elles devaient forcément avoir. Il n'était point arrivé assez tôt en Californie pour avoir pour rien cette terre admirable, mais il fut le premier qui devina ce qu'elle était appelée à produire plus tard. Il acheta cinq mille hectares et il sut les transformer en cette merveilleuse exploitation de Santa-Anita: Il s'était conservé, sur la partie la plus pittoresque de cette terre, une merveilleuse maison d'habitation, au pied des Montagnes Rocheuses. L'histoire de l'heureux Baldwins est, en quelque sorte, la synthèse de l'histoire des fortunes californiennes, non pas seulement celles gagnées à la recherche de l'or, mais celles que le travail et l'intelligence ont acquises dans un pays neuf, où tout était à créer. Mais, pourtant, il n'en est pas moins vrai que, si les fortunes y ont été rapides et aidées parfois par la chance, il a toujours fallu du travail pour les acquérir.

LES PICS DU COLORADO sont deux superbes montagnes que l'on aperçoit de la ligne du chemin de fer Missouri-Pacific. Des fenêtres des wagons on a, en effet, un merveilleux spectacle. Deux montagnes, en tous points semblables, élèvent gracieusement leurs cimes neigeuses vers un ciel sans nuage. On dirait que cette neige éternelle qui couvre leurs sommets est comme un manteau d'hermine jeté sur leurs épaules. Leur étonnante ressemblance, la beauté sauvage de leurs sites ont toujours donné une renommée extraordinaire à ces montagnes, qui furent appelées, jadis, les pics Jumeaux. Autrefois, quand le chemin de fer n'existait pas, à leur pied s'arrêtaient et campaient les caravanes qui suivaient péniblement la route de Santa-Fé, et les haltes n'étaient pas sûres ! Il fallait faire de grands feux autour du camp pour éloigner les bêtes sauvages, et ne dormir qu'après avoir placé de vigilantes sentinelles pour se garder des brigands et des Indiens. On rencontre encore des brigands dans les montagnes de la Sicile ; il n'y en a plus dans la Savane, et les Indiens, décimés, démoralisés, ne semblent plus, dans le Nouveau Monde, que des curiosités historiques. Cette comparaison n'est-elle pas curieuse ? N'est-il pas étrange de voir, en moins de vingt ans, des pays absolument sauvages arriver à un degré de sécurité que ne sait pas obtenir l'Italie, le berceau de la civilisation latine, et de constater que, aux environs de Syracuse où, il y a deux mille ans, les philosophes grecs discutaient l'immortalité de l'âme, on détrousse les voyageurs, tandis que la Savane américaine où, il y a trente ans, les fauves et les Indiens régnaient en maîtres, est aussi sûre que la route de Paris à Versailles ?

LA VIE AU MEXIQUE ne ressemble guère à celle que nous menons sur le Vieux Continent, ou que les Américains eux-mêmes, ces pionniers infatigables, mènent au nord de l'Amérique. Les hommes ont d'autres habitudes, d'autres goûts sous des climats différents. Sous le ciel toujours pur du Mexique, sous cet ardent soleil qui fait pousser à foison les fruits et les fleurs, les hommes n'ont ni cette énergie dans la lutte pour la vie, ni cette fièvre de travail qui sont nécessaires dans nos sociétés. Avant tout, ils veulent jouir de la vie facile qu'une nature prodigue leur a faite, ces heureux Mexicains qui jouent de la guitare et chantent gaiement à l'ombre d'un grand arbre, au milieu des fleurs. Ils se soucient peu de ce qui fait nos préoccupations. La passion du lucre, l'ambition ne troublent pas leur cœur. Ils chantent, heureux de vivre, et ils ne pensent même pas au lendemain. Ont-ils tort ? Avons-nous raison ? Grave problème philosophique. Peut-être serait-il désirable de trouver un juste milieu entre l'activité fiévreuse des hommes du Nord et l'indolente paresse de ceux qui vivent sous le soleil des tropiques. Les hommes du Nord s'imaginent peut-être un peu trop que le travail n'est pas l'unique but de la vie et que, au contraire, la vie heureuse est le but du travail. Ils sont bien heureux ces insouciants qui chantent, aiment et vivent sans rien comprendre au bourdonnement de nos ruches affairées, aux drames de nos ambitions et de nos intérêts. Ils vivent tout près de la nature, n'attendant rien que d'elle, ayant en elle la plus absolue confiance, sûrs que demain elle leur donnera le pain quotidien comme la veille, en même temps que son radieux et réconfortant soleil.

LA MISSION DE SAINT-LOUIS, en Californie, est un des derniers vestiges des églises, des cloîtres que fondèrent, dans ce pays, les premiers pionniers du Christ qui vinrent sur les rivages du Nouveau Monde après les conquérants, et parfois même avant eux, pour convertir des païens et pour sauver des âmes. Il n'est pas nécessaire d'avoir des sentiments religieux pour rendre hommage au dévouement héroïque de ces prêtres venus uniquement pour sauver des âmes, uniquement pour obéir à ce que leur ordonnait leur ardente foi. En Californie, les missionnaires fondèrent d'admirables établissements. Le premier religieux qui vint prêcher le christianisme aux tribus indiennes de ces régions était le Père Yunipéro. Il établit la mission dans un site admirable, et non seulement il convertit les Indiens, mais il les instruisit, leur apprit à cultiver la terre, à planter des vignes et des vergers, à construire des maisons. Il leur fit même construire de superbes églises et des cloîtres grandioses. On doit reconnaître que ces missions apportèrent une prospérité énorme dans tout le pays. La mission de Saint-Louis, reproduite ci-dessus, fut fondée en 1798. Les pères qui l'occupaient avaient groupé autour d'elle, en 1821, plus de 10,000 Indiens convertis, tous s'adonnant à la culture de la terre et vivant heureux. Malheureusement la richesse extrême de ces missions finit par tenter le gouvernement mexicain, qui les ferma et confisqua leurs biens. Les Pères partis, on prit aux Indiens les terres qu'ils cultivaient, et ils revinrent à leur vie sauvage. C'est une des pages les plus tristes de l'histoire du Mexique actuel, qui, cependant, par certains côtés, est vraiment intéressante et curieuse.

LES HABITATIONS DU MEXIQUE montrent bien toute la différence qui existe entre la vie aux pays du Nord et dans le voisinage des tropiques. Les besoins des hommes sont bien moins grands dans ces contrées, où les vêtements les plus légers suffisent, où la végétation et si puissante que la terre fournit à la fois et la nourriture et l'abri. Les fruits sont si nombreux que l'homme n'a qu'à choisir parmi eux, et l'on fait des maisons avec de la terre séchée au soleil. L'habitation, ci-dessus représentée, est faite de briques primitives. Du reste, la boue séchée, dans ces pays, est quelquefois employée à la construction des plus beaux édifices; alors on la peint de brillantes couleurs et on la couvre de fresques originales. Mais, la plupart du temps, on se contente de construire un abri tout simple, et qui ne demande pas trop de travail aux pares-

seuses créatures dont nous donnons la photographie. Il faudra que la maison s'écroule sur leurs têtes pour qu'ils pensent à la réparer. Comme dans ces contrées les pluies sont extrêmement rares, que les froids sont inconnus, les maisons servent uniquement pour le sommeil. On vit au dehors , on mange sous le portique, on se chauffe au soleil, et, pendant les nuits chaudes, si fréquentes dans ces pays tropicaux, on dort même sur le toit en terrasse. Les habitants du Nord ne peuvent se faire une juste idée de la vie toute particulière que l'on mène dans les régions tropicales, comme les habitants des tropiques ne peuvent comprendre les douceurs infinies que l'habitant du Nord trouve dans son foyer: « Dieu a ainsi fait le monde, a dit un vieux poète, que chaque homme doit avoir une part égale de joie, et que ses goûts correspondent au climat dans lequel il vit. »

LE SWITCH-BACK est un chemin de fer étrange de la ligne du Nord américain et qui n'est qu'une application ingénieuse du système des montagnes russes à l'escalade des montagnes. On connaît ces petits chemins de fer que l'on rencontre dans toutes les foires, et que l'on décore du nom de montagnes russes ; la rapidité de la descente donne aux wagons l'impulsion nécessaire pour gravir une pente très raide, et cela se continue jusqu'au moment où l'on arrive au point terminus. C'est ce système que l'on a employé pour faire escalader aux trains les rochers de la chaîne des Cascades qui, longtemps, avaient semblé inaccessibles. Trois locomotives, péniblement, poussent le train jusqu'au premier sommet. Les wagons redescendent alors avec une rapidité vertigineuse pour remonter, puis redescendre. Six fois le train fait ainsi des zigzags avant d'atteindre le sommet de la plus haute cime. On monte, on descend d'innombrables montagnes, et le spectacle est inoubliable pour le voyageur ; on éprouve véritablement, dans cet étrange trajet, le sentiment de l'infini. Sous les yeux éblouis se déroule un panorama féerique. Les torrents succèdent aux torrents, puis ce sont les forêts de pins séculaires, les cimes neigeuses des montagnes et la verdoyante végétation des vallées que l'on aperçoit défiler tour à tour devant ses yeux émerveillés. Il appartenait aux Américains d'appliquer ainsi, au passage des montagnes les plus difficiles, le système très simple qui permet aux enfants et aux femmes d'avoir, aux foires de Neuilly ou de Saint-Cloud, l'émotion d'une rapide descente. Ce côté pratique de l'esprit yankee est certainement unique au monde et distance de beaucoup les habitudes anglaises.

LE LAC ROUGE est un des plus merveilleux paysages de la province australienne de Queen's-Land (Terre de la Reine), et la vue que nous publions donne bien l'impression que l'on éprouve devant cette nature magnifique, qui est une sorte de Suisse plus grandiose et plus sauvage, et dont l'étrange végétation, les lianes sans fin ne peuvent être comparées aux plus belles forêts de nos climats. Situé dans le Carpentaria, tout près de Normantoro, il est devenu le rendez-vous des artistes de ce pays si éloigné; il nous est impossible de nous faire une idée exacte de l'extrême civilisation que cette ancienne contrée sauvage est parvenue à atteindre. Il n'y a pas un siècle, des sauvages féroces habitaient cette région, et là où ce peintre de l'académie de Normantoro dessine avec tranquillité un paysage, sans plus de danger que sur les bords du lac Léman, des peuplades barbares avaient peine à se défendre contre les animaux qui infestaient les forêts. Sauvages et animaux ont disparu devant la locomotive du chemin de fer. Les pionniers français, qui ont passé par là il y a cinquante ans, ne se doutaient pas que la civilisation en ferait si vite simplement un joli point de vue fréquenté par les voyageurs, comme les plus beaux sites de l'Helvétie. N'est-il même pas permis, devant ces conquêtes incessantes et si rapides faites par la civilisation du Vieux Monde, de se demander si vraiment la solution du problème de la misère n'est pas dans l'expansion des hommes sur les terres encore inconnues que la nature a faites fertiles et qui n'attendent que la main de l'homme pour être fécondées? — Mais, dans la vieille Europe, en général, l'homme, fût-il misérable, ne consent qu'à contre-cœur à quitter ses dieux lares.

CES FÉTICHES GROSSIERS, en bois sculpté par des mains inhabiles, représentent les dieux que vénèrent les noirs de la forêt. Ces noirs, en effet, n'ont d'autre religion que le fétichisme le plus grossier, c'est-à-dire l'adoration d'un objet quelconque auquel leur imagination attribue des propriétés merveilleuses. Chaque noir a un fétiche particulier auquel il demande des services personnels. Ordinairement ces services sont d'un ordre tout criminel, et la prière que l'on adresse aux fétiches est souvent la demande d'une mort très rapide pour un ennemi que l'on redoute. En échange de ces services, les noirs sacrifient aux fétiches des poulets, des moutons, parfois même des bœufs, et, sur la frontière, des hommes, des esclaves. Les féticheurs forment une puissante corporation, qui impose ses volontés aux chefs eux-mêmes. Ils guérissent les maladies en même temps qu'ils suppriment les ennemis dangereux. Ces idoles en bois de bambou sculpté, ci-dessus représentés, sont des fétiches guérisseurs. On les habille d'étoffe précieuse et on leur passe au cou des colliers de corail. Le féticheur les dispose devant le malade et danse jusqu'à ce que celui-ci soit guéri ou... mort, ce qui arrive le plus souvent. C'est une forme d'empirisme particulièrement innocente, car il est évident que les danses des féticheurs, si elles ne font pas de bien au malade elles ne lui font pas de mal.

LA COUR DU COLLÈGE HOWARD, dans le Massachusetts, rappelle à la mémoire des Américains et des Français d'impérissables souvenirs. C'est dans ces bâtiments, en effet, que campèrent, en 1778, les volontaires de La Fayette et les soldats américains combattant pour l'indépendance de la patrie. Ce collège avait été fondé par le révérend Howard qui, dans son testament, avait laissé la somme de 25,000 francs (1000 livres sterling) pour cette institution. Aujourd'hui le collège Howard est resté une des plus importantes universités de l'Amérique. Ses vastes bâtiments ne logent pas moins de 3000 étudiants et de 300 professeurs. Un grand nombre d'Américains illustres ont été élevés au collège Howard. On peut citer entre autres : John Adams et son fils Quincy Adams qui, tous deux, furent présidents de la République des États-Unis, les historiens Bancroft et Prescott, le philosophe Émerson et tant d'autres. Les bâtiments du collège sont très curieux. On a conservé pieusement ceux qui datent du siècle dernier, et qui sont d'une extrême simplicité. Ils font un singulier contraste avec les bâtiments modernes, construits avec un grand luxe, et dans lesquels les architectes et les statuaires américains ont essayé de prouver que leur science et leur talent égalaient la science et le talent de leurs confrères de l'Ancien Monde. On reçoit au collège Howard une instruction littéraire et scientifique très complète, et le système d'éducation que l'on y donne a été très apprécié par tous les professeurs français qui l'ont étudié de près. Au collège Howard on donne, en effet, non seulement une instruction très complète, mais une éducation morale très forte et toute particulière.

LA RUE DU FANAL est la plus large et la plus belle voie de la ville de Boston. Au nord de Boston se trouvait une colline que l'on appelait la colline du Fanal, parce que, jadis, avant la guerre de l'Indépendance, au temps de l'occupation anglaise, dès qu'un danger était signalé, on voyait un fanal briller à son sommet afin que toute la contrée fût avertie. Aujourd'hui la colline fait partie intégrante de la ville, et la rue dont nous parlons la fait communiquer avec un faubourg. C'est là que se trouvent les plus beaux monuments et les plus jolies maisons. Au-dessus de toutes les autres, la maison du gouvernement de l'État élève son dôme doré. Plus loin apparaît l'Athénée de Boston, une des plus belles bibliothèques de l'Amérique, puis c'est le cercle de Somerset et une suite sans fin de vastes demeures. Tout au bout est le mail du Fanal, antique et fameuse promenade plantée d'arbres majestueux. Là se trouvaient, jadis, de vieilles et curieuses maisons datant du siècle dernier ; elles ont disparu pour faire place à de superbes maisons modernes. Des jardins publics bordent cette avenue. Tout à fait au nord se trouve une série de délicieuses résidences, dont les fenêtres, de l'autre côté, donnent sur la rivière Charles, qui coule au pied même des murs, si bien que des balcons on pourrait se croire sur le grand canal de Venise. C'est à Boston que, en 1824, les Américains donnèrent à La Fayette une fête magnifique, que Béranger célébra dans une chanson, et dont Fenimore Cooper a donné une vivante description. Boston est une des villes américaines dont le nom est le plus connu en Europe, et son nom a été donné à une danse américaine depuis longtemps à la mode dans tous les salons.

LA RUE DU MARCHÉ, A SAN-FRANCISCO, est l'artère principale de la métropole des côtes du Pacifique, ainsi que les Américains appellent la ville de l'or. C'est une belle voie, bordée des deux côtés de superbes bâtiments. Nous avons déjà parlé, à plusieurs reprises, de San-Francisco, mais il reste encore bien des choses à dire sur l'étonnante prospérité de cette ville qui n'existait pas il y a 60 ans, et qui est devenue une des plus belles du monde. Tout d'abord, il faut parler des travaux gigantesques qui ont été accomplis. Des collines ont été rasées. Des quartiers entiers ont été conquis sur la mer. Là où, il y 40 ans, de grands vaisseaux voguaient librement, on voit maintenant de hautes maisons et de superbes monuments. La première maison fut construite, à San-Francisco, en 1835. On sait avec quelle rapidité la ville s'est depuis développée. Quand, en 1848, on commença à trouver l'or, les aventuriers du monde entier vinrent en foule vers cet Eldorado attirant. Aujourd'hui les 300,000 âmes de San-Francisco habitent une ville merveilleuse, dont le commerce et l'industrie n'ont cessé d'avoir une prospérité étonnante. Comme nous l'avons déjà dit, le nombre des Français habitant la capitale de la Californie est considérable. De même qu'il existe un quartier exclusivement chinois, il existe un quartier français, où l'on n'entend guère parler que notre langue, et où tous les magasins, tous les restaurants rappellent au voyageur la patrie si éloignée. Le climat de San-Francisco, comme celui de toute la Californie, est merveilleux. Rarement le thermomètre monte au-dessus de 35 degrés; plus rarement encore il descend au-dessous de 20. C'est le paradis des poitrinaires.

LA VILLE DE DENVER, dont la photographie que l'on vient de voir représente la rue principale, est une des cités du Colorado dont la prospérité est le plus grande. On y jouit d'abord d'un climat admirable, et les malades viennent chercher la santé dans l'air pur de ce pays, en même temps que les touristes viennent admirer les sites merveilleux des montagnes, les torrents, les vallées et ce fameux Jardin des dieux dont nous avons eu déjà à parler. Mais Denver n'est pas seulement une sorte de villégiature, les voyageurs ne sont pas sa seule fortune. C'est une ville industrielle et commerçante de premier ordre, dont la prospérité a toujours été en croissant. N'est-ce pas d'ailleurs le pays des mines d'or et d'argent, dans lesquelles d'énormes fortunes ont été acquises ? Le travail des mines est la grande industrie non seulement de Denver, mais de tout le Colorado. Des usines de ce pays sortent continuellement des lingots d'or et d'argent qui deviennent des pièces de monnaie. Dans la seule ville de Denver les fonderies ont produit déjà de l'or et de l'argent représentant une somme qui dépasse 250 millions de francs. Une seule fonderie compte plus de 500 ouvriers. Enfin, à côté des mines, ce pays a maintenant encore une autre source de richesses. Depuis que l'on a artificiellement irrigué les prairies, l'agriculture est allée en prospérant. On cultive notamment, avec le plus grand succès, des fruits admirables, qui sont maintenant célèbres dans toute l'Amérique. Il ne faut pas croire d'ailleurs que les mines soient l'unique origine des grandes fortunes américaines. L'agriculture, exploitée avec une habileté merveilleuse au Nouveau Monde, a fait, elle aussi, beaucoup de millionnaires.

11*

LA VALLÉE ROCHEUSE, dans le Montana, que traverse la ligne du *Northern Pacific*, donne l'impression bien nette du triomphe de l'homme sur la nature; de l'asservissement des forces de la matière à l'intelligence humaine. L'homme semble un pygmée, un insecte devant ces hautes montagnes, ces rochers gigantesques, que seuls peuvent déplacer les avalanches, ou fendre les éclats de la foudre. Pourtant l'homme est parvenu à dominer toutes ces forces. Sa hache a tracé des sentiers dans les plus épaisses forêts ; son pic est allé chercher jusque dans les entrailles de la terre le fer dont il a fait ces rails de chemin de fer, qui courent sur le bord de l'abîme. La foudre même il l'a asservie ; elle court docile sur ces longs fils de fer, portant à l'autre bout du monde les messages qu'il lui plaît d'envoyer. Sans fatigue, commodément installé dans un wagon qui glisse sur les rails, l'homme escalade maintenant les montagnes, passe au-dessus des vallées. Ne semble-t-il pas que la science ait déjà fait assez de conquêtes pour que l'homme puisse dire maintenant : « Je suis le maître de la nature, la matière est mon esclave, puisque je sais même prévoir l'heure exacte à laquelle le soleil s'éclipse. » Sans doute, mais la nature est une esclave qui a parfois de terribles révoltes, et l'homme est impuissant contre elles. Un grondement sourd, et la montagne, secouée par un tremblement, détruit tous les ouvrages que la main humaine a créés. Le torrent se gonfle, et les flots, couvrant au loin la vallée, emportent les ponts, submergent les digues et les villes. Les révolutions des hommes, si violentes soient-elles, sont bien peu de choses auprès de ces terribles révolutions de la nature.

HAMILTON est une jolie ville du Canada. Quand, après avoir passé le pont suspendu du Niagara, on traverse le Haut-Canada, le pays est triste et sans intérêt. Mais, en arrivant à Hamilton, la vue est superbe du haut des collines boisées qui dominent la ville. Hamilton est située à l'extrémité orientale du lac Ontario, sur la baie de Burlington; cette énorme nappe d'eau, lui fait comme un port immense. C'est une belle et florissante cité, dont la population dépasse 40,000 âmes. Son commerce est considérable, et elle possède un grand nombre de manufactures. C'est un évêché catholique. C'est dans cette région, entre les lacs Ontario et Huron, que les Jésuites s'installèrent au dix-septième siècle. Ils fondèrent des établissements en plein pays sauvages, chez les Iroquois et les Algonkins. Les Jésuites furent victimes des guerres qui éclatèrent entre la France et l'Angleterre. Les Indiens, qui eurent beaucoup à souffrir de ces guerres, retournèrent leur colère contre les missionnaires. Les Jésuites du Canada furent horriblement martyrisés et leurs missions furent détruites. L'histoire de ces missions est certainement une des pages les plus intéressantes de l'histoire du Canada. Les Jésuites, qui sont infatigables, ont encore, de nos jours, envoyé des missionnaires dans la partie du Canada limitrophe du territoire d'Alaska. Les Jésuites n'ont jamais abandonné tout à fait ces régions où leur influence fut si grande et où ils ont laissé tant de martyrs. Au commencement de ce siècle même, les tortures infligées par les Indiens aux missionnaires jésuites furent racontées avec un grand luxe de détails par différents écrivains. Eugène Sue y a même consacré des pages de son *Juif Errant*.

LE CAP est le chef-lieu de la colonie anglaise du cap de Bonne-Espérance. Néanmoins, il est intéressant de faire figurer cette photographie dans ce recueil, attendu que l'influence française s'est fait puissamment sentir depuis quelques années à ce point extrême de l'Afrique. On sait que le cap de Bonne-Espérance, s'il fut doublé, en 1486, par les frères Vivaldi, ne fut, en réalité, découvert et observé que par les Portugais et en 1498 par Vasco de Gama, quand il s'en alla aux Indes. Néanmoins, les Hollandais furent le premier peuple qui s'y établit. En 1652, Van Riebeeck y toucha. Mais, comme toujours, les Anglais, qui savent si bien conquérir les contrées que les autres ont fixées, méditèrent cette prise. Après bien des alternatives de succès et de revers, le Cap finit par être reconnu colonie anglaise en 1814. À cette époque les cultures individuelles, connus sous le nom de Boers, émigrèrent et allèrent s'établir aux sources du fleuve Orange. À partir de ce moment, les Boers ne cessèrent d'être en guerre plus ou moins ouverte avec les Anglais; en fait, surtout à partir de 1867 une cette lutte prit une ampleur véritable. À cette époque un filon d'or se trouvant au confluent de l'Orange et du Vaal, et ce ... lieu d'aventuriers accoururent. Naturellement l'Angleterre voulut alors s'emparer des pays occupés par les Boers. Ku ... ange de comportements ... refusèrent de se laisser ainsi annexer mais le ... qu'ils aient été les ... de l'ambition anglaise. En 1881, ils n'hésitèrent pas à faire appel aux armes pour reconquérir leur liberté. Les troupes anglaises envoyées contre eux essuyèrent d'éclatantes défaites. En 1881, le

gouvernement anglais reconnut l'indépendance des Boers sous la souveraineté de l'Angleterre. Cette solution était insuffisante. Le 27 février 1884, les Boers obtinrent une convention reconnaissant l'indépendance de la République sud-africaine. L'influence des nombreux Français établis parmi eux est prépondérante chez les Boers, et l'on peut comprendre que le jour n'est pas très éloigné où le Cap lui-même échappera à la domination anglaise. Le Cap, comme on peut en juger, est une très belle ville qui ne compte pas moins de 60 000 habitants. Les rues sont droites, régulières et bordées de belles maisons solidement construites. La plupart sont pavées de vieux chênes. Un canal traverse la rue principale. Le port est très vaste et, ordinairement, paisible. Cependant, en juin, juillet et août, les vents du sud-ouest rendent l'accès

difficile, quelquefois pendant plusieurs jours. Une montagne, appelée Mont de la Table, en raison de la plate-forme qui se trouve à son sommet, domine la ville, et n'a pas moins de 1100 mètres d'altitude. Le Cap a été ... d'une façon formidable par les Anglais; ses forts et ses batteries dominent la rade. De beaux monuments ont été construits, surtout dans ces dernières années, notamment une bourse aux proportions grandioses. La colonie anglaise du Cap a eu à lutter non seulement contre les Boers, mais aussi contre les Zoulous. On n'a pas oublié la fameuse guerre de 1879, dans laquelle le fils de Napoléon III, le prince impérial, fut tué dans une embuscade, dans l'angle que font présentes à toutes les mémoires. En ce moment, ...

LE LAC IVANHOË, dans le Colorado, rappelle des souvenirs très romanesques dans un paysage qui peut faire souvenir de l'Écosse, car les montagnes qui apparaissent de tous côtés sont aussi tristes et aussi sauvages que les collines du pays chanté par Walter Scott. Les personnages sont différents cependant; nous ne verrons sur les bords du lac américain aucun guerrier en jupon, aucun plaid, aucune claymore; peut-être pourrons-nous seulement apercevoir, à l'ombre de quelque arbre antique, un Peau-Rouge aux genoux de sa brune fiancée. Néanmoins, on comprend qu'un enthousiaste du romancier écossais, quelque colon anglais sans doute, ait jadis donné à ce paysage le nom du héros le plus populaire que l'imagination de Walter Scott ait créé. Ici, avec un peu de fantaisie, on peut évoquer et le château de Cédric le Saxon, et la brune juive Rebecca, et le prince Noir, et les pèlerins revenant de Terre sainte, et Robin Hood (Robin des Bois) et ses outlaws. Avant que la civilisation n'eût planté partout des poteaux télégraphiques, et que des rails d'acier ne courussent sur le bord des précipices, ils étaient nombreux les *outlaws* dans les bois et la montagne. N'y avait-il pas les Indiens proscrits par les conquérants, comme les Saxons l'avaient été par les Normands vainqueurs? N'y avait-il pas aussi ces bandes d'aventuriers fuyant tous les pays, où une justice régulière pouvait leur demander compte de leur passé, et guettant le soir les voyageurs attardés dans le ravin. Mais ce ne sont plus que des souvenirs, qui semblent aujourd'hui aussi lointains aux Américains, que la mémoire d'Ivanhoë aux Écossais; à peine quelques pages de roman ou de poésies oubliées

LA VILLE DE SAINT-PIERRE, dans les Antilles, est une des plus anciennes colonies françaises. Deux fois elle repoussa les descentes des Anglais ; elle tomba pourtant en leur pouvoir vers la fin de l'Empire, et ne fut rendue à la France que par les traités de 1815. Centre du commerce de la Martinique, son port offre un mouvement continuel de navires qui importent les produits manufacturés de la France, ou exportent les denrées coloniales des Antilles. Les principaux articles du commerce d'exportation consistent en sucre, eau-de-vie, mélasse, cacao, café, bois de teinture, écailles de tortue, etc., etc. La ville est partagée en deux quartiers : celui du Mouillage et celui du Fort. Les rues sont bien pavées, bien éclairées et arrosées par des ruisseaux abondants, qui tempèrent la chaleur et contribuent à la salubrité. Le quartier du Mouillage, plus particulièrement marchand, est rempli de belles boutiques. On y voit de nombreux marchés, l'hospice et de superbes promenades. Le quartier du Fort contient un grand nombre de monuments publics : le palais de justice, la douane, les casernes, une très belle salle de théâtre et le jardin des plantes, qui fournit celui de Paris des plus curieuses espèces des Antilles. La ville de Saint-Pierre est même un centre politique important, et les élections législatives y donnent toujours lieu à des discussions violentes et passionnées. L'émancipation des esclaves, qui date de 1848, époque de la proclamation de l'abolition de l'esclavage par l'Assemblée nationale, a admis les nègres à la vie publique, et ils apportent une passion extraordinaire à l'exercice de leurs droits. Malheureusement ils sont d'une intelligence relative, et facilement corruptibles.

L'ILLICIWAET, cette rivière du Canada, dont le nom indien est si difficile à prononcer, coule entre les Selkirks et les Montagnes d'Or, ces deux chaînes détachées des Montagnes Rocheuses. Elle est dominée par des pics toujours couverts de neige, toujours glacés, et sur lesquels le soleil darde sans cesse ses plus puissants rayons. Si bien que ces immenses glaciers, qui jamais ne se dissoudront, mais dont la chaleur du soleil détache par instant quelque redoutable avalanche, sont, en quelque sorte, les réservoirs de la rivière. N'est-ce pas eux qui laissent échapper le filet d'eau continu qui, coulant à travers les roches, finira par devenir torrent, entraînera toutes les neiges, et sera la source même du fleuve puissant qui s'en va majestueusement porter ses ondes jusque dans la mer? Ces glaciers inaccessibles, que l'homme le plus audacieux ne peut explorer d'une façon complète, semblent garder mystérieusement le secret de la nature. Ils ont, du reste, un rôle important dans l'évolution de la matière; par une loi facile à comprendre, les glaciers descendent toujours, peu à peu, vers la mer. Ils entraînent dans leur chute des blocs de granit, des fragments de montagne, et transforment la face de la nature. Ainsi, il est prouvé que, jadis, les glaciers s'étendaient de Chamonix jusqu'à Genève. Sur le versant du Jura on trouve des blocs de granit apportés du mont Blanc par les avalanches. Les glaciers des montagnes sont donc une de ces grandes forces mystérieuses de la nature qui, obéissant à des lois que la science est impuissante à déterminer absolument, modifient la surface du monde terrestre et, par instant, occasionnent des révolutions géologiques.

MEXICO, vu ainsi des tours de la vieille cathédrale, offre un spectacle tout à fait différent de celui des autres photographies que nous avons déjà publiées de la capitale du Mexique. Au-dessous on aperçoit la grande esplanade, la Plaza Mayor, qu'environnent de beaux monuments, puis apparaissent les rues, les églises, les magasins, les maisons ressemblant aux cellules d'une ruche immense. Quand les Espagnols vinrent conquérir le Mexique, la capitale était plus vaste encore; les lacs qui l'entourent alimentaient de nombreux canaux qui couraient là où, aujourd'hui, sont les plus belles rues, et qui lui donnaient, en quelque sorte, l'aspect d'une Venise sauvage. Ces lacs, du reste, furent pour Mexico un danger perpétuel. De terribles inondations se produisirent pendant cinq années, de 1629 à 1634 la ville resta sous l'eau. Il n'était possible d'y circuler qu'en bateau. Maintenant, on a construit un immense canal qui draine l'eau de la vallée et préserve la ville du danger. Quand on songe que l'homme qui donna à l'Espagne cet immense empire mourut pauvre et oublié de Charles-Quint, on ne peut s'empêcher de faire d'amères réflexions sur la reconnaissance des hommes et des rois. Voltaire raconte que Cortez, ne pouvant plus obtenir audience de son souverain, fendit un jour la foule qui entourait le carrosse impérial, monta sur le marchepied et dit à Charles-Quint : « Je suis l'homme qui vous a donné plus de royaumes que vos ancêtres ne vous ont laissé de villes. » La reconnaissance posthume des Espagnols transporta les restes de Fernand Cortez à Mexico. Quand le Mexique échappa à la domination espagnole, ses cendres furent jetées au vent par une population en délire.

LA RADE DE NOUMÉA, vue de la mer, est vaste et belle. Nouméa fut fondée, le 25 juin 1854, par le capitaine de vaisseau Le Hardy de Montravel. Elle est située entre l'anse Constantine et l'anse Aventure. M. Montravel avait fait construire un blockhaus. Quelques commerçants vinrent s'établir autour, ce fut l'embryon de la ville. Enfin, en 1864, arriva le premier convoi de transportés, et, depuis, Nouméa n'a cessé de se développer. Des monuments assez beaux ont été construits : la maison du gouverneur, le palais de justice, le trésor, la poste. Le commerce de Nouméa n'a fait que s'accroître depuis plusieurs années ; en 1880, le chiffre des exportations était déjà considérable, il l'est bien plus aujourd'hui ; les mines de nickel et l'industrie des viandes conservées ont donné beaucoup de prospérité à notre colonie. Nouméa exporte également en Australie : du sucre, du café, du coton. Enfin les bois des forêts calédoniennes sont très recherchés et ont une grande valeur. La grande rade est d'un accès facile. La petite rade, ou port, est ouverte par deux passes. Elle est défendue par plusieurs batteries construites par les transportés. La ville est presque au centre de la grande rade formée par la presqu'île Ducos, où ont été internés, après la Commune, les déportés dans une enceinte fortifiée. C'est là que, notamment, se trouvaient Henri Rochefort, Henry Bauer, Louise Michel, Ollivier Pain, etc., etc. Les évasions du bagne de Nouméa ont été fréquentes. On n'a pas oublié également comment Henri Rochefort et Ollivier Pain ont pu quitter Nouméa, gagnant à la nage la barque d'un vaisseau américain, que Rochefort avait pu affréter avec de l'argent envoyé par Edmond Adam.

LA GRANDE VIGNE DE SANTA-BARBARA, en Californie, nous montre le soin avec lequel, dans ce pays, on soigne des vignobles désormais célèbres et qui donnent un vin très apprécié de l'autre côté de l'Atlantique. Le climat de Santa-Barbara est particulièrement sain et doux; les variations de température y sont très légères, et jamais on n'y souffre de l'humidité; ce coin de la côte du Pacifique est, enfin, défendu, contre les vents du Nord, par une triple rangée de montagnes. Aussi les moines espagnols surent-ils choisir, pour un de leurs principaux établissements, cet admirable pays. De nos jours, Santa-Barbara est surtout renommé pour ses vignes, qui donnent de magnifiques revenus à leurs propriétaires. Les vignes poussent dans toute cette région avec une extrême facilité. On y compte plus de 60,000,000 de ceps, qui tous donnent d'excellents raisins. Cependant, on peut regretter que les vins de Californie soient encore trop chargés en alcool, et que les Américains ne sachent pas encore très bien les faire. Malgré tout, la richesse des vignobles californiens est énorme. Elle ne peut être comparable qu'à celle du midi de la France avant le phylloxera, alors que, dans les environs de Béziers ou de Carcassonne, on trouvait des pianos jusque dans la dernière des chaumières de vigneron, et que le luxe des plus petites villes stupéfiait les voyageurs. On peut dire que les vignes de Californie ont fait déjà presque autant de fortunes que les mines d'or. Ajoutons que si elles les ont faites plus lentement, elles les ont faites aussi plus sûrement. La photographie ci-dessus donne une idée exacte de ces vignes vigoureuses et abondantes dont les grappes pendent comme des fruits d'or.

LA RIVIÈRE DE L'ARC, qui coule au pied de la chaîne des Cascades, dans l'État d'Alberta, au Canada, est une jolie et transparente rivière, dont le courant est si rapide qu'elle mériterait d'être appelée *la Flèche* et non *l'Arc*. La ligne du chemin de fer suit le cours de cette rivière jusque dans les gorges des montagnes qu'elle traverse, ayant elle-même creusé sa route dans les profondeurs des rochers. Dans tout ce pays les points de vue grandioses, les paysages admirables apparaissent à chaque pas. L'Alberta est, du reste, une très vaste contrée qui s'étend, au nord du Montana, sur une longueur de plus de 600 kilomètres et qui n'en a pas moins de 300 de largeur. Les Montagnes Rocheuses forment sa limite occidentale, et leurs chaînes descendent jusqu'au centre de l'Alberta. Les montagnes les plus fameuses que l'on y admire sont le mont Brown et le mont Hoocker, qui ont chacun environ 5000 mètres d'altitude. Beaucoup d'autres pics moins élevés sont aussi merveilleux à voir, notamment cette montagne de la chaîne des Cascades, ici phothographiée. Elle est éternellement empanachée de neige, et la source de la rivière de l'Arc coule de ses glaciers. Nous sommes là tout près des fameuses sources de Banff, sur la ligne du Trans-Pacific-Canadien. Dans cet immense parc de Banff, propriété nationale du Canada, on rencontre à chaque pas des vues enchanteresses. Entre les cimes argentées des montagnes apparaissent des vallées profondes et verdoyantes, traversées par cette claire rivière, dont la célébrité est grande dans notre ancienne colonie. Ici, comme dans tous les paysages recherchés du Canada ou de l'Amérique, campaient les tribus indiennes il y a à peine 50 ans.

LES PLANTES DE LA FORÊT, SUR LA COTE-D'IVOIRE, sont assez mal connues au point de vue botanique. Les espèces de celles que représente cette photographie ne sont pas encore nettement fixées. On y remarque cependant des citrons, des oranges, des courges, des mangues, des bananes. La forêt est riche en plantes médicinales et surtout en plantes toxiques. Les noirs connaissent l'erytrophlæum ou mancône des Portugais, qu'ils savent utiliser comme poison d'épreuve, les onages ou strophanthus qui empoisonnent les flèches, les tephrosia qui servent à prendre le poisson, et bien d'autres toxiques encore dont nous ignorons la puissance. Les Aguis sont experts dans l'art des empoisonnements, et bien des morts ont été mises sur le compte des fétiches, qui étaient dues au poison versé par une main criminelle. Les Brinvilliers sont nombreuses dans ces contrées, où l'impunité est certaine pour les empoisonneurs. Il y a même eu, dans ce pays, une sorte de Catherine de Médicis noire, dont le René est un simple féticheur expert dans l'art des poisons. La princesse Elna, sœur du roi de Krimjabo, a la spécialité de supprimer très vite qui la gêne, en lui faisant avaler une petite drogue qui met fin à ses ennuis terrestres. Ce qu'il y a de plus étrange c'est que les parents des victimes, s'imaginant que cette femme a un pouvoir surnaturel, n'osent la dénoncer. La flore de ces pays est extrêmement riche. Non seulement les plantes toxiques, dont nous venons de parler, mais aussi les plantes industrielles y sont très nombreuses : on y trouve l'acajou de Guinée, le bois de marqueterie, le cachou, les gommiers, la liane à caoutchouc et une infinité de richesses jusqu'ici inexploitées.

LES TRAINEAUX DE CHIENS sont fréquemment employés par les Indiens du Canada, ces Peaux-Rouges pacifiques, avec lesquels le gouvernement canadien vit maintenant en si parfaite sécurité. Cependant, les Indiens du Canada passèrent, jadis, pour les tribus les plus féroces, et les guerres sanglantes des premiers temps de la conquête sont mémorables. Comment se fait-il qu'ils soient devenus les plus calmes, les plus résignés? Le gouvernement du Canada est arrivé à ce résultat simplement en gardant fidèlement la parole donnée aux Indiens, en ne les tracassant jamais inutilement et en ne manquant jamais de châtier avec toute la sévérité nécessaire, les violences et les velléités d'insurrection. En revanche, dans les États-Unis, il a fallu exterminer les Indiens, ou à peu près, pour en venir à bout, et encore les rares tribus qui survivent donnent-elles du fil à retordre aux autorités américaines. Au Canada, les hommes qui ont la surveillance des Indiens ont consacré à cette œuvre toute leur vie. Ils finissent par être connus et estimés des Peaux-Rouges comme ils le méritent. Aux États-Unis, au contraire, le service indien n'a jamais été qu'une fonction transitoire, que l'on avait hâte de quitter après y avoir gagné un peu d'argent. Aussi, les Peaux-Rouges, voyant que les paroles données n'étaient presque jamais tenues; que la férocité la plus inutile présidait à toutes les répressions, ont-ils fini par mettre toute l'astuce de leur race dans la satisfaction de leur haine. Enfin, au Canada, les Indiens n'ont jamais eu affaire aux nègres. Il est peut-être utile, à cette époque où l'on colonise beaucoup, de mettre en parallèle les procédés différents du Canada et des États-Unis et leurs résultats.

LE CAP TRINITÉ et la rivière Saguenay, au Canada, rappellent les fiords norvégiens. Ce n'est point tout à fait comme en Norvège la mer même qui s'avance dans les terres. Ici c'est une véritable rivière, le plus grand tributaire du Saint-Laurent. La source est une belle nappe d'eau appelée le lac Saint-Jean, qui a 60 kilomètres de long et presque autant de large. De là, pendant 150 kilomètres, la rivière Saguenay coule vers le grand fleuve avec une rapidité vertigineuse. Les rives sont bordées de rocs sinistres et pressés, qui donnent parfois à la rivière l'aspect d'un torrent. Par moment le spectacle est d'une étrangeté sauvage. Ces rochers, parfois gigantesques, sont si arides que l'on n'y trouve aucun arbre et aucune verdure. A certains endroits, aussi, la rivière est un abîme sans fond. Vainement on y a jeté la sonde. Jamais on n'a pu en mesurer la profondeur. Les vaisseaux les plus grands peuvent naviguer sur cette rivière sans rencontrer aucun obstacle. Quand il vogue sur ces eaux limpides, entre ces rochers monstrueux, le plus grand navire semble une simple barque. Mais aucune plage hospitalière. On dirait que la nature refuse à l'homme l'accès de ces contrées. Partout les rochers succèdent aux rochers, et l'on navigue toujours entre deux murailles de granit. Au cap Trinité s'étend une baie d'une majesté grandiose que deux rochers titaniques surplombent. On dirait l'entrée du port mystérieux où les dieux scandinaves et normands gardent la flotte céleste. C'est le décor qu'il faut à toutes les fantastiques évocations, et, de même que le Jardin des dieux, dont nous avons déjà parlé, cette baie étrange semble avoir un véritable caractère religieux.

LE FORT DE SAINT-JEAN D'ULLOA ET LA VILLE DE VERA-CRUZ rappellent tant de souvenirs aux Français! C'est là que, le 27 novembre 1861, débarquaient les troupes françaises commandées par le général Forey. Ce fort, nos vaisseaux l'ont bombardé et pris. C'est là également que, un peu plus tard, débarquaient aussi l'empereur Maximilien et l'impératrice Charlotte. L'un ne devait jamais quitter cette terre du Mexique, où il est mort fusillé dans les fossés de Queretaro; l'autre devait s'en revenir en Europe vainement implorer, pour son impérial époux, le secours des monarchies du Vieux Monde, et finir, la pauvre femme, sa lamentable vie, enfermée comme folle dans un vieux château de Belgique. Cette sanglante épopée rappelle à nos souvenirs bien des dates douloureuses. C'est aussi dans ce port, creusé par la nature, que débarquèrent, en 1519, les soldats espagnols qui devaient conquérir l'empire de Montézuma. Ce port de la Vera-Cruz, qui est, en quelque sorte, la porte du Mexique, a une place importante dans toute l'histoire de ce pays. C'est là aussi que débarquèrent les soldats américains, sous les ordres du général Scott, qui s'emparèrent du fort Saint-Jean d'Ulloa après une résistance acharnée. Aujourd'hui, Vera-Cruz n'est plus qu'un grand port de commerce qui fait, avec l'Europe, des affaires considérables. C'est aussi la colonie française la plus importante de tout le Mexique. C'est le port d'attache de tous les grands vaisseaux qui apportent les marchandises européennes. Malheureusement, Vera-Cruz est aussi la ville mexicaine où la fièvre jaune fait le plus de ravages. Les Européens ne peuvent impunément y faire un trop long séjour.

LE CHEMIN DE FER DE VALPARAISO A SANTIAGO est une des œuvres les plus audacieuses que les hommes aient tentées. Construite par des ingénieurs français, cette ligne sans pareille, qui escalade les montagnes des Andes, court pendant 180 kilomètres au bord des précipices, tournant autour des rochers monstrueux. Ce chemin de fer a coûté extrêmement cher; on estime que le kilomètre est revenu à un peu plus de 2 millions de francs. Le trafic, sur cette ligne, est considérable, car elle relie Valparaiso, la capitale commerciale du Chili, à Santiago, qui en est la capitale politique. Malheureusement, le Chili, dont le développement a été des plus merveilleux, est une de ces républiques sud-américaines que les convulsions politiques ont sans cesse agitées. Sans les guerres civiles qui, à chaque instant, troublent le Chili, et malgré la guerre qu'il a faite au Pérou, ce serait aujourd'hui la plus riche des républiques de l'Amérique du Sud, si les compétitions des hommes politiques n'avaient, à chaque instant, amené des troubles et même des guerres interminables de ville à ville, de province à province. Dans toutes les républiques sud-américaines, la guerre civile est, en quelque sorte, devenue l'état normal des sociétés. On vit avec insouciance dans un état de révolution perpétuel. Mais, inévitablement, l'industrie et le commerce souffrent beaucoup de l'incertitude perpétuelle dans laquelle on se trouve toujours. L'Europe, jadis, avait eu confiance dans l'avenir de tous ces pays, dont la richesse est si grande. Malheureusement, presque toutes les entreprises financières essayées ont eu un déplorable résultat, et le change même y est toujours très élevé.

12*

LA CUISINE INDIENNE, au Mexique, est un curieux exemple de la précaire existence de la population conquise. Les Indiens du Mexique sont misérables et, plus peut-être qu'en aucun pays, portent, en quelque sorte, l'empreinte du rude esclavage qu'ils ont subi. Un brasier, tel qu'on l'a vu plus haut, suffit à la fois pour chauffer la maison et pour faire cuire les aliments. Nous avons déjà parlé des habitations indiennes; quant aux meubles, quand il y en a, ils sont très rudimentaires. C'est à Orizaba, entre Vera-Cruz et Mexico, qu'a été prise la photographie reproduite ici. On peut remarquer des piles de fruits; c'est la principale nourriture des Indiens — et aussi leur principal commerce. — Ils empilent ces fruits dans des sacs de peau de bœuf, les chargent sur le dos d'un âne et s'en vont les vendre soit au marché le plus voisin, soit à la plus prochaine station de chemin de fer. La pauvreté des Indiens du Mexique est horrible à voir. Les hommes sont habillés de grossières cotonnades jadis blanches, et se drapent dans de vieilles couvertures. Les femmes s'enveloppent dans de vieux châles, et ont un aspect malheureux qui fait pitié. Les Indiens du Mexique n'ont point gardé la fierté des Peaux-Rouges du centre de l'Amérique. Beaucoup sont devenus de simples mendiants, et on les trouve dans toutes les grandes villes occupant parfois les plus humbles et les plus répugnants emplois. Leur caractère est bas et vil. La plus grande partie des crimes sont commis par eux. Jadis, ils étaient ces espèces de troupes d'aventuriers exploitant la savane; ces voleurs de grand chemin arrêtant les diligences dans les gorges des montagnes. Aujourd'hui ils sont de vulgaires escarpes.

LA GRANDE RUE DE LOS ANGELES, ici photographiée, représente la voie principale de la ville de Californie certainement la plus agréable et dont la prospérité s'explique le plus facilement. Les Espagnols fondèrent cette cité, au sud de la Californie, vers 1781, et l'appelèrent « pueblo de la Reina de los Angeles » (village de la Reine des Anges). Il est certain qu'aucun ange ne contribua à poser la première pierre des premières maisons, mais, en leur langage mystique, les Espagnols, stupéfaits de la douceur du climat, avaient placé dans ce délicieux séjour la demeure de la mère du Christ, pour laquelle ils avaient et ont toujours un culte particulier. Plus tard, toujours sous l'empire de la même idée, ils l'appelèrent le *Paradis terrestre*. En 1822, le premier Américain qui ait pénétré dans cette région y fut amené comme prisonnier de guerre par les Mexicains. Quand, en gens pratiques, les Yankees connurent la beauté du site, ils vinrent s'y établir en foule, et, en 1846, le major Fromont — un Français américain — souleva la population, et la ville fut rattachée aux États-Unis. L'année suivante, Fromont était nommé gouverneur de Californie. Los Angeles resta assez longtemps une petite ville de 11,000 habitants. Puis, tout à coup, elle s'accrut avec une rapidité vertigineuse. En dix ans elle eut 55,000 habitants et devint la métropole du sud de la Californie et le centre du commerce des fruits. C'est un charmant séjour ; les maisons sont enguirlandées de roses, de géraniums et de lis. La grande rue, photographiée ci-dessus, contient, en outre, de très beaux monuments, entre autres le bâtiment fédéral, dont l'aspect est vraiment grandiose.

LA COUR INTÉRIEURE D'UNE MAISON, A MEXICO, représente, en quelque sorte, l'invasion du pays de Montézuma par les habitudes européennes. Cette maison est à plusieurs étages et possède plusieurs locataires comme les maisons des grandes cités d'Europe. Il est certain que, dans le Vieux Continent, seuls les gens riches peuvent, dans les grandes cités, habiter une maison entière. Cette division en appartements, qui permet d'avoir un petit nombre de domestiques et de laisser, quand on s'en va, son domicile à la garde du concierge, est très pratique, et dans le vieux Mexique même elle est très fréquente. Mais ici ce qui est surtout à remarquer c'est le charme tout particulier de cette cour intérieure, *patio* disent les Espagnols. Des arbres, de fraîches fontaines en font un séjour charmant, et les fenêtres qui ouvrent sur le patio sont bien plus recherchées que celles qui ouvrent sur le bourdonnement de la rue. Les maisons de ce genre sont très nombreuses à Mexico. Souvent ce sont d'anciens palais espagnols transformés. Le concierge (en espagnol, *portero*), pendant la nuit, dort tout près de la porte, peut-être parce que là-bas, comme ici, les portiers ont l'oreille dure. A Mexico, cependant, les concierges ne tirent pas le cordon. Ils n'ont qu'à surveiller l'entrée de la maison pour empêcher les voleurs d'y pénétrer. Chaque locataire, au Mexique, possède sa clef qui lui permet d'ouvrir la porte sans avoir recours à la sonnette. Une particularité même assez curieuse : à Mexico, les clefs ont des dimensions inusitées, et leurs possesseurs les gardent dans leur poche comme une arme utile dans un pays où les voleurs sont malheureusement nombreux.

LE PORT D'ALGER, qui est aujourd'hui un des plus beaux ports du monde, n'était jadis qu'un nid de pirates. C'est d'Alger, en effet, que partaient, il y a deux siècles, ces corsaires qui, pendant si longtemps, portèrent la terreur dans la Méditerranée. En 1682, Duquesne, sur l'ordre du roi Louis XIV, se présenta devant Alger avec une flotte considérable et bombarda la ville pendant quatre jours. Néanmoins, les Arabes la reconstruisirent et ce ne fut qu'en 1830 qu'elle tomba au pouvoir de la France. Des travaux énormes en ont fait, surtout depuis quelques années, un port militaire et commercial de premier ordre. Deux jetées ont été construites : l'une, d'une longueur de 700 mètres, prolonge l'ancien môle; l'autre forme une courbe d'une longueur de 1235 mètres. Ces travaux gigantesques ont divisé la rade en deux parties : le port militaire et le port marchand ; le port militaire au sud, le port marchand au nord. Leurs dimensions sont telles qu'à eux deux ils couvrent une surface plus grande que celle de la ville entière. Le port d'Alger est admirable à voir du haut des quais qui le dominent et que surplombent les forts qui commandent la rade. Il faut remarquer surtout les bassins de radoub et les docks qui sont immenses, mais suffisent à peine aux besoins du commerce actuel. Alger, en effet, est devenu un des plus grands centres du commerce maritime du monde. Non seulement c'est par Alger que s'exportent toutes les céréales, tous les vins que produit notre belle colonie, mais ce port reçoit également d'Europe un nombre énorme de marchandises que consomme la très nombreuse population de colons français et étrangers qui s'y sont établis.

LE PÈLERIN est un de ces beaux navires qui, en Amérique, servent aux excursions sur les fleuves et les lacs. On peut dire qu'on y a réuni tout le luxe, tout le confort moderne. C'est, en effet, une des merveilles de cet étrange pays, que l'on trouve dans les sites les plus sauvages, et des hôtels merveilleux et des bateaux tels qu'il n'en existe guère dans le Vieux Monde, et qui laissent bien loin derrière eux les transatlantiques si réputés. A cet égard, il est intéressant de rappeler ces impressions connues d'un Américain voyageant en Europe : « J'ai fait le voyage des bords du Rhin, c'est, comme on le dit, très beau, mais j'ai bien souffert à bord de ces vilains bateaux où le confortable est inconnu. Comme je regrettais nos bateaux de l'Hudson et de l'Albany ! J'ai fait aussi la traversée de la Manche sur ces instruments de torture qui mènent de Douvres à Calais ou de Dieppe à New-Haven. Quand il fait beau, on souffre de n'avoir aucun confort; quand il fait mauvais, on n'a aucune espèce de commodité. Comme on regrette nos beaux bateaux de la rivière des Chutes, nos beaux palais flottants! » Les Américains, en effet, — ce sont seulement ceux qui sont très riches qui voyagent — se plaignent toujours que la vieille Europe ne sache pas avoir toutes les commodités qu'ils ont l'habitude de trouver dans leur pays. La vieille Europe leur semble parfois presque un pays de sauvages. Ils ne comprennent pas comment nous pouvons nous contenter de nos chemins de fer sans confortable et de nos bateaux incommodes. N'est-ce pas une des singularités de ce temps, que les habitants du Nouveau Monde se trouvent aujourd'hui plus civilisés que nous?

SITKA, CAPITALE DE L'ALASKA, est une ville très ancienne, fondée par les Français du Canada, et que les Russes ont beaucoup développée quand ils étaient possesseurs de ce pays. On sait que l'Alaska, qui est limitrophe du détroit de Behring, a été acheté 40 millions à la Russie par les Etats-Unis, il y a une vingtaine d'années. Le territoire est extrêmement vaste, il mesure 1,495,380 kilomètres carrés. Il est traversé dans sa largeur par un fleuve navigable. Pendant 8 mois de l'année, l'Alaska est couvert de neige, et le climat y est naturellement très froid puisqu'il touche au pôle. Malgré cela, les côtes reçoivent l'influence de ce courant chaud du Pacifique, qui ressemble au Gulf-Stream de l'Atlantique. Aussi le climat de Sitka est-il relativement doux. Rarement le thermomètre descend au-dessous de 15 degrés, et le port n'est jamais encombré par les glaces. Sitka a été reconstruite par les Russes au commencement de ce siècle. On y trouve un grand nombre de souvenirs de l'occupation moscovite, notamment l'église russo-grecque avec son toit coloré, le muséum qui est plein de pièces intéressantes. L'Alaska commence à avoir avec l'Europe un commerce considérable. Les forêts, qui produisent des bois d'une grande valeur, sont encore inexploitées, mais le trafic des fourrures a pris très vite une importance considérable, d'autant plus facilement que le climat de ce pays, si froid qu'il soit, est absolument sain, et les épidémies y sont inconnues. Le jour où le Canada sera devenu un État de l'Union américaine, jour qui n'est certainement pas très éloigné, le territoire d'Alaska prendra encore un plus grand développement.

LES CHUTES DE FITZROY, les seules cascades du monde qui offrent également des analogies avec les chutes du Niagara, sont situées en Australie, à 150 kilomètres environ de Sydney, près de la station de Moss-Vale, sur le grand Southern railway australien. La campagne, autour de Moss-Vale, est pittoresquement accidentée, si bien que l'aspect de cette vallée profonde et toute verdoyante fait l'admiration des touristes. L'eau, qui dans les chutes supérieures a une transparence d'opale, tombe d'une hauteur de près de 140 mètres; elle fuit ensuite en mugissant à travers les rochers jusqu'au fond de la vallée, à la crique de Tarnuya; là se trouve une série de cascades et de rapides pendant près de deux kilomètres, puis une nouvelle chute superbe, d'une hauteur de 80 mètres. Le ravin a une largeur d'un kilomètre et une profondeur de près de 400 mètres.

Enfin, le courant rencontre une masse énorme de rochers qu'on appelle le mont Méryla, et qui le rejette brusquement au sud, où il va tomber dans le Kangourou. La suite des cascades et des rapides est environnée d'une végétation merveilleuse. Sur les bords du torrent on voit des cèdres, des fougères, des bruyères, et les taillis sont émaillés de fougères et de lis. Un mail-coach amène les touristes de Moss-Vale et les conduit au-dessus des chutes. On a en descendant un spectacle admirable, et l'on est largement payé de la fatigue qu'on doit prendre. Tout ce pays, qui, bien que situé aux antipodes, est maintenant tout à fait civilisé, a été jadis exploré par des pionniers français, qui y ont créé une véritable colonie. Cette contrée est même d'une grande richesse; d'une richesse dont nous pouvons, en Europe, difficilement nous faire une juste idée.

WELLINGTON est le siège du gouvernement de la Nouvelle-Zélande, cette partie de l'Australie dont l'amiral français d'Entrecasteaux explora toutes les côtes, et dont Dumont-d'Urville a donné la première description complète. Il y a moins de 50 ans, tout ce pays était sauvage et habité par les Maoris, peuplade anthropophage qui avait l'habitude de manger les prisonniers de guerre, comme les naturels de la Nouvelle-Calédonie. Aujourd'hui, Wellington est une grande ville qui ne compte pas moins de 30,000 habitants. Les premiers émigrants s'installèrent dans cette région vers 1840. Comme les tremblements de terre étaient fréquents, les premières maisons furent construites en bois. Peu à peu, depuis, la ville s'est transformée, et toutes les habitations sont en brique, sans parler des vastes monuments entièrement en pierre : le palais du gouvernement, le palais du parlement, le collège Wellington, l'hôpital, etc. Quoiqu'il réside à Wellington un gouverneur anglais, on peut dire que ce pays s'administre lui-même, puisque les deux Chambres, le Conseil législatif et la Chambre des représentants ont, en réalité, tous les pouvoirs. L'autorité de l'Angleterre sur la Nouvelle-Zélande, comme sur toute l'Australie, n'est que nominale. Le pays est riche, la terre est fertile et produit toute espèce de grains et de fruits. Malheureusement, la Nouvelle-Zélande a subi un assez grand nombre de perturbations géologiques. On y trouve un grand nombre de cratères éteints et, en 1886, un d'entre eux, le Tarawera, rentra tout à coup en activité et déversa sur toute la contrée des cendres et de la lave. En quelques heures des villages furent détruits, et plus de cent personnes périrent.

CETTE RIVIÈRE DE L'ILE MAURICE, qui fut jadis l'Ile de France, et dont Bernardin de Saint-Pierre, dans *Paul et Virginie*, célèbre la nature luxuriante et le climat enchanteur, peut donner une idée à peu près exacte de ce qu'est aujourd'hui cette ancienne colonie française. Une légère voiture vient de déposer des dames élégantes sur le bord du cours d'eau; nous sommes loin de la simplicité célébrée jadis par Bernardin, et cependant le paysage est resté le même; il semble que cette rivière est bien celle que le poète de la nature a si bien dépeinte dans *Paul et Virginie* : « La rivière qui coule devant ma porte passe en ligne droite à travers les bois, en sorte qu'elle présente un long canal ombragé d'arbres de toutes sortes de feuillages. Il y a des bois d'ébène, de ceux qu'on appelle bois de gomme, bois d'olive et bois de cannelle, et des cèdres... Des odeurs aromatiques sortent de la plupart de ces arbres, et leur parfum a tant d'influence sur les vêtements même, que l'on sent un homme qui a traversé la forêt quelques heures après qu'il en est sorti. La rivière, qui coule en bouillonnant sur un lit de roches à travers les arbres, réfléchit, çà et là, dans ses eaux limpides, leurs masses vénérables de verdure et d'ombre, ainsi que les jeux de leurs heureux habitants. A mille pas de là elle se précipite de différents étages de rochers, et forme à sa chute une nappe d'eau unie comme le cristal, qui se brise en tombant en bouillons d'écume. Mille bruits confus sortent de ces eaux tumultueuses, et, dispersés par les vents dans la forêt, tantôt ils fuient au loin, tantôt ils se rapprochent tous à la fois et assourdissent comme les sons des cloches d'une cathédrale. »'

LEADVILLE, dans le Colorado, est une de ces cités de l'Ouest dont la rapide histoire peut donner, en quelque sorte, la synthèse de la fortune mouvementée de ces villes créées en un jour, arrivées bien vite à leur apogée et dont le déclin fut encore plus rapide. Tout autour, dans ces Montagnes Rocheuses, les mineurs trouvaient des pépites d'or, et, affolés de plaisir, las des fatigues si dures de la vie de pionniers, ils arrivaient dans la ville à peine formée, où quelques édifices montraient leurs échafaudages à côté des maisons de bois, et ils payaient avec autant de morceaux d'or qu'on voulait les choses les plus simples et les plaisirs les plus faciles. Pendant plusieurs années, l'or ruissela dans ce pays, mais vint un jour où les pépites se firent plus rares. Des machines furent installées, on perfectionna la recherche des précieux métaux. Enfin, on ne trouva plus ni or ni argent. Ils étaient bien rares ceux qui avaient su économiser aux heures prospères. Les aventuriers, sans ressources, s'en allèrent vers d'autres pays, surtout vers l'Australie, et la ville resta morne, avec ses grandes usines abandonnées et ses maisons vides. Si, tout à coup, la vie s'arrêtait dans le Nouveau Monde, et si de nouvelles générations d'émigrants arrivaient du Vieux Continent pour occuper ces villes mortes, ils seraient stupéfaits de l'étrange roman qui fut leur destinée. Les villes anciennes du Vieux Monde ont disparu dans quelque catastrophe terrible. Il a suffi d'une crise commerciale et industrielle pour faire décliner quelques cités américaines. Et peut-être que demain ces villes mortes ressusciteront d'une façon inattendue. Il suffira d'une industrie nouvelle, d'une mine quelconque découverte pour y ramener l'activité passée.

BROADWAY est la grande rue de New-York et la plus célèbre des voies anciennes de la grande cité américaine. Les magasins français y sont nombreux. C'est la rue du haut commerce. Elle part de Battrey-Place, qui est le point le plus méridional de la cité, et se dirige vers l'ouest. Broadway prend naturellement plusieurs formes dans sa traversée sinueuse à travers la ville. Au commencement elle passe par le Stock-Exchange, les anciens quartiers à la mode au moment de la guerre de l'Indépendance. Ensuite, on voit le célèbre café français Savarin; plus loin, un grand monument gris, la Poste. Au nord est un espace ouvert dans le centre de cette rue houleuse d'où l'on aperçoit les hôtels des journaux. Enfin, le square de l'Union sépare Broadway en deux. Du square de l'Union au square Madison, c'est une succession de petites boutiques jusqu'à ce que l'on retrouve, à la hauteur de la 23e rue, le grand commerce new-yorkais. Au nord de la 23e rue sont les grands hôtels et les théâtres. L'aspect de Broadway est unique au monde. Le boulevard Montmartre, à Paris, le Pont de Londres ne peuvent même donner une idée approximative de l'agglomération de piétons et de voitures qu'on y rencontre, et surtout de la hâte avec laquelle toute cette foule va, se presse. « Time is money ! » disent les Américains, et ils savent appliquer ce précepte.

PORTFOLIO COLONIAL

dépeignant les Paysages, les Villes et les Industries des

Possessions et Dépendances françaises

AINSI QUE DES PAYS QUI, QUOIQUE N'ÉTANT PAS EFFECTIVEMENT
SOUS NOTRE PROTECTORAT, FONT NÉANMOINS PARTIE DE LA FRANCE COLONIALE, EN RAISON DE LEURS MŒURS
LEURS TRADITIONS ET LEUR LANGAGE

THE WERNER COMPANY
DE CHICAGO

20, rue de la Chaussée-d'Antin

PARIS
1895

PHOTOGRAPHIES rassemblées par JOHN L. STODDARD

LE PORTFOLIO COLONIAL

contiendra des vues inédites de la plus haute actualité et du plus grand intérêt, ayant rapport à l'agrandissement de la France.

Les Éditeurs ont eu l'avantage d'obtenir le concours gracieux de l'Administration coloniale et ont le privilège de pouvoir publier des originaux provenant de documents photographiques recueillis par des officiers d'État-major français pendant :

La Campagne du Dahomey ;
La Marche de la colonne du général Dodds ;
L'Expédition du capitaine Binger à la Côte-d'Ivoire ;
Les Opérations militaires à Madagascar, où nos troupes sont

sur le point d'engager une lutte du plus haut intérêt.

Le "PORTFOLIO COLONIAL" contiendra aussi de nombreuses reproductions photographiques touchant l'Indo-Chine, les Indes françaises orientales et occidentales, la Guyane française, la Nouvelle-Calédonie et différentes contrées situées aux confins de notre domaine diplomatique et militaire.

CES PHOTOGRAPHIES SONT TOUTES INÉDITES

Le Gouvernement, considérant que la propagande littéraire et artistique est de nature à encourager la diffusion de la colonisation et de la civilisation dans nos possessions, a bien voulu prêter son concours aux Éditeurs. Le "PORTFOLIO COLONIAL" pourra être classé au nombre des ouvrages d'éducation recommandés à la jeunesse française. Le côté sérieux de cet ouvrage n'en exclut toutefois pas la note familière.

Le "PORTFOLIO COLONIAL" donnera des illustrations des faits d'armes des troupes françaises dans les différents pays où la France a imposé sa langue et ses mœurs.

Grâce à ces documents, à la fois instructifs et amusants, cette publication sert de complément aux ouvrages historiques et géographiques en usage dans nos écoles françaises.

Des Photographies ayant trait à des sujets tout différents se trouvent dans notre "PORTFOLIO STODDARD"

Renfermant des vues de VILLES, PAYSAGES et PEINTURES CÉLÈBRES

Les seize fascicules constituant cette collection sont à la disposition du public, qui peut se les procurer chez tous les dépositaires du "PORTFOLIO COLONIAL". Le prix de chacun de ces seize fascicules est de **60** centimes. Les Photographies qu'ils renferment sont de la même grandeur et de la même beauté que celles contenues dans la collection actuelle : PORTFOLIO COLONIAL. Elles sont au nombre de **256**, dont la liste suit :

Alaska—Le Glacier du Muir; L'Ours; Les Perches Totem. **Algérie**—Groupe de femmes mauresques. **Arizone**—Cliffs Dwellings; Mancos Canyon. **Autriche**—*Vienne*—Place Maximilien; Volksgarten et Theseum; Chambre des Députés; Théâtre Hofburg; Musée et Statue de Marie-Thérèse; Le Graben. **Allemagne**—*Francfort*—Monument de Gutenberg à Francfort; Cologne; Château de Heidelberg; Coblentz sur le Rhin; Gutenfels et le Pfalz; Oberrammergau, Représentation de la Passion. *Berlin*—Palais de l'Empereur; Habitation du Prince de Bismarck; Porte de Brandenburg; Musée Royal; Unter den Linden; Théâtre de la Comédie; Place Schiller. *Galerie de Dresde*—La Sainte Nuit, peinture du Corrège; La Madone de San-Sixte, peinture de Raphaël. **Belgique**—Cathédrale et Statue de Rubens, Anvers. *Bruxelles*—La Bourse; Le Palais Royal; Le Palais de Justice. **Brésil**—*Rio de Janeiro*—Le Port; Corcovado, vue prise du jardin botanique. **Californie**—*San-Francisco*—Chinatown; Cliff House et Seal Rocks; Porte Dorée. *Yosémite Vallée*—Vue prise de la Pointe de l'Artiste; El Capitan; La pointe du Glacier; "Wavona" le grand arbre; Désert mohave. **Canada**—Le Parlement; Ottawa; Montréal et Mont-Royal; Les Mille-Iles, rivière Saint-Laurent; Les Trois-Sœurs, Canmore. **Cap de Bonne-Espérance**—Le Cap. **Chili**—Le Port de Valparaiso; Le Palais du Congrès Nacional, à Santiago; Passe d'Upsallata; les Andes. **Chine**—Le Temple des 5oo dieux; Canton. **Colorado**—Le Canyon de "Las Animas"; La Pointe du Vent, le Pic Pike; Le Mont de la Sainte-Croix; La Gorge Royale. **Cuba**—La Havane. **Danemark**—*Copenhague*—La Bourse; Le Palais Rosenberg. **Équateur**—Le Mont Chimborazo. **Égypte**—*Le Caire*—Vue de la Citadelle; Scène prise dans une rue du Vieux Caire. *Alexandrie*—Le Port; La Colonne de Pompée, Le Harem d'un Pacha; Le Canal Mamudyiah; Les Pyramides et le Sphinx; Ascension de la grande Pyramide. *Thèbes*—Avenue des Sphinx; Karnak; Rhamseum; Les Ruines; Statue de Rhamsès II; Bateaux de plaisance sur le Nil; Canal de Suez. **Floride**—L'Alcazar et l'Hôtel de Cordoue, Ponce de Léon; Saint Augustin. **France**—*Paris*—Arc-de-Triomphe; Panorama de Paris, Boulevard de la Madeleine; Place de la Concorde; Rue de Rivoli, Tour Eiffel; Colonne Vendôme; Colonne de Juillet; Hôtel des Invalides; Tombeau de Napoléon; La Bourse; Trocadéro; Grand-Opéra, intérieur et extérieur; La Madeleine; Le Louvre. *Galerie du Louvre*—La Vénus de Milo; Mariage de Marie de Médicis; Immaculée-Conception, par Murillo. *Galerie du Luxembourg*—Napoléon III à Solférino, de Meissonier. *Versailles*—Place Royale; Carrosse de Napoléon; Boudoir de Marie-Antoinette; Galerie des Batailles; Trianon. *Galerie de Versailles*—Bataille de Rivoli, par Philippoteaux; Les Derniers Jours de Napoléon à Sainte-Hélène, par Vela. *Fontainebleau*—Galerie Henri II, Palais Royal; Palais Royal. **Grande-Bretagne**—Château de Windsor; Haddon Hall; Château de Kenilworth; Maison de Shakespeare, à Strattford-sur-Avon; Cottage d'Anne Hathaway, à Strattford-sur-Avon; Cimetière de Stoke-Pogis; Liverpool; Lime Street et Gare. *Londres*—Quais de la Tamise; Obélisque; Trafalgar Square; Pont de Londres; Banque d'Angleterre; Le Parlement; Église Saint-Paul; Tour de Londres; Westminster, Abbaye; Monument Albert; Le Magasin d'Antiquités; Chambre du Trône et Palais de Buckingham. **Grèce**—Athènes moderne; Le Parthénon; Le Pirée. **Hollande**—La Baie de Scheveningen; Palais Royal; Amsterdam; La Haye; Rotterdam; Moulins à vent. **Idaho**—Les Chutes Shoshone. **Indes**—*Calcutta*—Palais du Gouvernement; Village indigène; Clive Street; Vallée de Cachemire; Porte de Lucknow; Pont des Boutiques, Srinagar; Himalaya, montagnes vues de Darjeeling, Nassik. **Italie**—*Rome*—Saint-Pierre; Bibliothèque du Vatican; Chapelle Sixtine; Le Vatican; Le Colisée, intérieur et extérieur; Le Forum, La Voie Appienne; Château San-Angelo et le Tibre; Le Capitole; Le Gladiateur mourant, sculpture. *Galerie du Vatican*—Le Vieux Père Nil, sculpture; La Transfiguration, tableau de Raphaël. *Florence*—Le panorama de Florence; Le Palais Vecchio; Le Pont Vecchio; Temple de Saturne; Palais Pitti; La Loggia; Capture de Polyxène; David, de Michel-Ange. *Venise*—Grand Canal; La Piazzetta; Le Rialto; Cathédrale de Saint-Marc; Le Pont des Soupirs; Le Palais Ducal. *Naples*—Panorama de Naples; Baie et Mont Vésuve; Sainte-Lucie. *Pompéi*—Le Forum; Sorrente. *Milan*—Cathédrale; Statue de Léonard de Vinci. *Pise*—La Tour penchée. *Gênes*—Statue de Colomb. *Turin*—Place Charles-Albert. **Japon**—Panorama et Port de Yokohama; Le Grand Bouddha de bronze, Khamakura; Le Temple des Six-Anges, Kioto; Rue et Banque de Mitsui, Tokio; Hommes de Yedo. **Massachusetts**—Boston Common; Monument de Bunker Hill; Maison de Longfellowe à Cambridge; L'Orme de Washington, à Cambridge. **Mexique**—*La Ville*—Panorama pris de la Cathédrale; Panorama de Guanajuato; Huttes de paille, Salamanque; Porteurs d'eau, aguadores; Aqueduc de Queretaro. **Maroc**—Cap Spartel; Tanger. **New-Jersey**—La Plage, Atlantic City; Nouveau Mexique; Maisons Abode. **New-York**—Panorama de New-York et Pont de Brooklyn; Statue de la Liberté, Port de New-York; Le Hudson à partir de West-Point; Chutes du Niagara. **Nouvelle-Zélande**—Le Port d'Auckland. **Norvège**—Cap Nord; Groupe de Lapons; Marché aux Poissons, à Bergen; Passe de Naerodal; L'Église de Burgund. **Orégone**—Mont Hood. **Palestine**—*Jérusalem*—Jardin de Gethsemani; Mosquée d'Omar; Église du Saint-Sépulcre; Mont des Oliviers. *Bethléem*—Vue panoramique; Tombeau de Rachel à Nazareth; Jéricho; Le Jourdain; Station de Ramleh. **Pensylvanie**—Indépendance Hall; Philadelphie. **Portugal et Espagne**—*Lisbonne*—Panorama d'Oporto. *Madrid*—Palais Royal. *Grenade*—Alhambra; Tombeaux de Ferdinand et d'Isabelle. *Séville*—Salon de Maria de Padilla; Alcazar; La Giralda; Tour d'Or. *Gibraltar*—Les Fortifications. **Russie**—*Saint-Pétersbourg*—Palais d'Hiver. *Moscou*—Vue générale du Kremlin; Maison des Czars Romanoff, vue de la Ville; La Cour d'Ivan Veliki et la grande Cloche. **Sandwich** (Iles de)—Palais Royal; Honolulu. **Suède**—*Stockholm*—Grand Hôtel; Palais Royal. **Suisse**—Lucerne; Genève; La Mer de glace; Alpes Bernoises et Thun; Le Mont-Blanc; Le Saint-Gothard et le Pont. **Syrie**—*Damas*. **Turquie**—Panorama de Constantinople et du Bosphore; Palais Impérial; Mosquée d'Achmet. **Utah**—Le nouveau Temple Mormon. **Vénézuéla**—La Guaira. **Virginie**—Mont-Vernon. **Washington**—Le Capitole; L'Avenue de Pensylvanie; La Maison Blanche. **Yellowstone**—Cratère du Geyser géant; Le Grand Canyon de Yellowstone; Les Sources chaudes du Mammouth.

19356. — Lib.-Imp. réunies, rue Mignon, 2, Paris. — May et Motteroz, Dir

Portfolio Colonial

dépeignant les Paysages, les Villes et les Industries des

Possessions *et* Dépendances françaises

AINSI QUE DES PAYS QUI, QUOIQUE N'ÉTANT PAS EFFECTIVEMENT
SOUS NOTRE PROTECTORAT, FONT NÉANMOINS PARTIE DE LA FRANCE COLONIALE, EN RAISON DE LEURS MŒURS
LEURS TRADITIONS ET LEUR LANGAGE

PHOTOGRAPHIES rassemblées par JOHN L. STODDARD

THE WERNER COMPANY
DE CHICAGO
20, rue de la Chaussée-d'Antin
PARIS
1895

LE PORTFOLIO COLONIAL

contiendra des vues inédites de la plus haute actualité et du plus grand intérêt, ayant rapport à l'agrandissement de la France.

Les Éditeurs ont eu l'avantage d'obtenir le concours gracieux de l'Administration coloniale et ont le privilège de pouvoir publier des originaux provenant de documents photographiques recueillis par des officiers d'État-major français pendant :

La Campagne du Dahomey ;
La Marche de la colonne du général Dodds ;
L'Expédition du capitaine Binger à la Côte-d'Ivoire ;
Les Opérations militaires à Madagascar, où nos troupes sont

sur le point d'engager une lutte du plus haut intérêt.

Le "PORTFOLIO COLONIAL" contiendra aussi de nombreuses reproductions photographiques touchant l'Indo-Chine, les Indes françaises orientales et occidentales, la Guyane française, la Nouvelle-Calédonie et différentes contrées situées aux confins de notre domaine diplomatique et militaire.

CES PHOTOGRAPHIES SONT TOUTES INÉDITES

Le Gouvernement, considérant que la propagande littéraire et artistique est de nature à encourager la diffusion de la colonisation et de la civilisation dans nos possessions, a bien voulu prêter son concours aux Éditeurs. Le "PORTFOLIO COLONIAL" pourra être classé au nombre des ouvrages d'éducation recommandés à la jeunesse française. Le côté sérieux de cet ouvrage n'en exclut toutefois pas la note familière.

Le "PORTFOLIO COLONIAL" donnera des illustrations des faits d'armes des troupes françaises dans les différents pays où la France a imposé sa langue et ses mœurs.

Grâce à ces documents, à la fois instructifs et amusants, cette publication sert de complément aux ouvrages historiques et géographiques en usage dans nos écoles françaises.

Des Photographies ayant trait à des sujets tout différents se trouvent dans notre "PORTFOLIO STODDARD"

Renfermant des vues de VILLES, PAYSAGES et PEINTURES CÉLÈBRES

Les seize fascicules constituant cette collection sont à la disposition du public, qui peut se les procurer chez tous les dépositaires du "PORTFOLIO COLONIAL". Le prix de chacun de ces seize fascicules est de **60** centimes. Les Photographies qu'ils renferment sont de la même grandeur et de la même beauté que celles contenues dans la collection actuelle : PORTFOLIO COLONIAL. Elles sont au nombre de **256**, dont la liste suit :

Alaska—Le Glacier du Muir; L'Ours; Les Perches Totem. **Algérie**—Groupe de femmes mauresques. **Arizone**—Cliffs Dwellings; Mancos Canyon. **Autriche**—*Vienne*—Place Maximilien; Volksgarten et Theseum; Chambre des Députés; Théâtre Hofburg; Musée et Statue de Marie-Thérèse; Le Graben. **Allemagne**—*Francfort*—Monument de Gutenberg à Francfort; Cologne; Château de Heidelberg; Coblentz sur le Rhin; Gutenfels et le Pfalz; Oberrammergau, Représentation de la Passion. *Berlin*—Palais de l'Empereur; Habitation du Prince de Bismarck; Porte de Brandenburg; Musée Royal; Unter den Linden; Théâtre de la Comédie; Place Schiller. *Galerie de Dresde*—La Sainte Nuit, peinture du Corrège; La Madone de San-Sixto, peinture de Raphaël. **Belgique**—Cathédrale et Statue de Rubens, Anvers. *Bruxelles*—La Bourse; Le Palais Royal; Le Palais de Justice. **Brésil**—*Rio de Janeiro*—Le Port; Corcovado, vue prise du jardin botanique. **Californie**—*San-Francisco*—Chinatown; Cliff House et Seal Rocks; Porte Dorée. *Yosémité Vallée*—Vue prise de la Pointe de l'Artiste; El Capitan; La pointe du Glacier; "Wavona" le grand arbre; Désert mohave. **Canada**—Le Parlement; Ottawa; Montréal et Mont-Royal; Les Mille-Iles, rivière Saint-Laurent; Les Trois-Sœurs, Canmore. **Cap de Bonne-Espérance**—Le Cap. **Chili**—Le Port de Valparaiso; Le Palais du Congrès Nacional, à Santiago; Passe d'Upsallata; les Andes. **Chine**—Le Temple des 500 dieux; Canton. **Colorado**—Le Canyon de "Las Animas"; La Pointe du Vent, le Pic Pike; Le Mont de la Sainte-Croix; La Gorge Royale. **Cuba**—La Havane. **Danemark**—*Copenhague*—La Bourse; Le Palais Rosenberg. **Équateur**—Le Mont Chimborazo. **Égypte**—*Le Caire*—Vue de la Citadelle; Scène prise dans une rue du Vieux Caire. *Alexandrie*—Le Port; La Colonne de Pompée, Le Harem d'un Pacha; Le Canal Mamudyiah; Les Pyramides et le Sphinx; Ascension de la grande Pyramide. *Thèbes*—Avenue des Sphinx; Karnak; Rhamseum; Les Ruines; Statue de Rhamsès II; Bateaux de plaisance sur le Nil; Canal de Suez. **Floride**—L'Alcazar et l'Hôtel de Cordoue, Ponce de Léon; Saint-Augustin. **France**—*Paris*—Arc-de-Triomphe; Panorama de Paris, Boulevard de la Madeleine; Place de la Concorde; Rue de Rivoli; Tour Eiffel; Colonne Vendôme; Colonne de Juillet; Hôtel des Invalides; Tombeau de Napoléon; La Bourse; Trocadéro; Grand-Opéra, intérieur et extérieur; La Madeleine; Le Louvre. *Galerie au Louvre*—La Vénus de Milo; Mariage de Marie de Médicis; Immaculée-Conception, par Murillo. *Galerie du Luxembourg*—Napoléon III à Solférino, de Meissonier. *Versailles*—Place Royale; Carrosse de Napoléon; Boudoir de Marie-Antoinette; Galerie des Batailles; Trianon. *Galerie de Versailles*—Bataille de Rivoli, par Philippoteaux; Les Derniers Jours de Napoléon à Sainte-Hélène, par Vela. *Fontainebleau*—Galerie Henri II, Palais Royal; Palais Royal. **Grande-Bretagne**—Château de Windsor; Haddon Hall; Château de Kenilworth; Maison de Shakespeare, à Strattford-sur-Avon; Cottage d'Anne Hathaway, à Strattford-sur-Avon; Cimetière de Stoke-Pogis; Liverpool; Lime Street et Gare. *Londres*—Quais de la Tamise; Obélisque; Trafalgar Square; Pont de Londres; Banque d'Angleterre; Le Parlement; Église Saint-Paul; Tour de Londres; Westminster, Abbaye; Monument Albert; Le Magasin d'Antiquités; Chambre du Trône et Palais de Buckingham. **Grèce**—Athènes moderne; Le Parthénon; Le Pirée. **Hollande**—La Baie de Scheveningen; Palais Royal; Amsterdam; La Haye; Rotterdam; Moulins à vent. **Idaho**—Les Chutes Shoshone. **Indes**—*Calcutta*—Palais du Gouvernement; Village indigène; Clive Street; Vallée de Cachemire; Porte de Lucknow; Pont des Boutiques, Srinagar; Himalaya, montagnes vues de Darjeeling; Nassik. **Italie**—*Rome*—Saint-Pierre; Bibliothèque du Vatican; Chapelle Sixtine; Le Vatican; Le Colisée, intérieur et extérieur; Le Forum; La Voie Appienne; Château San-Angelo et le Tibre; Le Capitole; Le Gladiateur mourant, sculpture. *Galerie du Vatican*—Le Vieux Père Nil, sculpture; La Transfiguration, tableau de Raphaël. *Florence*—Le panorama de Florence; Le Palais Vecchio; Le Pont Vecchio; Temple de Saturne; Palais Pitti; La Loggia; Capture de Polyxène; David, de Michel-Ange. *Venise*—Grand Canal; La Piazzetta; Le Rialto; Cathédrale de Saint-Marc; Le Pont des Soupirs; Le Palais Ducal. *Naples*—Panorama de Naples; Baie et Mont Vésuve; Sainte-Lucie. *Pompéi*—Le Forum; Sorrente. *Milan*—Cathédrale; Statue de Léonard de Vinci. *Pise*—La Tour penchée. *Gênes*—Statue de Colomb. *Turin*—Place Charles-Albert. **Japon**—Panorama et Port de Yokohama; Le Grand Bouddha de bronze, Khamakura; Le Temple des Six-Anges, Kioto; Rue et Banque de Mitsui, Tokio; Hommes de Yedo. **Massachusetts**—Boston Common; Monument de Bunker Hill; Maison de Longfellowe à Cambridge; L'Orme de Washington, à Cambridge. **Mexique**—*La Ville*—Panorama pris de la Cathédrale; Panorama de Guanajuato; Huttes de paille, Salamanque; Porteurs d'eau, aguadores; Aqueduc de Queretaro. **Maroc**—Cap Spartel; Tanger. **New-Jersey**—La Plage. Atlantic City; Nouveau Mexique; Maisons Abode. **New-York**—Panorama de New-York et Pont de Brooklyn; Statue de la Liberté, Port de New-York; Le Hudson à partir de West-Point; Chutes du Niagara. **Nouvelle-Zélande**—Le Port d'Auckland. **Norvège**—Cap Nord; Groupe de Lapons; Marché aux Poissons, à Bergen; Passe de Naerodal; L'Église de Burgund. **Orégone**—Mont Hood. **Palestine**—*Jérusalem*—Jardin de Gethsemani; Mosquée d'Omar; Église du Saint-Sépulcre; Mont des Oliviers. *Bethléem*—Vue panoramique; Tombeau de Rachel à Nazareth; Jéricho; Le Jourdain; Station de Ramleh. **Pensylvanie**—Indépendance Hall; Philadelphie. **Portugal et Espagne**—*Lisbonne*—Panorama d'Oporto. *Madrid*—Palais Royal. *Grenade*—Alhambra; Tombeaux de Ferdinand et d'Isabelle. *Séville*—Salon de María de Padilla; Alcazar; La Giralda; Tour d'Or. *Gibraltar*—Les Fortifications. **Russie**—*Saint-Pétersbourg*—Palais d'Hiver. *Moscou*—Vue générale du Kremlin; Maison des Czars Romanoff, vue de la Ville; La Cour d'Ivan Velfki et la grande Cloche. **Sandwich** (Iles de)—Palais Royal; Honolulu. **Suède**—*Stockholm*—Grand Hôtel; Palais Royal. **Suisse**—Lucerne; Genève; La Mer de glace; Alpes Bernoises et Thun; Le Mont-Blanc; Le Saint-Gothard et le Pont. **Syrie**—*Damas*. **Turquie**—Panorama de Constantinople et du Bosphore; Palais Impérial; Mosquée d'Achmet. **Utah**—Le nouveau Temple Mormon. **Vénézuéla**—La Guaïra. **Virginie**—Mont-Vernon. **Washington**—Le Capitole; L'Avenue de Pensylvanie; La Maison Blanche. **Yellowstone**—Cratère du Geyser géant; Le Grand Canyon de Yellowstone; Les Sources chaudes du Mammouth.

19335. — Lib.-Imp. réunies, rue Mignon. 2. Paris. — MAY et MOTTEROZ, Dr

PORTFOLIO COLONIAL
dépeignant les Paysages, les Villes et les Industries des
Possessions et Dépendances françaises
AINSI QUE DES PAYS QUI, QUOIQUE N'ÉTANT PAS EFFECTIVEMENT
SOUS NOTRE PROTECTORAT, FONT NÉANMOINS PARTIE DE LA FRANCE COLONIALE, EN RAISON DE LEURS MŒURS
LEURS TRADITIONS ET LEUR LANGAGE
THE WERNER COMPANY
DE CHICAGO
20, rue de la Chaussée-d'Antin
PARIS
1895
PHOTOGRAPHIES rassemblées par JOHN L. STODDARD

LE PORTFOLIO COLONIAL

contiendra des vues inédites de la plus haute actualité et du plus grand intérêt, ayant rapport à l'agrandissement de la France.

Les Éditeurs ont eu l'avantage d'obtenir le concours gracieux de l'Administration coloniale et ont le privilège de pouvoir publier des originaux provenant de documents photographiques recueillis par des officiers d'État-major français pendant :

La Campagne du Dahomey ;
La Marche de la colonne du général Dodds ;
L'Expédition du capitaine Binger à la Côte-d'Ivoire ;
Les Opérations militaires à Madagascar, où nos troupes sont
sur le point d'engager une lutte du plus haut intérêt.

Le "PORTFOLIO COLONIAL" contiendra aussi de nombreuses reproductions photographiques touchant **l'Indo-Chine, les Indes françaises orientales et occidentales, la Guyane française, la Nouvelle-Calédonie** et différentes contrées situées aux confins de notre domaine diplomatique et militaire

CES PHOTOGRAPHIES SONT TOUTES INÉDITES

Le Gouvernement, considérant que la propagande littéraire et artistique est de nature à encourager la diffusion de la colonisation et de la civilisation dans nos possessions, a bien voulu prêter son concours aux Éditeurs. Le "PORTFOLIO COLONIAL" pourra être classé au nombre des ouvrages d'éducation recommandés à la jeunesse française. Le côté sérieux de cet ouvrage n'en exclut toutefois pas la note familière.

Le "PORTFOLIO COLONIAL" donnera des illustrations des faits d'armes des troupes françaises dans les différents pays où la France a imposé sa langue et ses mœurs.

Grâce à ces documents, à la fois instructifs et amusants, cette publication sert de complément aux ouvrages historiques et géographiques en usage dans nos écoles françaises.

Des Photographies ayant trait à des sujets tout différents se trouvent dans notre "PORTFOLIO STODDARD"

Renfermant des vues de VILLES, PAYSAGES et PEINTURES CÉLÈBRES

Les seize fascicules constituant cette collection sont à la disposition du public, qui peut se les procurer chez tous les dépositaires du "PORTFOLIO COLONIAL". Le prix de chacun de ces seize fascicules est de **60** centimes. Les Photographies qu'ils renferment sont de la même grandeur et de la même beauté que celles contenues dans la collection actuelle : PORTFOLIO COLONIAL. Elles sont au nombre de **256**, dont la liste suit :

Alaska—Le Glacier du Muir; L'Ours; Les Perches Totem. **Algérie**—Groupe de femmes mauresques. **Arizone**—Cliffs Dwellings; Mancos Canyon. **Autriche**—*Vienne*—Place Maximilien; Volksgarten et Theseum; Chambre des Députés; Théâtre Hofburg; Musée et Statue de Marie-Thérèse; Le Graben. **Allemagne**—*Francfort*—Monument de Gutenberg à Francfort; Cologne; Château de Heidelberg; Coblentz sur le Rhin; Gutenfels et le Pfalz; Oberrammergau, Représentation de la Passion. *Berlin*—Palais de l'Empereur; Habitation du Prince de Bismarck; Porte de Brandenburg; Musée Royal; Unter den Linden; Théâtre de la Comédie; Place Schiller. *Galerie de Dresde*—La Sainte Nuit, peinture du Corrège; La Madone de San-Sixto, peinture de Raphaël. **Belgique**—Cathédrale et Statue de Rubens, Anvers. *Bruxelles*—La Bourse; Le Palais Royal; Le Palais de Justice. **Brésil**—*Rio de Janeiro*—Le Port; Corcovado, vue prise du jardin botanique. **Californie**—*San-Francisco*—Chinatown; Cliff House et Seal Rocks; Porte Dorée. *Yosémite Vallée*—Vue prise de la Pointe de l'Artiste; El Capitan; La pointe du Glacier; "Wavona" le grand arbre; Désert mohave. **Canada**—Le Parlement; Ottawa; Montréal et Mont-Royal; Les Mille-Iles, rivière Saint-Laurent; Les Trois-Sœurs, Canmore. **Cap de Bonne-Espérance**—Le Cap. **Chili**—Le Port de Valparaiso; Le Palais du Congrès Nacional, à Santiago; Passe d'Upsallata; les Andes. **Chine**—Le Temple des 5oo dieux; Canton. **Colorado**—Le Canyon de "Las Animas"; La Pointe du Vent, le Pic Pike; Le Mont de la Sainte-Croix; La Gorge Royale. **Cuba**—La Havane. **Danemark**—*Copenhague*—La Bourse; Le Palais Rosenberg. **Équateur**—Le Mont Chimborazo. **Égypte**—*Le Caire*—Vue de la Citadelle; Scène prise dans une rue du Vieux Caire. *Alexandrie*—Le Port; La Colonne de Pompée, Le Harem d'un Pacha; Le Canal Mamudyiah; Les Pyramides et le Sphinx; Ascension de la grande Pyramide. *Thèbes*—Avenue des Sphinx; Karnak; Rhamseum; Les Ruines; Statue de Rhamsès II; Bateaux de plaisance sur le Nil; Canal de Suez. **Floride**—L'Alcazar et l'Hôtel de Cordoue, Ponce de Léon; Saint Augustin. **France**—*Paris*—Arc-de-Triomphe; Panorama de Paris, Boulevard de la Madeleine; Place de la Concorde; Rue de Rivoli; Tour Eiffel; Colonne Vendôme; Colonne de Juillet; Hôtel des Invalides; Tombeau de Napoléon; La Bourse; Trocadéro; Grand-Opéra, intérieur et extérieur; La Madeleine; Le Louvre. *Galerie du Louvre*—La Vénus de Milo; Mariage de Marie de Médicis; Immaculée-Conception, par Murillo. *Galerie du Luxembourg*—Napoléon III à Solférino, de Meissonier. *Versailles*—Place Royale; Carrosse de Napoléon; Boudoir de Marie-Antoinette; Galerie des Batailles; Trianon. *Galerie de Versailles*—Bataille de Rivoli, par Philippoteaux; Les Derniers Jours de Napoléon à Sainte-Hélène, par Vela. *Fontainebleau*—Galerie Henri II, Palais Royal; Palais Royal. **Grande-Bretagne**—Château de Windsor; Haddon Hall; Château de Kenilworth; Maison de Shakespeare, à Strattford-sur-Avon; Cottage d'Anne Hathaway, à Strattford-sur-Avon; Cimetière de Stoke-Pogis; Liverpool; Lime Street et Gare. *Londres*—Quais de la Tamise; Obélisque; Trafalgar-Square; Pont de Londres; Banque d'Angleterre; Le Parlement; Église Saint-Paul; Tour de Londres; Westminster, Abbaye; Monument Albert; Le Magasin d'Antiquités; Chambre du Trône et Palais de Buckingham. **Grèce**—Athènes moderne; Le Parthénon; Le Pirée. **Hollande**—La Baie de Scheveningen; Palais Royal; Amsterdam; La Haye; Rotterdam; Moulins à vent. **Idaho**—Les Chutes Shoshone. **Indes**—*Calcutta*—Palais du Gouvernement; Village indigène; Clive Street; Vallée de Cachemire; Porte de Lucknow; Pont des Boutiques; Srinagar; Himalaya, montagnes vues de Darjeeling; Nassik. **Italie**—*Rome*—Saint-Pierre; Bibliothèque du Vatican; Chapelle Sixtine; Le Vatican; Le Colisée, intérieur et extérieur; Le Forum; La Voie Appienne; Château San-Angelo et le Tibre; Le Capitole; Le Gladiateur mourant, sculpture. *Galerie du Vatican*—Le Vieux Père Nil, sculpture; La Transfiguration, tableau de Raphaël. *Florence*—Le panorama de Florence; Le Palais Vecchio; Le Pont Vecchio; Temple de Saturne; Palais Pitti; La Loggia; Capture de Polyxène; David, de Michel-Ange. *Venise*—Grand Canal; La Piazzetta; Le Rialto; Cathédrale de Saint-Marc; Le Pont des Soupirs; Le Palais Ducal. *Naples*—Panorama de Naples; Baie et Mont Vésuve; Sainte-Lucie. *Pompéi*—Le Forum; Sorrente. *Milan*—Cathédrale; Statue de Léonard de Vinci. *Pise*—La Tour penchée. *Gênes*—Statue de Colomb. *Turin*—Place Charles-Albert. **Japon**—Panorama et Port de Yokohama; Le Grand Bouddha de bronze, Khamakura; Le Temple des Six-Anges, Kioto; Rue et Banque de Mitsui, Tokio; Hommes de Yedo. **Massachusetts**—Boston Common; Monument de Bunker Hill; Maison de Longfellowe à Cambridge; L'Orme de Washington, à Cambridge. **Mexique**—*La Ville*—Panorama pris de la Cathédrale; Panorama de Guanajuato; Huttes de paille, Salamanque; Porteurs d'eau, aguadores; Aqueduc de Queretaro. **Maroc**—Cap Spartel; Tanger. **New-Jersey**—La Plage, Atlantic City; Nouveau Mexique; Maisons Abode. **New-York**—Panorama de New-York et Pont de Brooklyn; Statue de la Liberté, Port de New-York; Le Hudson à partir de West-Point; Chutes du Niagara. **Nouvelle-Zélande**—Le Port d'Auckland. **Norvège**—Cap Nord; Groupe de Lapons; Marché aux Poissons, à Bergen; Passe de Naerodal; L'Église de Burgund. **Orégone**—Mont Hood. **Palestine**—*Jérusalem*—Jardin de Gethsemani; Mosquée d'Omar; Église du Saint-Sépulcre; Mont des Oliviers. *Bethléem*—Vue panoramique; Tombeau de Rachel à Nazareth; Jéricho; Le Jourdain; Station de Ramleh. **Pensylvanie**—Indépendance Hall; Philadelphie. **Portugal et Espagne**—*Lisbonne*—Panorama d'Oporto. *Madrid*—Palais Royal. *Grenade*—Alhambra; Tombeaux de Ferdinand et d'Isabelle. *Séville*—Salon de Maria de Padilla; Alcazar; La Giralda; Tour d'Or. *Gibraltar*—Les Fortifications. **Russie**—*Saint-Pétersbourg*—Palais d'Hiver. *Moscou*—Vue générale du Kremlin; Maison des Czars Romanoff, vue de la Ville; La Cour d'Ivan Veliki et la grande Cloche. **Sandwich** (Iles de)—Palais Royal; Honolulu. **Suède**—*Stockholm*—Grand Hôtel; Palais Royal. **Suisse**—Lucerne; Genève; La Mer de glace; Alpes Bernoises et Thun; Le Mont-Blanc; Le Saint-Gothard et le Pont. **Syrie**—*Damas*. **Turquie**—Panorama de Constantinople et du Bosphore; Palais Impérial; Mosquée d'Achmet. **Utah**—Le nouveau Temple Mormon. **Vénézuéla**—La Guaira. **Virginie**—Mont-Vernon. **Washington**—Le Capitole; L'Avenue de Pensylvanie; La Maison Blanche. **Yellowstone**—Cratère du Geyser géant; Le Grand Canyon de Yellowstone; Les Sources chaudes du Mammouth.

12325. — Lib.-Imp. réunies, rue Mignon, 2, Paris. — MAY et MOTTEROZ, D^{rs}

PORTFOLIO COLONIAL
dépeignant les Paysages, les Villes et les Industries des
Possessions et Dépendances françaises
AINSI QUE DES PAYS QUI, QUOIQUE N'ÉTANT PAS EFFECTIVEMENT
SOUS NOTRE PROTECTORAT, FONT NÉANMOINS PARTIE DE LA FRANCE COLONIALE, EN RAISON DE LEURS MŒURS
LEURS TRADITIONS ET LEUR LANGAGE
THE WERNER COMPANY
DE CHICAGO
20, rue de la Chaussée-d'Antin
PARIS
1895
PHOTOGRAPHIES rassemblées par JOHN L. STODDARD

LE PORTFOLIO COLONIAL

contiendra des vues inédites de la plus haute actualité et du plus grand intérêt, ayant rapport à l'agrandissement de la France.

Les Éditeurs ont eu l'avantage d'obtenir le concours gracieux de l'Administration coloniale et ont le privilège de pouvoir publier des originaux provenant de documents photographiques recueillis par des officiers d'État-major français pendant :

La Campagne du Dahomey ;
La Marche de la colonne du général Dodds ;
L'Expédition du capitaine Binger à la Côte-d'Ivoire ;
Les Opérations militaires à Madagascar, où nos troupes sont

sur le point d'engager une lutte du plus haut intérêt.

Le "PORTFOLIO COLONIAL" contiendra aussi de nombreuses reproductions photographiques touchant l'Indo-Chine, les Indes françaises orientales et occidentales, la Guyane française, la Nouvelle-Calédonie et différentes contrées situées aux confins de notre domaine diplomatique et militaire.

CES PHOTOGRAPHIES SONT TOUTES INÉDITES

Le Gouvernement, considérant que la propagande littéraire et artistique est de nature à encourager la diffusion de la colonisation et de la civilisation dans nos possessions, a bien voulu prêter son concours aux Éditeurs. Le "PORTFOLIO COLONIAL" pourra être classé au nombre des ouvrages d'éducation recommandés à la jeunesse française. Le côté sérieux de cet ouvrage n'en exclut toutefois pas la note familière.

Le "PORTFOLIO COLONIAL" donnera des illustrations des faits d'armes des troupes françaises dans les différents pays où la France a imposé sa langue et ses mœurs.

Grâce à ces documents, à la fois instructifs et amusants, cette publication sert de complément aux ouvrages historiques et géographiques en usage dans nos écoles françaises.

Des Photographies ayant trait à des sujets tout différents se trouvent dans notre "PORTFOLIO STODDARD"

Renfermant des vues de VILLES, PAYSAGES et PEINTURES CÉLÈBRES

Les seize fascicules constituant cette collection sont à la disposition du public, qui peut se les procurer chez tous les dépositaires du "PORTFOLIO COLONIAL". Le prix de chacun de ces seize fascicules est de **60** centimes. Les Photographies qu'ils renferment sont de la même grandeur et de la même beauté que celles contenues dans la collection actuelle : PORTFOLIO COLONIAL. Elles sont au nombre de **256**, dont la liste suit :

Alaska—Le Glacier du Muir; L'Ours; Les Perches Totem. **Algérie**—Groupe de femmes mauresques. **Arizone**—Cliffs Dwellings; Mancos Canyon. **Autriche**—*Vienne*—Place Maximilien; Volksgarten et Theseum; Chambre des Députés; Théâtre Hofburg; Musée et Statue de Marie-Thérèse; Le Graben. **Allemagne**—*Francfort*—Monument de Gutenberg à Francfort; Cologne; Château de Heidelberg; Coblentz sur le Rhin; Gutenfels et le Pfalz; Oberrammergau, Représentation de la Passion. *Berlin*—Palais de l'Empereur; Habitation du Prince de Bismarck; Porte de Brandehburg; Musée Royal; Unter den Linden; Théâtre de la Comédie; Place Schiller. *Galerie de Dresde*—La Sainte Nuit, peinture du Corrège; La Madone de San-Sixto, peinture de Raphaël. **Belgique**—Cathédrale et Statue de Rubens, Anvers. *Bruxelles*—La Bourse; Le Palais Royal; Le Palais de Justice. **Brésil**—*Rio de Janeiro*—Le Port; Corcovado, vue prise du jardin botanique. **Californie**—*San-Francisco*—Chinatown; Cliff House et Seal Rocks; Porte Dorée. *Yosémite Vallée*—Vue prise de la Pointe de l'Artiste; El Capitan; La pointe du Glacier; "Wavona" le grand arbre; Désert mohave. **Canada**—Le Parlement; Ottawa; Montréal et Mont-Royal; Les Mille-Iles, rivière Saint-Laurent; Les Trois-Sœurs, Canmore. **Cap de Bonne-Espérance**—Le Cap. **Chili**—Le Port de Valparaisc; Le Palais du Congrès Nacional, à Santiago; Passe d'Upsallata; les Andes. **Chine**—Le Temple des 5oo dieux; Canton. **Colorado**—Le Canyon ce "Las Animas"; La Pointe du Vent, le Pic Pike; Le Mont de la Sainte-Croix; La Gorge Royale. **Cuba**—La Havane. **Danemark**—*Copenhague*—La Bourse; Le Palais Rosenberg. **Équateur**—Le Mont Chimborazo. **Égypte**—*Le Caire*—Vue de la Citadelle; Scène prise dans une rue du Vieux Caire. *Alexandrie*—Le Port; La Colonne de Pompee, Le Harem d'un Pacha; Le Canal Mamudyiah; Les Pyramides et le Sphinx; Ascension de la grande Pyramide. *Thèbes*—Avenue des Sphinx; Karnak; Rhamseum; Les Ruines; Statue de Rhamsès I; Bateaux de plaisance sur le Nil; Canal de Suez. **Floride**—L'Alcazar et l'Hôtel de Cordoue, Ponce de Léon; Saint Augustin. **France**—*Paris*—Arc-de-Triomphe; Panorama de Paris, Boulevard de la Madeleine; Place de la Concorde; Rue de Rivoli, Tour Eiffel; Colonne Vendôme; Colonne de Juillet; Hôtel des Invalides; Tombeau de Napoléon; La Bourse; Trocadéro; Grand-Opéra, intérieur et extérieur; La Madeleine; Le Louvre. *Galerie du Louvre*—La Vénus de Milo; Mariage de Marie de Médicis; Immaculée-Conception, par Murillo. *Galerie du Luxembourg*—Napoléon III à Solférino, de Meissonier. *Versailles*—Place Royale; Carrosse de Napoléon; Boudoir de Marie-Antoinette; Galerie des Batailles; Trianon. *Galerie de Versailles*—Bataille de Rivoli, par Philippoteaux; Les Derniers Jours de Napoléon à Sainte-Hélène, par Vela. *Fontainebleau*—Galerie Henri II, Palais Royal; Palais Royal. **Grande-Bretagne**—Château de Windsor; Haddon Hall; Château de Kenilworth; Maison de Shakespeare, à Strattford-sur-Avon; Cottage d'Anne Hathaway, à Strattford-sur-Avon; Cimetière de Stoke-Pogis; Liverpool; Lime Street et Gare. *Londres*—Quais de la Tamise; Obélisque; Trafalgar Square; Pont de Londres; Banque d'Angleterre; Le Parlement; Église Saint-Paul; Tour de Londres; Westminster, Abbaye; Monument Albert; Le Magasin d'Antiquités; Chambre du Trône et Palais de Buckingham. **Grèce**—Athènes moderne; Le Parthénon; Le Pirée. **Hollande**—La Baie de Scheveningen; Palais Royal; Amsterdam; La Haye; Rotterdam; Moulins à vent. **Idaho**—Les Chutes Shoshone. **Indes**—*Calcutta*—Palais du Gouvernement; Village indigène; Clive Street; Vallée de Cachemire; Porte de Lucknow; Pont des Boutiques, Srinagar; Himalaya, montagnes vues de Darjeeling, Nassik. **Italie**—*Rome*—Saint-Pierre; Bibliothèque du Vatican; Chapelle Sixtine; Le Vatican; Le Colisée, intérieur et extérieur; Le Forum, La Voie Appienne; Château San-Angelo et le Tibre; Le Capitole; Le Gladiateur mourant, sculpture. *Galerie du Vatican*—Le Vieux Père Nil, sculpture; La Transfiguration, tableau de Raphaël. *Florence*—Le panorama de Florence; Le Palais Vecchio; Le Pont Vecchio; Temple de Saturne; Palais Pitti; La Loggia; Capture de Polyxène; David, de Michel-Ange. *Venise*—Grand Canal; La Piazzetta; Le Rialto; Cathédrale de Saint-Marc; Le Pont des Soupirs; Le Palais Ducal. *Naples*—Panorama de Naples; Baie et Mont Vésuve; Sainte-Lucie. *Pompéi*—Le Forum; Sorrente. *Milan*—Cathédrale; Statue de Léonard de Vinci. *Pise*—La Tour penchée. *Gênes*—Statue de Colomb. *Turin*—Place Charles-Albert. **Japon**—Panorama et Port de Yokohama; Le Grand Bouddha de bronze, Khamakura; Le Temple des Six-Anges, Kioto; Rue et Banque de Mitsui, Tokio; Hommes de Yedo. **Massachusetts**—Boston Common; Monument de Bunker Hill; Maison de Longfellowe à Cambridge; L'Orme de Washington, à Cambridge. **Mexique**—*La Ville*—Panorama pris de la Cathédrale; Panorama de Guanajuato; Huttes de paille, Salamanque; Porteurs d'eau, aguadores; Aqueduc de Queretaro. **Maroc**—Cap Spartel; Tanger. **New-Jersey**—La Plage, Atlantic City; Nouveau Mexique; Maisons Abode. **New-York**—Panorama de New-York et Pont de Brooklyn; Statue de la Liberté, Port de New-York; Le Hudson à partir de West-Point; Chutes du Niagara. **Nouvelle-Zélande**—Le Port d'Auckland. **Norvège**—Cap Nord; Groupe de Lapons; Marché aux Poissons, à Bergen; Passe de Naerodal; L'Église de Burgund. **Orégone**—Mont Hood. **Palestine**—*Jérusalem*—Jardin de Gethsemani; Mosquée d'Omar; Église du Saint-Sépulcre; Mont des Oliviers. *Bethléem*—Vue panoramique; Tombeau de Rachel à Nazareth; Jéricho; Le Jourdain; Station de Ramleh. **Pensylvanie**—Indépendance Hall; Philadelphie. **Portugal et Espagne**—*Lisbonne*—Panorama d'Oporto. *Madrid*—Palais Royal. *Grenade*—Alhambra; Tombeaux de Ferdinand et d'Isabelle. *Séville*—Salon de Maria de Padilla; Alcazar; La Giralda; Tour d'Or. *Gibraltar*—Les Fortifications. **Russie**—*Saint-Pétersbourg*—Palais d'Hiver. *Moscou*—Vue générale du Kremlin; Maison des Czars Romanoff, vue de la Ville; La Cour d'Ivan Veliki et la grande Cloche. **Sandwich** (Iles de)—Palais Royal; Honolulu. **Suède**—*Stockholm*—Grand Hôtel; Palais Royal. **Suisse**—Lucerne; Genève; La Mer de glace; Alpes Bernoises et Thun; Le Mont-Blanc; Le Saint-Gothard et le Pont. **Syrie**—*Damas*. **Turquie**—Panorama de Constantinople et du Bosphore; Palais Impérial; Mosquée d'Achmet. **Utah**—Le nouveau Temple Mormon. **Vénézuéla**—La Guaira. **Virginie**—Mont-Vernon. **Washington**—Le Capitole; L'Avenue de Pensylvanie; La Maison Blanche. **Yellowstone**—Cratère du Geyser géant; Le Grand Canyon de Yellowstone; Les Sources chaudes du Mammouth.

1925. — Lib.-Imp. réunies, rue Mignon, 2, Paris. — MAY et MOTTEROZ, Dᵉˢ

PORTFOLIO COLONIAL

dépeignant les Paysages, les Villes et les Industries des

Possessions et Dépendances françaises

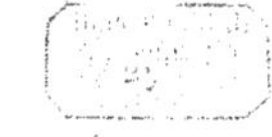

LE PORTFOLIO COLONIAL

contiendra des vues inédites de la plus haute actualité et du plus grand intérêt, ayant rapport à l'agrandissement de la France.

Les Éditeurs ont eu l'avantage d'obtenir le concours gracieux de l'Administration coloniale et ont le privilège de pouvoir publier des originaux provenant de documents photographiques recueillis par des officiers d'État-major français pendant :

La Campagne du Dahomey ;
La Marche de la colonne du général Dodds ;
L'Expédition du capitaine Binger à la Côte-d'Ivoire ;
Les Opérations militaires à Madagascar, où nos troupes sont

sur le point d'engager une lutte du plus haut intérêt.

Le "PORTFOLIO COLONIAL" contiendra aussi de nombreuses reproductions photographiques touchant l'Indo-Chine, les Indes françaises orientales et occidentales, la Guyane française, la Nouvelle-Calédonie et différentes contrées situées aux confins de notre domaine diplomatique et militaire.

CES PHOTOGRAPHIES SONT TOUTES INÉDITES

Le Gouvernement, considérant que la propagande littéraire et artistique est de nature à encourager la diffusion de la colonisation et de la civilisation dans nos possessions, a bien voulu prêter son concours aux Éditeurs. Le "PORTFOLIO COLONIAL" pourra être classé au nombre des ouvrages d'éducation recommandés à la jeunesse française. Le côté sérieux de cet ouvrage n'en exclut toutefois pas la note familière.

Le "PORTFOLIO COLONIAL" donnera des illustrations des faits d'armes des troupes françaises dans les différents pays où la France a imposé sa langue et ses mœurs.

Grâce à ces documents, à la fois instructifs et amusants, cette publication sert de complément aux ouvrages historiques et géographiques en usage dans nos écoles françaises.

Des Photographies ayant trait à des sujets tout différents se trouvent dans notre "PORTFOLIO STODDARD"

Renfermant des vues de VILLES, PAYSAGES et PEINTURES CÉLÈBRES

Les seize fascicules constituant cette collection sont à la disposition du public, qui peut se les procurer chez tous les dépositaires du "PORTFOLIO COLONIAL". Le prix de chacun de ces seize fascicules est de **60** centimes. Les Photographies qu'ils renferment sont de la même grandeur et de la même beauté que celles contenues dans la collection actuelle : PORTFOLIO COLONIAL. Elles sont au nombre de **256**, dont la liste suit :

Alaska—Le Glacier du Muir; L'Ours; Les Perches Totem. **Algérie**—Groupe de femmes mauresques. **Arizone**—Cliffs Dwellings; Mancos Canyor. **Autriche**—*Vienne*—Place Maximilien; Volksgarten et Theseum; Chambre des Députés; Théâtre Hofburg; Musée et Statue de Marie-Thérèse; Le Graben. **Allemagne**—*Francfort*—Monument de Gutenberg à Francfort; Cologne; Château de Heidelberg; Coblentz sur le Rhin; Gutenfels et le Pfalz; Oberrammergau, Représentation de la Passion. *Berlin*—Palais de l'Empereur; Habitation du Prince de Bismarck; Porte de Brandenburg; Musée Royal; Unter den Linden; Théâtre de la Comédie; Place Schiller. *Galerie de Dresde*—La Sainte Nuit, peinture du Corrège; La Madone de San-Sixto, peinture de Raphaël. **Belgique**—Cathédrale et Statue de Rubens, Anvers. *Bruxelles*—La Bourse; Le Palais Royal; Le Palais de Justice. **Brésil**—*Rio de Janeiro*—Le Port; Corcovado, vue prise du jardin botanique. **Californie**—*San-Francisco*—Chinatown; Cliff House et Seal Rocks; Porte Dorée. *Yosémite Vallée*—Vue prise de la Pointe de l'Artiste; El Capitan; La pointe du Glacier; "Wavona" le grand arbre; Désert moheve. **Canada**—Le Parlement; Ottawa; Montréal et Mont-Royal; Les Mille-Iles, rivière Saint-Laurent; Les Trois-Sœurs, Canmore. **Cap de Bonne-Espérance**—Le Cap. **Chili**—Le Port de Valparaiso; Le Palais du Congrès Nacional, à Santiago; Passe d'Upsallata; les Andes. **Chine**—Le Temple des 5oo dieux; Canton. **Colorado**—Le Canyon de "Las Animas"; La Pointe du Vent, le Pic Pike; Le Mont de la Sainte-Croix; La Gorge Royale. **Cuba**—La Havane. **Danemark**—*Copenhague*—La Bourse; Le Palais Rosenberg. **Équateur**—Le Mont Chimborazo. **Égypte**—*Le Caire*—Vue de la Citadelle; Scène prise dans une rue du Vieux Caire. *Alexandrie*—Le Port; La Colonne de Pompée, Le Harem d'un Pacha; Le Canal Mamudyiah; Les Pyramides et le Sphinx; Ascension de la grande Pyramide. *Thèbes*—Avenue des Sphinx; Karnak; Rhamseum; Les Ruines; Statue de Rhamsès II; Bateaux de plaisance sur le Nil; Canal de Suez. **Floride**—L'Alcazar et l'Hôtel de Cordoue, Ponce de Léon; Saint Augustin. **France**—*Paris*—Arc-de-Triomphe; Panorama de Paris, Boulevard de la Madeleine; Place de la Concorde; Rue de Rivoli, Tour Eiffel; Colonne Vendôme; Colonne de Juillet; Hôtel des Invalides; Tombeau de Napoléon; La Bourse; Trocadéro; Grand-Opéra, intérieur et extérieur; La Madeleine; Le Louvre. *Galerie du Louvre*—La Vénus de Milo; Mariage de Marie de Médicis; Immaculée-Conception, par Murillo. *Galerie du Luxembourg*—Napoléon III à Solférino, de Meissonier. *Versailles*—Place Royale; Carrosse de Napoléon; Boudoir de Marie-Antoinette; Galerie des Batailles; Trianon. *Galerie de Versailles*—Bataille de Rivoli, par Philippoteaux; Les Derniers Jours de Napoléon à Sainte-Hélène, par Vela. *Fontainebleau*—Galerie Henri II, Palais Royal; Palais Royal. **Grande-Bretagne**—Château de Windsor; Haddon Hall; Château de Kenilworth; Maison de Shakespeare, à Strattford-sur-Avon; Cottage d'Anne Hathaway, à Strattford-sur-Avon; Cimetière de Stoke-Pogis; Liverpool; Lime Street et Gare. *Londres*—Quais de la Tamise; Obélisque; Trafalgar Square; Pont de Londres; Banque d'Angleterre; Le Parlement; Église Saint-Paul; Tour de Londres; Westminster, Abbaye; Monument Albert; Le Magasin d'Antiquités; Chambre du Trône et Palais de Buckingham. **Grèce**—Athènes moderne; Le Parthénon; Le Pirée. **Hollande**—La Baie de Schieveningen; Palais Royal; Amsterdam; La Haye; Rotterdam; Moulins à vent. **Idaho**—Les Chutes Shoshone. **Indes**—*Calcutta*—Palais du Gouvernement; Village indigène; Clive Street; Vallée de Cachemire; Porte de Lucknow; Pont des Boutiques, Srinagar; Himalaya, montagnes vues de Darjeeling, Nassik. **Italie**—*Rome*—Saint-Pierre; Bibliothèque du Vatican; Chapelle Sixtine; Le Vatican; Le Colisée, intérieur et extérieur; Le Forum, La Voie Appienne; Château San-Angelo et le Tibre; Le Capitole; Le Gladiateur mourant, sculpture. *Galerie du Vatican*—Le Vieux Père Nil, sculpture; La Transfiguration, tableau de Raphaël. *Florence*—Le panorama de Florence; Le Palais Vecchio; Le Pont Vecchio; Temple de Saturne; Palais Pitti; La Loggia; Capture de Polyxène; David, de Michel-Ange. *Venise*—Grand Canal; La Piazzetta; Le Rialto; Cathédrale de Saint-Marc; Le Pont des Soupirs; Le Palais Ducal. *Naples*—Panorama de Naples; Baie et Mont Vésuve; Sainte-Lucie. *Pompéi*—Le Forum; Sorrente. *Milan*—Cathédrale; Statue de Léonard de Vinci. *Pise*—La Tour penchée. *Gênes*—Statue de Colomb. *Turin*—Place Charles-Albert. **Japon**—Panorama et Port de Yokohama; Le Grand Bouddha de bronze, Khamakura; Le Temple des Six-Anges, Kioto; Rue et Banque de Mitsui, Tokio; Hommes de Yedo. **Massachusetts**—Boston Common; Monument de Bunker Hill; Maison de Longfellowe à Cambridge; L'Orme de Washington, à Cambridge. **Mexique**—*La Ville*—Panorama pris de la Cathédrale; Panorama de Guanajuato; Huttes de paille, Salamanque; Porteurs d'eau, aguadores; Aqueduc de Queretaro. **Maroc**—Cap Spartel; Tanger. **New-Jersey**—La Plage, Atlantic City; Nouveau Mexique; Maisons Abode. **New-York**—Panorama de New-York et Pont de Brooklyn; Statue de la Liberté, Port de New-York; Le Hudson à partir de West-Point; Chutes du Niagara. **Nouvelle-Zélande**—Le Port d'Auckland. **Norvège**—Cap Nord; Groupe de Lapons; Marché aux Poissons, à Bergen; Passe de Naerodal; L'Église de Burgund. **Orégone**—Mont Hood. **Palestine**—*Jérusalem*—Jardin de Gethsemani; Mosquée d'Omar; Église du Saint-Sépulcre; Mont des Oliviers. *Bethléem*—Vue panoramique; Tombeau de Rachel à Nazareth; Jéricho; Le Jourdain; Station de Ramleh. **Pensylvanie**—Indépendance Hall; Philadelphie. **Portugal et Espagne**—*Lisbonne*—Panorama d'Oporto. *Madrid*—Palais Royal. *Grenade*—Alhambra; Tombeaux de Ferdinand et d'Isabelle. *Séville*—Salon de Maria de Padilla; Alcazar; La Giralda; Tour d'Or. *Gibraltar*—Les Fortifications. **Russie**—*Saint-Pétersbourg*—Palais d'Hiver. *Moscou*—Vue générale du Kremlin; Maison des Czars Romanoff, vue de la Ville; La Cour d'Ivan Veliki et la grande Cloche. **Sandwich** (Iles de)—Palais Royal; Honolulu. **Suède**—*Stockholm*—Grand Hôtel; Palais Royal. **Suisse**—Lucerne; Genève; La Mer de glace; Alpes Bernoises et Thun; Le Mont-Blanc; Le Saint-Gothard et le Pont. **Syrie**—*Damas*. **Turquie**—Panorama de Constantinople et du Bosphore; Palais Impérial; Mosquée d'Achmet. **Utah**—Le nouveau Temple Mormon. **Vénézuéla**—La Guaira. **Virginie**—Mont-Vernon. **Washington**—Le Capitole; L'Avenue de Pensylvanie; La Maison Blanche. **Yellowstone**—Cratère du Geyser géant; Le Grand Canyon de Yellowstone; Les Sources chaudes du Mammouth.

10325. — Lib.-Imp. réunies, rue Mignon, 2, Paris. — May et Motteroz, Dᵉ

PORTFOLIO COLONIAL

dépeignant les Paysages, les Villes et les Industries des

Possessions et Dépendances françaises

AINSI QUE DES PAYS QUI, QUOIQUE N'ÉTANT PAS EFFECTIVEMENT
SOUS NOTRE PROTECTORAT, FONT NÉANMOINS PARTIE DE LA FRANCE COLONIALE, EN RAISON DE LEURS MŒURS
LEURS TRADITIONS ET LEUR LANGAGE

PHOTOGRAPHIES rassemblées par JOHN L. STODDARD

THE WERNER COMPANY
DE CHICAGO

20, rue de la Chaussée-d'Antin

PARIS

1895

LE PORTFOLIO COLONIAL

contiendra des vues inédites de la plus haute actualité et du plus grand intérêt, ayant rapport à l'agrandissement de la France.

Les Éditeurs ont eu l'avantage d'obtenir le concours gracieux de l'Administration coloniale et ont le privilège de pouvoir publier des originaux provenant de documents photographiques recueillis par des officiers d'État-major français pendant :

La Campagne du Dahomey ;
La Marche de la colonne du général Dodds ;
L'Expédition du capitaine Binger à la Côte-d'Ivoire ;
Les Opérations militaires à Madagascar, où nos troupes sont

sur le point d'engager une lutte du plus haut intérêt.

Le "PORTFOLIO COLONIAL" contiendra aussi de nombreuses reproductions photographiques touchant l'Indo-Chine, les Indes françaises orientales et occidentales, la Guyane française, la Nouvelle-Calédonie et différentes contrées situées aux confins de notre domaine diplomatique et militaire.

CES PHOTOGRAPHIES SONT TOUTES INÉDITES

Le Gouvernement, considérant que la propagande littéraire et artistique est de nature à encourager la diffusion de la colonisation et de la civilisation dans nos possessions, a bien voulu prêter son concours aux Éditeurs. Le "PORTFOLIO COLONIAL" pourra être classé au nombre des ouvrages d'éducation recommandés à la jeunesse française. Le côté sérieux de cet ouvrage n'en exclut toutefois pas la note familière.

Le "PORTFOLIO COLONIAL" donnera des illustrations des faits d'armes des troupes françaises dans les différents pays où la France a imposé sa langue et ses mœurs.

Grâce à ces documents, à la fois instructifs et amusants, cette publication sert de complément aux ouvrages historiques et géographiques en usage dans nos écoles françaises.

Des Photographies ayant trait à des sujets tout différents se trouvent dans notre "PORTFOLIO STODDARD"

Renfermant des vues de VILLES, PAYSAGES et PEINTURES CÉLÈBRES

Les seize fascicules constituant cette collection sont à la disposition du public, qui peut se les procurer chez tous les dépositaires du "PORTFOLIO COLONIAL". Le prix de chacun de ces seize fascicules est de **60** centimes. Les Photographies qu'ils renferment sont de la même grandeur et de la même beauté que celles contenues dans la collection actuelle : PORTFOLIO COLONIAL. Elles sont au nombre de **256**, dont la liste suit :

Alaska—Le Glacier du Muir; L'Ours; Les Perches Totem. **Algérie**—Groupe de femmes mauresques. **Arizone**—Cliffs Dwellings; Mancos Canyon. **Autriche**—*Vienne*—Place Maximilien; Volksgarten et Theseum; Chambre des Députés; Théâtre Hofburg; Musée et Statue de Marie-Thérèse; Le Graben. **Allemagne**—*Francfort*—Monument de Gutenberg à Francfort; Cologne; Château de Heidelberg; Coblentz sur le Rhin; Gutenfels et le Pfalz; Oberrammergau, Représent-tion de la Passion. *Berlin*—Palais de l'Empereur; Habitation du Prince de Bismarck; Porte de Brandenburg; Musée Royal; Unter den Linden; Théâtre de la Comédie; Place Schiller. *Galerie de Dresde*—La Sainte Nuit, peinture du Corrège; La Madone de San-Sixto, peinture de Raphaël. **Belgique**—Cathédrale et Statue de Rubens, Anvers. *Bruxelles*—La Bourse; Le Palais Royal; Le Palais de Justice. **Brésil**—*Rio de Janeiro*—Le Port; Corcovado, vue prise du jardin botanique. **Californie**—*San-Francisco*—Chinatown; Cliff House et Seal Rocks; Porte Dorée. *Yosémite Vallée*—Vue prise de la Pointe de l'Artiste; El Capitan; La pointe du Glacier; "Wavona" le grand arbre; Désert mohave. **Canada**—Le Parlement; Ottawa; Montréal et Mont-Royal; Les Mille-Iles, rivière Saint-Laurent; Les Trois-Sœurs, Canmore. **Cap de Bonne-Espérance**—Le Cap. **Chili**—Le Port de Valparaiso; Le Palais du Congrès National, à Santiago; Passe d'Upsallata; les Andes. **Chine**—Le Temple des 500 dieux; Canton. **Colorado**—Le Canyon de "Las Animas"; La Pointe du Vent, le Pic Pike; Le Mont de la Sainte-Croix; La Gorge Royale. **Cuba**—La Havane. **Danemark**—*Copenhague*—La Bourse; Le Palais Rosenberg. **Équateur**—Le Mont Chimborazo. **Égypte**—*Le Caire*—Vue de la Citadelle; Scène prise dans une rue du Vieux Caire. *Alexandrie*—Le Port; La Colonne de Pompée, Le Harem d'un Pacha; Le Canal Mamudiyah; Les Pyramides et le Sphinx; Ascension de la grande Pyramide. *Thèbes*—Avenue des Sphinx; Karnak; Rhamseum; Les Ruines; Statue de Rhamsès II; Bateaux de plaisance sur le Nil; Canal de Suez. **Floride**—L'Alcazar et l'Hôtel de Cordoue, Ponce de Léon; Saint Augustin. **France**—*Paris*—Arc-de-Triomphe; Panorama de Paris, Boulevard de la Madeleine; Place de la Concorde; Rue de Rivoli;

Tour Eiffel; Colonne Vendôme; Colonne de Juillet; Hôtel des Invalides; Tombeau de Napoléon; La Bourse; Trocadéro; Grand-Opéra, intérieur et extérieur; La Madeleine; Le Louvre. *Galerie du Louvre*—La Vénus de Milo; Mariage de Marie de Médicis; Immaculée-Conception, par Murillo. *Galerie du Luxembourg*—Napoléon III à Solférino, de Meissonier. *Versailles*—Place Royale; Carrosse de Napoléon; Boudoir de Marie-Antoinette; Galerie des Batailles; Trianon. *Galerie de Versailles*—Bataille de Rivoli, par Philippoteaux; Les Derniers Jours de Napoléon à Sainte-Hélène, par Vela. *Fontainebleau*—Galerie Henri II, Palais Royal; Palais Royal. **Grande-Bretagne**—Château de Windsor; Haddon Hall; Château de Kenilworth; Maison de Shakespeare, à Stratford-sur-Avon; Cottage d'Anne Hathaway, à Stratford-sur-Avon; Cimetière de Stoke-Pogis; Liverpool; Lime Street et Gare. *Londres*—Quais de la Tamise; Obélisque; Trafalgar Square; Pont de Londres; Banque d'Angleterre; Le Parlement; Église Saint-Paul; Tour de Londres; Westminster, Abbaye; Monument Albert; Le Magasin d'Antiquités; Chambre du Trône et Palais de Buckingham. **Grèce**—Athènes moderne; Le Parthénon; Le Pirée. **Hollande**—La Baie de Scheveningen; Palais Royal; Amsterdam; La Haye; Rotterdam; Moulins à vent. **Idaho**—Les Chutes Shoshone. **Indes**—*Calcutta*—Palais du Gouvernement; Village indigène; Clive Street; Vallée de Cachemire; Porte de Lucknow; Pont des Boutiques; Srinagar; Himalaya, montagnes vues de Darjeeling; Nassik. **Italie**—*Rome*—Saint-Pierre; Bibliothèque du Vatican; Chapelle Sixtine; Le Vatican; Le Colisée, intérieur et extérieur; Le Forum; La Voie Appienne; Château San-Angelo et le Tibre; Le Capitole ; Le Gladiateur mourant, sculpture. *Galerie du Vatican*—Le Vieux Père Nil, sculpture; La Transfiguration, tableau de Raphaël. *Florence*—Le panorama de Florence; Le Palais Vecchio; Le Pont Vecchio; Temple de Saturne; Palais Pitti; La Loggia; Capture de Polyxène; David, de Michel-Ange. *Venise*—Grand Canal; La Piazzetta; Le Rialto; Cathédrale de Saint-Marc; Le Pont des Soupirs; Le Palais Ducal. *Naples*—Panorama de Naples; Baie et Mont Vésuve; Sainte-Lucie. *Pompéi*—Le Forum; Sorrente. *Milan*—Cathédrale; Statue de Léonard de Vinci. *Pise*—La Tour penchée.

Gênes—Statue de Colomb. *Turin*—Place Charles-Albert. **Japon**—Panorama et Port de Yokohama; Le Grand Bouddha de bronze, Khamakura; Le Temple des Six-Anges, Kioto; Rue et Banque de Mitsui, Tokio; Hommes de Yedo. **Massachusetts**—Boston Common; Monument de Bunker Hill; Maison de Longfellowe à Cambridge; L'Orme de Washington, à Cambridge. **Mexique**—*La Ville*—Panorama pris de la Cathédrale; Panorama de Guanajuato; Huttes de paille, Salamanque; Porteurs d'eau, aguadores; Aqueduc de Queretaro. **Maroc**—Cap Spartel; Tanger. **New-Jersey**—La Plage, Atlantic City; Nouveau Mexique; Maisons Abode. **New-York**—Panorama de New-York et Pont de Brooklyn; Statue de la Liberté, Port de New-York; Le Hudson à partir de West-Point; Chutes du Niagara. **Nouvelle-Zélande**—Le Port d'Auckland. **Norvège**—Cap Nord; Groupe de Lapons; Marché aux Poissons, à Bergen; Passe de Naerodal; L'Église de Burgund. **Orégone**—Mont Hood. **Palestine**—*Jérusalem*—Jardin de Gethsemani; Mosquée d'Omar; Église du Saint-Sépulcre; Mont des Oliviers. *Bethléem*—Vue panoramique; Tombeau de Rachel à Nazareth; Jéricho; Le Jourdain; Station de Ramleh. **Pensylvanie**—Indépendance Hall; Philadelphie. **Portugal et Espagne**—*Lisbonne*—Panorama d'Oporto. *Madrid*—Palais Royal. *Grenade*—Alhambra; Tombeaux de Ferdinand et d'Isabelle. *Séville*—Salon de Maria de Padilla; Alcazar; La Giralda; Tour d'Or. *Gibraltar*—Les Fortifications. **Russie**—*Saint-Pétersbourg*—Palais d'Hiver. *Moscou*—Vue générale du Kremlin; Maison des Czars Romanoff, vue de la Ville; La Cour d'Ivan Veliki et la grande Cloche. **Sandwich** (Iles de)—Palais Royal; Honolulu. **Suède**—*Stockholm*—Grand Hôtel; Palais Royal. **Suisse**—Lucerne; Genève; La Mer de glace; Alpes Bernoises et Thun; Le Mont-Blanc; Le Saint-Gothard et le Pont. **Syrie**—*Damas*. **Turquie**—Panorama de Constantinople et du Bosphore; Palais Impérial; Mosquée d'Achmet. **Utah**—Le nouveau Temple Mormon. **Vénézuéla**—La Guaira. **Virginie**—Mont-Vernon. **Washington**—Le Capitole; L'Avenue de Pensylvanie; La Maison Blanche. **Yellowstone**—Cratère du Geyser géant; Le Grand Canyon de Yellowstone; Les Sources chaudes du Mammouth.

19226. — Lib.-Imp. réunies, rue Mignon, 2, Paris. — MAY et MOTTEROZ, Dᵉ

Le prochain Recueil N° 8 comprendra les Photographies suivantes :

La séance de sikidi (Madagascar).	Les Toucouleurs (Soudan).
Le chemin de fer d'Oroya.	Une lagune en Nouvelle-Calédonie.
Le Popocatepetl.	Campement de Canaques (Nlle-Calédonie).
La passe des Sioux.	Notre-Dame-de-Guadeloupe.
Le campement de la mission Binger.	La maison du quaker.
Le lac Tahoe.	Les chutes du Kootenai.
Un tombeau indien.	Les pirogues du Tanoe (Côte-d'Ivoire).
La rue du Canal (Nouvelle-Orléans).	Le parc Washington.

Les Photographies ci-dessus ne coûtent pas moins de 7 fr. 50 chacune. La valeur totale du Recueil s'élève donc à 120 francs.

PORTFOLIO COLONIAL

dépeignant les Paysages, les Villes et les Industries des

Possessions et Dépendances françaises

AINSI QUE DES PAYS QUI, QUOIQUE N'ÉTANT PAS EFFECTIVEMENT
SOUS NOTRE PROTECTORAT, FONT NÉANMOINS PARTIE DE LA FRANCE COLONIALE, EN RAISON DE LEURS MŒURS
LEURS TRADITIONS ET LEUR LANGAGE

THE WERNER COMPANY
DE CHICAGO
20, rue de la Chaussée-d'Antin
PARIS
1895

PHOTOGRAPHIES rassemblées par JOHN L. STODDARD

LE PORTFOLIO COLONIAL

contiendra des vues inédites de la plus haute actualité et du plus grand intérêt, ayant rapport à l'agrandissement de la France.

Les Éditeurs ont eu l'avantage d'obtenir le concours gracieux de l'Administration coloniale et ont le privilège de pouvoir publier des originaux provenant de documents photographiques recueillis par des officiers d'État-major français pendant :

La Campagne du Dahomey ;
La Marche de la colonne du général Dodds ;
L'Expédition du capitaine Binger à la Côte-d'Ivoire ;
Les Opérations militaires à Madagascar, où nos troupes sont
sur le point d'engager une lutte du plus haut intérêt.

Le "PORTFOLIO COLONIAL" contiendra aussi de nombreuses reproductions photographiques touchant l'Indo-Chine, les Indes françaises orientales et occidentales, la Guyane française, la Nouvelle-Calédonie et différentes contrées situées aux confins de notre domaine diplomatique et militaire.

CES PHOTOGRAPHIES SONT TOUTES INÉDITES

Le Gouvernement, considérant que la propagande littéraire et artistique est de nature à encourager la diffusion de la colonisation et de la civilisation dans nos possessions, a bien voulu prêter son concours aux Éditeurs. Le "PORTFOLIO COLONIAL" pourra être classé au nombre des ouvrages d'éducation recommandés à la jeunesse française. Le côté sérieux de cet ouvrage n'en exclut toutefois pas la note familière.

Le "PORTFOLIO COLONIAL" donnera des illustrations des faits d'armes des troupes françaises dans les différents pays où la France a imposé sa langue et ses mœurs.

Grâce à ces documents, à la fois instructifs et amusants, cette publication sert de complément aux ouvrages historiques et géographiques en usage dans nos écoles françaises.

Des Photographies ayant trait à des sujets tout différents se trouvent dans notre "PORTFOLIO STODDARD"

Renfermant des vues de VILLES, PAYSAGES et PEINTURES CÉLÈBRES

Les seize fascicules constituant cette collection sont à la disposition du public, qui peut se les procurer chez tous les dépositaires du "PORTFOLIO COLONIAL". Le prix de chacun de ces seize fascicules est de **60** centimes. Les Photographies qu'ils renferment sont de la même grandeur et de la même beauté que celles contenues dans la collection actuelle : PORTFOLIO COLONIAL. Elles sont au nombre de **256**, dont la liste suit :

Alaska—Le Glacier du Muir; L'Ours; Les Perches Totem. **Algérie**—Groupe de femmes mauresques. **Arizone**—Cliffs Dwellings; Mancos Canyon. **Autriche**—*Vienne*—Place Maximilien; Volksgarten et Theseum; Chambre des Députés; Théâtre Hofburg; Musée et Statue de Marie-Thérèse; Le Graben. **Allemagne**—*Francfort*—Monument de Gutenberg à Francfort; Cologne; Château de Heidelberg; Coblentz sur le Rhin; Gutenfels et le Pfalz; Oberrammergau, Représentation de la Passion. *Berlin*—Palais de l'Empereur; Habitation du Prince de Bismarck; Porte de Brandenburg; Musée Royal; Unter den Linden; Théâtre de la Comédie; Place Schiller. *Galerie de Dresde*—La Sainte Nuit, peinture du Corrège; La Madone de San-Sixto, peinture de Raphaël. **Belgique**—Cathédrale et Statue de Rubens, Anvers. *Bruxelles*—La Bourse; Le Palais Royal; Le Palais de Justice. **Brésil**—*Rio de Janeiro*—Le Port; Corcovado, vue prise du jardin botanique. **Californie**—*San-Francisco*—Chinatown; Cliff House et Seal Rocks; Porte Dorée. *Yosémite Vallée*—Vue prise de la Pointe de l'Artiste; El Capitan; La pointe du Glacier; "Wavona" le grand arbre; Désert mohave. **Canada**—Le Parlement; Ottawa; Montréal et Mont-Royal; Les Mille-Iles, rivière Saint-Laurent; Les Trois-Sœurs, Canmore. **Cap de Bonne-Espérance**—Le Cap. **Chili**—Le Port de Valparaiso; Le Palais du Congrès Nacional, à Santiago; Passe d'Upsallata; les Andes. **Chine**—Le Temple des 500 dieux; Canton. **Colorado**—Le Canyon de "Las Animas"; La Pointe du Vent, le Pic Pike; Le Mont de la Sainte-Croix; La Gorge Royale. **Cuba**—La Havane. **Danemark**—*Copenhague*—La Bourse; Le Palais Rosenberg. **Équateur**—Le Mont Chimborazo. **Égypte**—*Le Caire*—Vue de la Citadelle; Scène prise dans une rue du Vieux Caire. *Alexandrie*—Le Port; La Colonne de Pompée; Le Harem d'un Pacha; Le Canal Mamudyiah; Les Pyramides et le Sphinx; Ascension de la grande Pyramide. *Thèbes*—Avenue des Sphinx; Karnak; Rhamseum; Les Ruines; Statue de Rhamsès II; Bateaux de plaisance sur le Nil; Canal de Suez. **Floride**—L'Alcazar et l'Hôtel de Cordoue, Ponce de Léon; Saint Augustin. **France**—*Paris*—Arc-de-Triomphe; Panorama de Paris, Boulevard de la Madeleine; Place de la Concorde; Rue de Rivoli; Tour Eiffel; Colonne Vendôme; Colonne de Juillet; Hôtel des Invalides; Tombeau de Napoléon; La Bourse; Trocadéro; Grand-Opéra, intérieur et extérieur; La Madeleine; Le Louvre. *Galerie du Louvre*—La Vénus de Milo; Mariage de Marie de Médicis; Immaculée-Conception, par Murillo. *Galérie du Luxembourg*—Napoléon III à Solférino, de Meissonier. *Versailles*—Place Royale; Carrosse de Napoléon; Boudoir de Marie-Antoinette; Galerie des Batailles; Trianon. *Galerie de Versailles*—Bataille de Rivoli, par Philippoteaux; Les Derniers Jours de Napoléon à Sainte-Hélène, par Vela. *Fontainebleau*—Galerie Henri II, Palais Royal; Palais Royal. **Grande-Bretagne**—Château de Windsor; Haddon Hall; Château de Kenilworth; Maison de Shakespeare, à Strattford-sur-Avon; Cottage d'Anne Hathaway, à Strattford-sur-Avon; Cimetière de Stoke-Pogis; Liverpool; Lime Street et Gare. *Londres*—Quais de la Tamise; Obélisque; Trafalgar Square; Pont de Londres; Banque d'Angleterre; Le Parlement; Église Saint-Paul; Tour de Londres; Westminster, Abbaye; Monument Albert; Le Magasin d'Antiquités; Chambre du Trône et Palais de Buckingham. **Grèce**—Athènes moderne; Le Parthénon; Le Pirée. **Hollande**—La Baie de Scheveningen; Palais Royal; Amsterdam; La Haye; Rotterdam; Moulins à vent. **Idaho**—Les Chutes Shoshone. **Indes**—*Calcutta*—Palais du Gouvernement; Village indigène; Clive Street; Vallée de Cachemire; Porte de Lucknow; Pont des Boutiques, Srinagar; Himalaya, montagnes vues de Darjeeling; Nassik. **Italie**—*Rome*—Saint-Pierre; Bibliothèque du Vatican; Chapelle Sixtine; Le Vatican; Le Colisée, intérieur et extérieur; Le Forum; La Voie Appienne; Château San-Angelo et le Tibre; Le Capitole; Le Gladiateur mourant, sculpture. *Galerie du Vatican*—Le Vieux Père Nil, sculpture; La Transfiguration, tableau de Raphaël. *Florence*—Le panorama de Florence; Le Palais Vecchio; Le Pont Vecchio; Temple de Saturne; Palais Pitti; La Loggia; Capture de Polyxène; David, de Michel-Ange. *Venise*—Grand Canal; La Piazzetta; Le Rialto; Cathédrale de Saint-Marc; Le Pont des Soupirs; Le Palais Ducal. *Naples*—Panorama de Naples; Baie et Mont Vésuve; Sainte-Lucie. *Pompéi*—Le Forum; Sorrente. *Milan*—Cathédrale; Statue de Léonard de Vinci. *Pise*—La Tour penchée. *Gênes*—Statue de Colomb. *Turin*—Place Charles-Albert. **Japon**—Panorama et Port de Yokohama; Le Grand Bouddha de bronze, Khamakura; Le Temple des Six-Anges, Kioto; Rue et Banque de Mitsui, Tokio; Hommes de Yedo. **Massachusetts**—Boston Common; Monument de Bunker Hill; Maison de Longfellowe à Cambridge; L'Orme de Washington, à Cambridge. **Mexique**—*La Ville*—Panorama pris de la Cathédrale; Panorama de Guanajuato; Huttes de paille, Salamanque; Porteurs d'eau, aguadores; Aqueduc de Queretaro. **Maroc**—Cap Spartel; Tanger. **New-Jersey**—La Plage, Atlantic City; Nouveau Mexique; Maisons Abode. **New-York**—Panorama de New-York et Pont de Brooklyn; Statue de la Liberté, Port de New-York; Le Hudson à partir de West-Point; Chutes du Niagara. **Nouvelle-Zélande**—Le Port d'Auckland. **Norvège**—Cap Nord; Groupe de Lapons; Marché aux Poissons, à Bergen; Passe de Naerodal; L'Église de Burgund. **Orégone**—Mont Hood. **Palestine**—*Jérusalem*—Jardin de Gethsemani; Mosquée d'Omar; Église du Saint-Sépulcre; Mont des Oliviers. *Bethléem*—Vue panoramique; Tombeau de Rachel à Nazareth; Jéricho; Le Jourdain; Station de Ramleh. **Pensylvanie**—Indépendance Hall; Philadelphie. **Portugal et Espagne**—*Lisbonne*—Panorama d'Oporto. *Madrid*—Palais Royal. *Grenade*—Alhambra; Tombeaux de Ferdinand et d'Isabelle. *Séville*—Salon de Maria de Padilla; Alcazar; La Giralda; Tour d'Or. *Gibraltar*—Les Fortifications. **Russie**—*Saint-Pétersbourg*—Palais d'Hiver. *Moscou*—Vue générale du Kremlin; Maison des Czars Romanoff, vue de la Ville; La Cour d'Ivan Veliki et la grande Cloche. **Sandwich** (Iles de)—Palais Royal; Honolulu. **Suède**—*Stockholm*—Grand Hôtel; Palais Royal. **Suisse**—Lucerne; Genève; La Mer de glace; Alpes Bernoises et Thun; Le Mont-Blanc; Le Saint-Gothard et le Pont. **Syrie**—*Damas*. **Turquie**—Panorama de Constantinople et du Bosphore; Palais Impérial; Mosquée d'Achmet. **Utah**—Le nouveau Temple Mormon. **Vénézuéla**—La Guaira. **Virginie**—Mont-Vernon. **Washington**—Le Capitole; L'Avenue de Pensylvanie; La Maison Blanche. **Yellowstone**—Cratère du Geyser géant; Le Grand Canyon de Yellowstone; Les Sources chaudes du Mammouth.

19335. — Lib.-Imp. réunies, rue Mignon, 2, Paris. — MAY et MOTTEROZ, Dᵉˢ

PORTFOLIO COLONIAL

dépeignant les Paysages, les Villes et les Industries des

Possessions et Dépendances françaises

AINSI QUE DES PAYS QUI, QUOIQUE N'ÉTANT PAS EFFECTIVEMENT
SOUS NOTRE PROTECTORAT, FONT NÉANMOINS PARTIE DE LA FRANCE COLONIALE, EN RAISON DE LEURS MŒURS
LEURS TRADITIONS ET LEUR LANGAGE

THE WERNER COMPANY
DE CHICAGO
20, rue de la Chaussée-d'Antin
PARIS
1895

PHOTOGRAPHIES rassemblées par JOHN L. STODDARD

LE PORTFOLIO COLONIAL

contiendra des vues inédites de la plus haute actualité et du plus grand intérêt, ayant rapport à l'agrandissement de la France.

Les Éditeurs ont eu l'avantage d'obtenir le concours gracieux de l'Administration coloniale et ont le privilège de pouvoir publier des originaux provenant de documents photographiques recueillis par des officiers d'État-major français pendant :

La Campagne du Dahomey ;
La Marche de la colonne du général Dodds ;
L'Expédition du capitaine Binger à la Côte-d'Ivoire ;
Les Opérations militaires à Madagascar, où nos troupes sont

sur le point d'engager une lutte du plus haut intérêt.

Le "PORTFOLIO COLONIAL" contiendra aussi de nombreuses reproductions photographiques touchant l'Indo-Chine, les Indes françaises orientales et occidentales, la Guyane française, la Nouvelle-Calédonie et différentes contrées situées aux confins de notre domaine diplomatique et militaire.

CES PHOTOGRAPHIES SONT TOUTES INÉDITES

Le Gouvernement, considérant que la propagande littéraire et artistique est de nature à encourager la diffusion de la colonisation et de la civilisation dans nos possessions, a bien voulu prêter son concours aux Éditeurs. Le "PORTFOLIO COLONIAL" pourra être classé au nombre des ouvrages d'éducation recommandés à la jeunesse française. Le côté sérieux de cet ouvrage n'en exclut toutefois pas la note familière.

Le "PORTFOLIO COLONIAL" donnera des illustrations des faits d'armes des troupes françaises dans les différents pays où la France a imposé sa langue et ses mœurs.

Grâce à ces documents, à la fois instructifs et amusants, cette publication sert de complément aux ouvrages historiques et géographiques en usage dans nos écoles françaises.

Des Photographies ayant trait à des sujets tout différents se trouvent dans notre "PORTFOLIO STODDARD"

Renfermant des vues de VILLES, PAYSAGES et PEINTURES CÉLÈBRES

Les seize fascicules constituant cette collection sont à la disposition du public, qui peut se les procurer chez tous les dépositaires du " PORTFOLIO COLONIAL ". Le prix de chacun de ces seize fascicules est de **60** centimes. Les Photographies qu'ils renferment sont de la même grandeur et de la même beauté que celles contenues dans la collection actuelle : PORTFOLIO COLONIAL. Elles sont au nombre de **256**, dont la liste suit :

Alaska—Le Glacier du Muir; L'Ours; Les Perches Totem. **Algérie**—Groupe de femmes mauresques. **Arizone**—Cliffs Dwellings; Mancos Canyon. **Autriche**—*Vienne*—Place Maximilien; Volksgarten et Theseum; Chambre des Députés; Théâtre Hofburg; Musée et Statue de Marie-Thérèse. Le Graben. **Allemagne**—*Francfort*—Monument de Gutenberg à Francfort; Cologne; Château de Heidelberg; Coblentz sur le Rhin; Gutenfels et le Pfalz; Oberrammergau, Représentation de la Passion. *Berlin*—Palais de l'Empereur; Habitation du Prince de Bismarck; Porte de Brandenburg; Musée Royal; Unter den Linden; Théâtre de la Comédie; Place Schiller. *Galerie de Dresde*—La Sainte Nuit, peinture du Corrège; La Madone de San-Sixto, peinture de Raphaël. **Belgique**—Cathédrale et Statue de Rubens, Anvers. *Bruxelles*—La Bourse; Le Palais Royal; Le Palais de Justice. **Brésil**—*Rio de Janeiro*—Le Port; Corccvado, vue prise du jardin botanique. **Californie**—*San-Francisco*—Chinatown; Cliff House et Seal Locks; Porte Dorée. *Yosémite Vallée*—Vue prise de la Pointe de l'Artiste; El Capitan; La pointe du Glacier; "Wavona" le grand arbre; Désert mohave. **Canada**—Le Parlement; Ottawa; Montréal et Mont-Royal; Les Mille-Iles, rivière Saint-Lauren.; Les Trois-Sœurs, Canmore. **Cap de Bonne-Espérance**—Le Cap. **Chili**—Le Port de Valparaiso; Le Palais du Congrès Nacional, à Santiago; Passe d'Upsallata; les Andes. **Chine**—Le Temple des 5oo dieux; Canton. **Colorado**—Le Canyon de " Las Animas"; La Pointe du Vent, le Pic Pike; Le Mont de la Sainte-Croix; La Gorge Royale. **Cuba**—La Havane. **Danemark**—*Copenhague*—La Bourse; Le Palais Rosenberg. **Équateur**—Le Mont Chimborazo. **Égypte**—*Le Caire*—Vue de la Citadelle; Scène prise dans une rue du Vieux Caire. *Alexandrie*—Le Port; La Colonne de Pompée, Le Harem d'un Pacha; Le Canal Mamudyiah; Les Pyramides et le Sphinx; Ascension de la grande Pyramide. *Thèbes*—Avenue des Sphinx; Karnak; Rhamseum; Les Ruines; Statue de Rhamsès II; Bateaux de plaisance sur le Nil; Canal de Suez. **Floride**—L'Alcazar et l'Hôtel de Cordoue, Ponce de Léon; Saint Augustin. **France**—*Paris*—Arc-de-Triomphe; Panorama de Paris, Boulevard de la Madeleine; Place de la Concorde; Rue de Rivoli; Tour Eiffel; Colonne Vendôme; Colonne de Juillet; Hôtel des Invalides; Tombeau de Napoléon; La Bourse; Trocadéro; Grand-Opéra, intérieur et extérieur; La Madeleine; Le Louvre. *Galerie du Louvre*—La Vénus de Milo; Mariage de Marie de Médicis; Immaculée-Conception, par Murillo. *Galerie du Luxembourg*—Napoléon III à Solférino, de Meissonier. *Versailles*—Place Royale; Carrosse de Napoléon; Boudoir de Marie-Antoinette; Galerie des Batailles; Trianon. *Galerie de Versailles*—Bataille de Rivoli, par Philippoteaux; Les Derniers Jours de Napoléon à Sainte-Hélène, par Vela. *Fontainebleau*—Galerie Henri II, Palais Royal; Palais Royal. **Grande-Bretagne**—Château de Windsor; Haddon Hall; Château de Kenilworth; Maison de Shakespeare, à Stratford-sur-Avon; Cottage d'Anne Hathaway, à Stratford-sur-Avon; Cimetière de Stoke-Pogis; Liverpool; Lime Street et Gare. *Londres*—Quais de la Tamise; Obélisque; Trafalgar Square; Pont de Londres; Banque d'Angleterre; Le Parlement; Église Saint-Paul; Tour de Londres; Westminster, Abbaye; Monument Albert; Le Magasin d'Antiquités; Chambre du Trône et Palais de Buckingham. **Grèce**—Athènes moderne; Le Parthénon; Le Pirée. **Hollande**—La Baie de Scheveningen, Palais Royal; Amsterdam; La Haye; Rotterdam; Moulins à vent. **Idaho**—Les Chutes Shoshone. **Indes**—*Calcutta*—Palais du Gouvernement; Village indigène; Clive Street; Vallée de Cachemire; Porte de Lucknow; Pont des Boutiques, Srinagar; Himalaya, montagnes vues de Darjeeling; Nassik. **Italie**—*Rome*—Saint-Pierre; Bibliothèque du Vatican; Chapelle Sixtine; Le Vatican; Le Colisée, intérieur et extérieur; Le Forum; La Voie Appienne; Château San-Angelo et le Tibre; Le Capitole ; Le Gladiateur mourant, sculpture. *Galerie du Vatican*—Le Vieux Père Nil, sculpture; La Transfiguration, tableau de Raphaël. *Florence*—Le panorama de Florence; Le Palais Vecchio; Le Pont Vecchio; Temple de Saturne; Palais Pitti; La Loggia; Capture de Polyxène; David, de Michel-Ange. *Venise*—Grand Canal; La Piazzetta; Le Rialto; Cathédrale de Saint-Marc; Le Pont des Soupirs; Le Palais Ducal. *Naples*—Panorama de Naples; Baie et Mont Vésuve; Sainte-Lucie. *Pompéi*—Le Forum; Sorrente. *Milan*—Cathédrale; Statue de Léonard de Vinci. *Pise*—La Tour penchée. *Gênes*—Statue de Colomb. *Turin*—Place Charles-Albert. **Japon**—Panorama et Port de Yokohama; Le Grand Bouddha de bronze, Khamakura; Le Temple des Six-Anges, Kioto; Rue et Banque de Mitsui, Tokio; Hommes de Yedo. **Massachusetts**—Boston Common; Monument de Bunker Hill; Maison de Longfellowe à Cambridge; L'Orme de Washington, à Cambridge. **Mexique**—*La Ville*—Panorama pris de la Cathédrale; Panorama de Guanajuato; Huttes de paille, Salamanque; Porteurs d'eau, aguadores; Aqueduc de Queretaro. **Maroc**—Cap Spartel; Tanger. **New-Jersey**—La Plage, Atlantic City; Nouveau Mexique; Maisons Abode. **New-York**—Panorama de New-York et Pont de Brooklyn; Statue de la Liberté, Port de New-York; Le Hudson à partir de West-Point; Chutes du Niagara. **Nouvelle-Zélande**—Le Port d'Auckland. **Norvège**—Cap Nord; Groupe de Lapons; Marché aux Poissons, à Bergen; Passe de Naerodal; L'Église de Burgund. **Orégone**—Mont Hood. **Palestine**—*Jérusalem*—Jardin de Gethsemani; Mosquée d'Omar; Église du Saint-Sépulcre; Mont des Oliviers. *Bethléem*—Vue panoramique; Tombeau de Rachel à Nazareth; Jéricho; Le Jourdain; Station de Ramleh. **Pensylvanie**—Indépendance Hall; Philadelphie. **Portugal et Espagne**—*Lisbonne*—Panorama d'Oporto. *Madrid*—Palais Royal. *Grenade*—Alhambra; Tombeaux de Ferdinand et d'Isabelle. *Séville*—Salon de Maria de Padilla; Alcazar; La Giralda; Tour d'Or. *Gibraltar*—Les Fortifications. **Russie**—*Saint-Pétersbourg*—Palais d'Hiver. *Moscou*—Vue générale du Kremlin; Maison des Czars Romanoff, vue de la Ville; La Cour d'Ivan Veliki et la grande Cloche. **Sandwich** (Iles de)—Palais Royal; Honolulu. **Suède**—*Stockholm*—Grand Hôtel; Palais Royal. **Suisse**—Lucerne; Genève; La Mer de glace; Alpes Bernoises et Thun; Le Mont-Blanc; Le Saint-Gothard et le Pont. **Syrie**—*Damas*. **Turquie**—Panorama de Constantinople et du Bosphore; Palais Impérial; Mosquée d'Achmet. **Utah**—Le nouveau Temple Mormon. **Vénézuéla**—La Guaira. **Virginie**—Mont-Vernon. **Washington**—Le Capitole; L'Avenue de Pensylvanie; La Maison Blanche. **Yellowstone**—Cratère du Geyser géant; Le Grand Canyon de Yellowstone; Les Sources chaudes du Mammouth.

19325. — Lib.-Imp. réunies, rue Mignon, 2, Paris. — MAY et MOTTEROZ, Drs

PORTFOLIO COLONIAL

dépeignant les Paysages, les Villes et les Industries des

Possessions et Dépendances françaises

AINSI QUE DES PAYS QUI, QUOIQUE N'ÉTANT PAS EFFECTIVEMENT
SOUS NOTRE PROTECTORAT, FONT NÉANMOINS PARTIE DE LA FRANCE COLONIALE, EN RAISON DE LEURS MŒURS
LEURS TRADITIONS ET LEUR LANGAGE

THE WERNER COMPANY
DE CHICAGO
20, rue de la Chaussée-d'Antin
PARIS
1895

PHOTOGRAPHIES rassemblées par JOHN L. STODDARD

LE PORTFOLIO COLONIAL

contiendra des vues inédites de la plus haute actualité et du plus grand intérêt, ayant rapport à l'agrandissement de la France.

Les Éditeurs ont eu l'avantage d'obtenir le concours gracieux de l'Administration coloniale et ont le privilège de pouvoir publier des originaux provenant de documents photographiques recueillis par des officiers d'État-major français pendant :

La Campagne du Dahomey ;
La Marche de la colonne du général Dodds ;
L'Expédition du capitaine Binger à la Côte-d'Ivoire ;
Les Opérations militaires à Madagascar, où nos troupes sont

sur le point d'engager une lutte du plus haut intérêt.

Le "PORTFOLIO COLONIAL" contiendra aussi de nombreuses reproductions photographiques touchant l'Indo-Chine, les Indes françaises orientales et occidentales, la Guyane française, la Nouvelle-Calédonie et différentes contrées situées aux confins de notre domaine diplomatique et militaire.

CES PHOTOGRAPHIES SONT TOUTES INÉDITES

Le Gouvernement, considérant que la propagande littéraire et artistique est de nature à encourager la diffusion de la colonisation et de la civilisation dans nos possessions, a bien voulu prêter son concours aux Éditeurs. Le "PORTFOLIO COLONIAL" pourra être classé au nombre des ouvrages d'éducation recommandés à la jeunesse française. Le côté sérieux de cet ouvrage n'en exclut toutefois pas la note familière.

Le "PORTFOLIO COLONIAL" donnera des illustrations des faits d'armes des troupes françaises dans les différents pays où la France a imposé sa langue et ses mœurs.

Grâce à ces documents, à la fois instructifs et amusants, cette publication sert de complément aux ouvrages historiques et géographiques en usage dans nos écoles françaises.

Des Photographies ayant trait à des sujets tout différents se trouvent dans notre "PORTFOLIO STODDARD"

Renfermant des vues de VILLES, PAYSAGES et PEINTURES CÉLÈBRES

Les seize fascicules constituant cette collection sont à la disposition du public, qui peut se les procurer chez tous les dépositaires du "PORTFOLIO COLONIAL". Le prix de chacun de ces seize fascicules est de **60** centimes. Les Photographies qu'ils renferment sont de la même grandeur et de la même beauté que celles contenues dans la collection actuelle : PORTFOLIO COLONIAL. Elles sont au nombre de **256**, dont la liste suit :

Alaska—Le Glacier du Muir; L'Ours; Les Perches Totem. **Algérie**—Groupe de femmes mauresques. **Arizone**—Cliffs Dwellings; Mancos Canyon. **Autriche**—*Vienne*—Place Maximilien; Volksgarten et Theseum; Chambre des Députés; Théâtre Hofburg; Musée et Statue de Marie-Thérèse; Le Graben. **Allemagne**—*Francfort*—Monument de Gutenberg à Francfort; Cologne; Château de Heidelberg; Coblentz sur le Rhin; Gutenfels et le Pfalz; Oberrammergau, Représentation de la Passion. *Berlin*—Palais de l'Empereur; Habitation du Prince de Bismarck; Porte de Brandenburg; Musée Royal; Unter den Linden; Théâtre de la Comédie; Place Schiller. *Galerie de Dresde*—La Sainte Nuit, peinture du Corrège; La Madone de San-Sixto, peinture de Raphaël. **Belgique**—Cathédrale et Statue de Rubens, Anvers. *Bruxelles*—La Bourse; Le Palais Royal; Le Palais de Justice. **Brésil**—*Rio de Janeiro*—Le Port; Corcovado, vue prise du jardin botanique. **Californie**—*San-Francisco*—Chinatown; Cliff House et Seal Rocks; Porte Dorée. *Yosémite Vallée*—Vue prise de la Pointe de l'Artiste; El Capitan; La pointe du Glacier; "Wavona" le grand arbre; Désert mohave. **Canada**—Le Parlement; Ottawa; Montréal et Mont-Royal; Les Mille-Iles, rivière Saint-Laurent; Les Trois-Sœurs, Canmore. **Cap de Bonne-Espérance**—Le Cap. **Chili**—Le Port de Valparaiso; Le Palais du Congrès Nacional, à Santiago; Passe d'Upsallata; les Andes. **Chine**—Le Temple des 500 dieux; Canton. **Colorado**—Le Canyon de "Las Animas"; La Pointe du Vent, le Pic Pike; Le Mont de la Sainte-Croix; La Gorge Royale. **Cuba**—La Havane. **Danemark**—*Copenhague*—La Bourse; Le Palais Rosenberg. **Équateur**—Le Mont Chimborazo. **Égypte**—*Le Caire*—Vue de la Citadelle; Scène prise dans une rue du Vieux Caire. *Alexandrie*—Le Port; La Colonne de Pompée, Le Harem d'un Pacha; Le Canal Mamudyiah; Les Pyramides et le Sphinx; Ascension de la grande Pyramide. *Thèbes*—Avenue des Sphinx; Karnak; Rhamseum; Les Ruines; Statue de Rhamsès II; Bateaux de plaisance sur le Nil; Canal de Suez. **Floride**—L'Alcazar et l'Hôtel de Cordoue, Ponce de Léon; Saint Augustin. **France**—*Paris*—Arc-de-Triomphe; Panorama de Paris, Boulevard de la Madeleine; Place de la Concorde; Rue de Rivoli; Tour Eiffel; Colonne Vendôme; Colonne de Juillet; Hôtel des Invalides; Tombeau de Napoléon; La Bourse; Trocadéro; Grand-Opéra, intérieur et extérieur; La Madeleine; Le Louvre. *Galerie du Louvre*—La Vénus de Milo; Mariage de Marie de Médicis; Immaculée-Conception, par Murillo. *Galerie du Luxembourg*—Napoléon III à Solférino, de Meissonier. *Versailles*—Place Royale; Carrosse de Napoléon; Boudoir de Marie-Antoinette; Galerie des Batailles; Trianon. *Galerie de Versailles*—Bataille de Rivoli, par Philippoteaux; Les Derniers Jours de Napoléon à Sainte-Hélène, par Vela. *Fontainebleau*—Galerie Henri II, Palais Royal; Palais Royal. **Grande-Bretagne**—Château de Windsor; Haddon Hall; Château de Kenilworth; Maison de Shakespeare, à Strattford-sur-Avon; Cottage d'Anne Hathaway, à Strattford-sur-Avon; Cimetière de Stoke-Pogis; Liverpool; Lime Street et Gare. *Londres*—Quais de la Tamise; Obélisque; Trafalgar Square; Pont de Londres; Banque d'Angleterre; Le Parlement; Église Saint-Paul; Tour de Londres; Westminster, Abbaye; Monument Albert; Le Magasin d'Antiquités; Chambre du Trône et Palais de Buckingham. **Grèce**—Athènes moderne; Le Parthénon; Le Pirée. **Hollande**—La Baie de Scheveningen, Palais Royal; Amsterdam; La Haye; Rotterdam; Moulins à vent. **Idaho**—Les Chutes Shoshone. **Indes**—*Calcutta*—Palais du Gouvernement; Village indigène; Clive Street; Vallée de Cachemire; Porte de Lucknow; Pont des Boutiques, Srinagar; Himalaya, montagnes vues de Darjeeling; Nassik. **Italie**—*Rome*—Saint-Pierre; Bibliothèque du Vatican; Chapelle Sixtine; Le Vatican; Le Colisée, intérieur et extérieur; Le Forum; La Voie Appienne; Château San-Angelo et le Tibre; Le Capitole; Le Gladiateur mourant, sculpture. *Galerie du Vatican*—Le Vieux Père Nil, sculpture; La Transfiguration, tableau de Raphaël. *Florence*—Le panorama de Florence; Le Palais Vecchio; Le Pont Vecchio; Temple de Saturne; Palais Pitti; La Loggia; Capture de Polyxène; David, de Michel-Ange. *Venise*—Grand Canal; La Piazzetta; Le Rialto; Cathédrale de Saint-Marc; Le Pont des Soupirs; Le Palais Ducal. *Naples*—Panorama de Naples; Baie et Mont Vésuve; Sainte-Lucie. *Pompéi*—Le Forum; Sorrente. *Milan*—Cathédrale; Statue de Léonard de Vinci. *Pise*—La Tour penchée. *Gênes*—Statue de Colomb. *Turin*—Place Charles-Albert. **Japon**—Panorama et Port de Yokohama; Le Grand Bouddha de bronze, Khamakura; Le Temple des Six-Anges, Kioto; Rue et Banque de Mitsui, Tokio; Hommes de Yedo. **Massachusetts**—Boston Common; Monument de Bunker Hill; Maison de Longfellowe à Cambridge; L'Orme de Washington, à Cambridge. **Mexique**—*La Ville*—Panorama pris de la Cathédrale; Panorama de Guanajuato; Huttes de paille, Salamanque; Porteurs d'eau, aguadores; Aqueduc de Queretaro. **Maroc**—Cap Spartel; Tanger. **New-Jersey**—La Plage, Atlantic City; Nouveau Mexique; Maisons Abode. **New-York**—Panorama de New-York et Pont de Brooklyn; Statue de la Liberté, Port de New-York; Le Hudson à partir de West-Point; Chutes du Niagara. **Nouvelle-Zélande**—Le Port d'Auckland. **Norvège**—Cap Nord; Groupe de Lapons; Marché aux Poissons, à Bergen; Passe de Naerodal; L'Église de Burgund. **Orégone**—Mont Hood. **Palestine**—*Jérusalem*—Jardin de Gethsemani; Mosquée d'Omar; Eglise du Saint-Sépulcre; Mont des Oliviers. *Bethléem*—Vue panoramique; Tombeau de Rachel à Nazareth; Jéricho; Le Jourdain; Station de Ramleh. **Pensylvanie**—Indépendance Hall; Philadelphie. **Portugal et Espagne**—*Lisbonne*—Panorama d'Oporto. *Madrid*—Palais Royal. *Grenade*—Alhambra; Tombeaux de Ferdinand et d'Isabelle. *Séville*—Salon de Maria de Padilla; Alcazar; La Giralda; Tour d'Or. *Gibraltar*—Les Fortifications. **Russie**—*Saint-Pétersbourg*—Palais d'Hiver. *Moscou*—Vue générale du Kremlin; Maison des Czars Romanoff, vue de la Ville; La Cour d'Ivan Veliki et la grande Cloche. **Sandwich** (Iles de)—Palais Royal; Honolulu. **Suède**—*Stockholm*—Grand Hôtel; Palais Royal. **Suisse**—Lucerne; Genève; La Mer de glace; Alpes Bernoises et Thun; Le Mont-Blanc; Le Saint-Gothard et le Pont. **Syrie**—*Damas*. **Turquie**—Panorama de Constantinople et du Bosphore; Palais Impérial; Mosquée d'Achmet. **Utah**—Le nouveau Temple Mormon. **Vénézuéla**—La Guaira. **Virginie**—Mont-Vernon. **Washington**—Le Capitole; L'Avenue de Pensylvanie; La Maison Blanche. **Yellowstone**—Cratère du Geyser géant; Le Grand Canyon de Yellowstone; Les Sources chaudes du Mammouth.

19885. — Lib.-Imp. réunies, rue Mignon, 2, Paris. — MAY et MOTTEROZ, D^{rs}

PORTFOLIO COLONIAL

dépeignant les Paysages, les Villes et les Industries des

Possessions et Dépendances françaises

AINSI QUE DES PAYS QUI, QUOIQUE N'ÉTANT PAS EFFECTIVEMENT

SOUS NOTRE PROTECTORAT, FONT NÉANMOINS PARTIE DE LA FRANCE COLONIALE, EN RAISON DE LEURS MŒURS

LEURS TRADITIONS ET LEUR LANGAGE

THE WERNER COMPANY

DE CHICAGO

20, rue de la Chaussée-d'Antin

PARIS

1895

PHOTOGRAPHIES rassemblées par JOHN L. STODDARD

LE PORTFOLIO COLONIAL

contiendra des vues inédites de la plus haute actualité et du plus grand intérêt, ayant rapport à l'agrandissement de la France.

Les Éditeurs ont eu l'avantage d'obtenir le concours gracieux de l'Administration coloniale et ont le privilège de pouvoir publier des originaux provenant de documents photographiques recueillis par des officiers d'État-major français pendant :

La Campagne du Dahomey ;
La Marche de la colonne du général Dodds;
L'Expédition du capitaine Binger à la Côte-d'Ivoire;
Les Opérations militaires à Madagascar, où nos troupes sont

sur le point d'engager une lutte du plus haut intérêt.

Le "PORTFOLIO COLONIAL" contiendra aussi de nombreuses reproductions photographiques touchant l'Indo-Chine, les Indes françaises orientales et occidentales, la Guyane française, la Nouvelle-Calédonie et différentes contrées situées aux confins de notre domaine diplomatique et militaire.

CES PHOTOGRAPHIES SONT TOUTES INÉDITES

Le Gouvernement, considérant que la propagande littéraire et artistique est de nature à encourager la diffusion de la colonisation et de la civilisation dans nos possessions, a bien voulu prêter son concours aux Éditeurs. Le "PORTFOLIO COLONIAL" pourra être classé au nombre des ouvrages d'éducation recommandés à la jeunesse française. Le côté sérieux de cet ouvrage n'en exclut toutefois pas la note familière.

Le "PORTFOLIO COLONIAL" donnera des illustrations des faits d'armes des troupes françaises dans les différents pays où la France a imposé sa langue et ses mœurs.

Grâce à ces documents, à la fois instructifs et amusants, cette publication sert de complément aux ouvrages historiques et géographiques en usage dans nos écoles françaises.

Des Photographies ayant trait à des sujets tout différents se trouvent dans notre "PORTFOLIO STODDARD"

Renfermant des vues de VILLES, PAYSAGES et PEINTURES CÉLÈBRES

Les seize fascicules constituant cette collection sont à la disposition du public, qui peut se les procurer chez tous les dépositaires du "PORTFOLIO COLONIAL". Le prix de chacun de ces seize fascicules est de **60** centimes. Les Photographies qu'ils renferment sont de la même grandeur et de la même beauté que celles contenues dans la collection actuelle : PORTFOLIO COLONIAL. Elles sont au nombre de **256**, dont la liste suit :

Alaska—Le Glacier du Muir; L'Ours; Les Perches Totem. **Algérie**—Groupe de femmes mauresques. **Arizone**—Cliffs Dwellings; Mancos Canyon. **Autriche**—*Vienne*—Place Maximilien; Volksgarten et Theseum; Chambre des Députés; Théâtre Hofburg; Musée et Statue de Marie-Thérèse; Le Graben. **Allemagne**—*Francfort*—Monument de Gutenberg à Francfort; Cologne; Château de Heidelberg; Coblentz sur le Rhin; Gutenfels et le Pfalz; Oberrammergau, Représentation de la Passion. *Berlin*—Palais de l'Empereur; Habitation du Prince de Bismarck; Porte de Brandenburg; Musée Royal; Unter den Linden; Théâtre de la Comédie; Place Schiller. *Galerie de Dresde*—La Sainte Nuit, peinture du Corrège; La Madone de San-Sixto, peinture de Raphaël. **Belgique**—Cathédrale et Statue de Rubens, Anvers. *Bruxelles*—La Bourse; Le Palais Royal; Le Palais de Justice. **Brésil**—*Rio de Janeiro*—Le Port; Corcovado, vue prise du jardin botanique. **Californie**—*San-Francisco*—Chinatown; Cliff House et Seal Rocks; Porte Dorée. *Yosémite Vallée*—Vue prise de la Pointe de l'Artiste; El Capitan; La pointe du Glacier; "Wavona" le grand arbre; Désert mohave. **Canada**—Le Parlement; Ottawa; Montréal et Mont-Royal; Les Mille-Iles, rivière Saint-Laurent; Les Trois-Sœurs, Canmore. **Cap de Bonne-Espérance**—Le Cap. **Chili**—Le Port de Valparaiso; Le Palais du Congrès Nacional, à Santiago; Passe d'Upsallata; les Andes. **Chine**—Le Temple des 500 dieux; Canton. **Colorado**—Le Canyon de "Las Animas"; La Pointe du Vent, le Pic Pike; Le Mont de la Sainte-Croix; La Gorge Royale. **Cuba**—La Havane. **Danemark**—*Copenhague*—La Bourse; Le Palais Rosenberg. **Équateur**—Le Mont Chimborazo. **Égypte**—*Le Caire*—Vue de la Citadelle; Scène prise dans une rue du Vieux Caire. *Alexandrie*—Le Port; La Colonne de Pompée, Le Harem d'un Pacha; Le Canal Mamudyiah; Les Pyramides et le Sphinx; Ascension de la grande Pyramide. *Thèbes*—Avenue des Sphinx; Karnak; Rhamseum; Les Ruines; Statue de Rhamsès II; Bateaux de plaisance sur le Nil; Canal de Suez. **Floride**—L'Alcazar et l'Hôtel de Cordoue, Ponce de Léon; Saint Augustin. **France**—*Paris*—Arc-de-Triomphe; Panorama de Paris, Boulevard de la Madeleine; Place de la Concorde; Rue de Rivoli; Tour Eiffel; Colonne Vendôme; Colonne de Juillet; Hôtel des Invalides; Tombeau de Napoléon; La Bourse; Trocadéro; Grand-Opéra, intérieur et extérieur; La Madeleine; Le Louvre. *Galerie du Louvre*—La Vénus de Milo; Mariage de Marie de Médicis; Immaculée-Conception, par Murillo. *Galerie du Luxembourg*—Napoléon III à Solférino, de Meissonier. *Versailles*—Place Royale; Carrosse de Napoléon; Boudoir de Marie-Antoinette; Galerie des Batailles; Trianon. *Galerie de Versailles*—Bataille de Rivoli, par Philippoteaux; Les Derniers Jours de Napoléon à Sainte-Hélène, par Vela. *Fontainebleau*—Galerie Henri II, Palais Royal; Palais Royal. **Grande-Bretagne**—Château de Windsor; Haddon Hall; Château de Kenilworth; Maison de Shakespeare, à Stratford-sur-Avon; Cottage d'Anne Hathaway, à Stratford-sur-Avon; Cimetière de Stoke-Pogis; Liverpool; Lime Street et Gare. *Londres*—Quais de la Tamise; Obélisque; Trafalgar Square; Pont de Londres; Banque d'Angleterre; Le Parlement; Église Saint-Paul; Tour de Londres; Westminster, Abbaye; Monument Albert; Le Magasin d'Antiquités; Chambre du Trône et Palais de Buckingham. **Grèce**—Athènes moderne; Le Parthénon; Le Pirée. **Hollande**—La Baie de Scheveningen; Palais Royal; Amsterdam; La Haye; Rotterdam; Moulins à vent. **Idaho**—Les Chutes Shoshone. **Indes**—*Calcutta*—Palais du Gouvernement; Village indigène; Clive Street; Vallée de Cachemire; Porte de Lucknow; Pont des Boutiques, Srinagar; Himalaya, montagnes vues de Darjeeling; Nassik. **Italie**—*Rome*—Saint-Pierre; Bibliothèque du Vatican; Chapelle Sixtine; Le Vatican; Le Colisée, intérieur et extérieur; Le Forum; La Voie Appienne; Château San-Angelo et le Tibre; Le Capitole; Le Gladiateur mourant, sculpture. *Galerie du Vatican*—Le Vieux Père Nil, sculpture; La Transfiguration, tableau de Raphaël. *Florence*—Le panorama de Florence; Le Palais Vecchio; Le Pont Vecchio; Temple de Saturne; Palais Pitti; La Loggia; Capture de Polyxène; David, de Micheli-Ange. *Venise*—Grand Canal; La Piazzetta; Le Rialto; Cathédrale de Saint-Marc; Le Pont des Soupirs; Le Palais Ducal. *Naples*—Panorama de Naples; Baie et Mont Vésuve; Sainte-Lucie. *Pompéi*—Le Forum; Sorrente. *Milan*—Cathédrale; Statue de Léonard de Vinci. *Pise*—La Tour penchée. *Gênes*—Statue de Colomb. *Turin*—Place Charles-Albert. **Japon**—Panorama et Port de Yokohama; Le Grand Bouddha de bronze, Khamakura; Le Temple des Six-Anges, Kioto; Rue et Banque de Mitsui, Tokio; Hommes de Yedo. **Massachusetts**—Boston Common; Monument de Bunker Hill; Maison de Longfellow à Cambridge; L'Orme de Washington, à Cambridge. **Mexique**—*La Ville*—Panorama pris de la Cathédrale; Panorama de Guanajuato; Huttes de paille, Salamanque; Porteurs d'eau, aguadores; Aqueduc de Queretaro. **Maroc**—Cap Spartel; Tanger. **New-Jersey**—La Plage, Atlantic City; Nouveau Mexique; Maisons Abode. **New-York**—Panorama de New-York et Pont de Brooklyn; Statue de la Liberté, Port de New-York; Le Hudson à partir de West-Point; Chutes du Niagara. **Nouvelle-Zélande**—Le Port d'Auckland. **Norvège**—Cap Nord; Groupe de Lapons; Marché aux Poissons, à Bergen; Passe de Naerodal; L'Église de Burgund. **Orégone**—Mont Hood. **Palestine**—*Jérusalem*—Jardin de Gethsemani; Mosquée d'Omar; Église du Saint-Sépulcre; Mont des Oliviers. *Bethléem*—Vue panoramique; Tombeau de Rachel à Nazareth; Jéricho; Le Jourdain; Station de Ramleh. **Pensylvanie**—Indépendance Hall; Philadelphie. **Portugal et Espagne**—*Lisbonne*—Panorama d'Oporto. *Madrid*—Palais Royal. *Grenade*—Alhambra; Tombeaux de Ferdinand et d'Isabelle. *Séville*—Salon de Maria de Padilla; Alcazar; La Giralda; Tour d'Or. *Gibraltar*—Les Fortifications. **Russie**—*Saint-Pétersbourg*—Palais d'Hiver. *Moscou*—Vue générale du Kremlin; Maison des Czars Romanoff, vue de la Ville; La Cour d'Ivan Veliki et la grande Cloche. **Sandwich** (Iles de)—Palais Royal; Honolulu. **Suède**—*Stockholm*—Grand Hôtel; Palais Royal. **Suisse**—Lucerne; Genève; La Mer de glace; Alpes Bernoises et Thun; Le Mont-Blanc; Le Saint-Gothard et le Pont. **Syrie**—*Damas*. **Turquie**—Panorama de Constantinople et du Bosphore; Palais Impérial; Mosquée d'Achmet. **Utah**—Le nouveau Temple Mormon. **Vénézuéla**—La Guaira. **Virginie**—Mont-Vernon. **Washington**—Le Capitole; L'Avenue de Pensylvanie; La Maison Blanche. **Yellowstone**—Cratère du Geyser géant; Le Grand Canyon de Yellowstone; Les Sources chaudes du Mammouth.

19705. — Lib.-imp. réunies, rue Mignon, 2, Paris. — May et Motteroz, Dts

Le prochain Recueil N° 12 comprendra les Photographies suivantes :

Les plantes de la forêt (Côte-d'Ivoire).

Les traîneaux de chiens.

Le cap Trinité.

Le fort de Saint-Jean d'Ulloa.

Le chemin de fer de Valparaiso à Santiago.

Une cuisine indienne.

La grande rue de Los Angeles.

La cour intérieure d'une maison à Mexico.

Le port d'Alger.

Le Pèlerin.

Sitka.

Les chutes de Fitzroy.

Wellington.

Une rivière de la Réunion.

Leadville.

Broadway.

Les Photographies ci-dessus ne coûtent pas moins de 7 fr. 50 chacune. La valeur totale du Recueil s'élève donc à 120 francs.

PORTFOLIO COLONIAL

dépeignant les Paysages, les Villes et les Industries des

Possessions et Dépendances françaises

AINSI QUE DES PAYS QUI, QUOIQUE N'ÉTANT PAS EFFECTIVEMENT
SOUS NOTRE PROTECTORAT, FONT NÉANMOINS PARTIE DE LA FRANCE COLONIALE, EN RAISON DE LEURS MŒURS
LEURS TRADITIONS ET LEUR LANGAGE

THE WERNER COMPANY
DE CHICAGO
20, rue de la Chaussée-d'Antin
PARIS
1895

PHOTOGRAPHIES rassemblées par JOHN L. STODDARD

LE PORTFOLIO COLONIAL

contiendra des vues inédites de la plus haute actualité et du plus grand intérêt, ayant rapport à l'agrandissement de la France.

Les Éditeurs ont eu l'avantage d'obtenir le concours gracieux de l'Administration coloniale et ont le privilège de pouvoir publier des originaux provenant de documents photographiques recueillis par des officiers d'État-major français pendant :

La Campagne du Dahomey ;
La Marche de la colonne du général Dodds ;
L'Expédition du capitaine Binger à la Côte-d'Ivoire ;
Les Opérations militaires à Madagascar, où nos troupes sont

sur le point d'engager une lutte du plus haut intérêt.

Le "PORTFOLIO COLONIAL" contiendra aussi de nombreuses reproductions photographiques touchant l'Indo-Chine, les Indes françaises orientales et occidentales, la Guyane française, la Nouvelle-Calédonie et différentes contrées situées aux confins de notre domaine diplomatique et militaire.

CES PHOTOGRAPHIES SONT TOUTES INÉDITES

Le Gouvernement, considérant que la propagande littéraire et artistique est de nature à encourager la diffusion de la colonisation et de la civilisation dans nos possessions, a bien voulu prêter son concours aux Éditeurs. Le "PORTFOLIO COLONIAL" pourra être classé au nombre des ouvrages d'éducation recommandés à la jeunesse française. Le côté sérieux de cet ouvrage n'en exclut toutefois pas la note familière.

Le "PORTFOLIO COLONIAL" donnera des illustrations des faits d'armes des troupes françaises dans les différents pays où la France a imposé sa langue et ses mœurs.

Grâce à ces documents, à la fois instructifs et amusants, cette publication sert de complément aux ouvrages historiques et géographiques en usage dans nos écoles françaises.

Des Photographies ayant trait à des sujets tout différents se trouvent dans notre "PORTFOLIO STODDARD"

Renfermant des vues de VILLES, PAYSAGES et PEINTURES CÉLÈBRES

Les seize fascicules constituant cette collection sont à la disposition du public, qui peut se les procurer chez tous les dépositaires du "PORTFOLIO COLONIAL". Le prix de chacun de ces seize fascicules est de **60** centimes. Les Photographies qu'ils renferment sont de la même grandeur et de la même beauté que celles contenues dans la collection actuelle : PORTFOLIO COLONIAL. Elles sont au nombre de **256**, dont la liste suit :

Alaska—Le Glacier du Muir; L'Ours; Les Perches Totem. **Algérie**—Groupe de femmes mauresques **Arizone**—Cliffs Dwellings; Mancos Canyon. **Autriche**—*Vienne*—Place Maximilien; Volksgarten et Theseum; Chambre des Députés; Théâtre Hofburg; Musée et Statue de Marie-Thérèse; Le Graben. **Allemagne**—*Francfort*—Monument de Gutenberg à Francfort; Cologne; Château de Heidelberg; Coblentz sur le Rhin; Gutenfels et le Pfalz; Oberrammergau, Représentation de la Passion. *Berlin*—Palais de l'Empereur; Habitation du Prince de Bismarck; Porte de Brandenburg; Musee Royal; Unter den Linden; Théâtre de la Comédie; Place Schiller. *Galerie de Dresde*—La Sainte Nuit, peinture du Corrège; La Madone de San-Sixto, peinture de Raphaël. **Belgique**—Cathédrale et Statue de Rubens, Anvers. *Bruxelles*—La Bourse; Le Palais Royal; Le Palais de Justice. **Brésil**—*Rio de Janeiro*—Le Port; Corcovado, vue prise du jardin botanique. **Californie**—*San-Francisco*—Chinatown; Cliff House et Seal Rocks; Porte Dorée. *Yosémite Vallée*—Vue prise de la Pointe de l'Artiste; El Capitan; La pointe du Glacier; "Wavona" le grand arbre; Désert mohave. **Canada**—Le Parlement; Ottawa; Montréal et Mont-Royal; Les Mille-Iles, rivière Saint-Laurent; Les Trois-Sœurs, Canmore. **Cap de Bonne-Espérance**—Le Cap. **Chili**—Le Port de Valparaiso; Le Palais du Congrès Nacional, à Santiago; Passe d'Upsallata; les Andes. **Chine**—Le Temple des 500 dieux; Canton. **Colorado**—Le Canyon de "Las Animas"; La Pointe du Vent, le Pic Pike; Le Mont de la Sainte-Croix; La Gorge Royale. **Cuba**—La Havane. **Danemark**—*Copenhague*—La Bourse; Le Palais Rosenberg. **Équateur**—Le Mont Chimborazo. **Égypte**—*Le Caire*—Vue de la Citadelle; Scène prise dans une rue du Vieux Caire. *Alexandrie*—Le Port; La Colonne de Pompée, Le Harem d'un Pacha; Le Canal Mamudyiah; Les Pyramides et le Sphinx; Ascension de la grande Pyramide. *Thèbes*—Avenue des Sphinx; Karnak; Rhamseum; Les Ruines; Statue de Rhamsès II; Bateaux de plaisance sur le Nil; Canal de Suez. **Floride**—L'Alcazar et l'Hôtel de Cordoue, Ponce de Léon; Saint Augustin. **France**—*Paris*—Arc-de-Triomphe; Panorama de Paris, Boulevard de la Madeleine; Place de la Concorde; Rue de Rivoli; Tour Eiffel; Colonne Vendôme; Colonne de Juillet; Hôtel des Invalides; Tombeau de Napoléon; La Bourse; Trocadéro; Grand-Opéra, intérieur et extérieur; La Madeleine; Le Louvre. *Galerie du Louvre*—La Vénus de Milo; Mariage de Marie de Médicis; Immaculée-Conception, par Murillo. *Galerie du Luxembourg*—Napoléon III à Solférino, de Meissonier. *Versailles*—Place Royale; Carrosse de Napoléon; Boudoir de Marie-Antoinette; Galerie des Batailles; Trianon. *Galerie de Versailles*—Bataille de Rivoli, par Philippoteaux; Les Derniers Jours de Napoléon à Sainte-Hélène, par Vela. *Fontainebleau*—Galerie Henri II, Palais Royal; Palais Royal. **Grande-Bretagne**—Château de Windsor; Haddon Hall; Château de Kenilworth; Maison de Shakespeare, à Strattford-sur-Avon; Cottage d'Anne Hathaway, à Strattford-sur-Avon; Cimetière de Stoke-Pogis; Liverpool; Lime Street et Gare. *Londres*—Quais de la Tamise; Obélisque; Trafalgar Square; Pont de Londres; Banque d'Angleterre; Le Parlement; Église Saint-Paul; Tour de Londres; Westminster, Abbaye; Monument Albert; Le Magasin d'Antiquités; Chambre du Trône et Palais de Buckingham **Grèce**—Athènes moderne; Le Parthénon; Le Pirée. **Hollande**—La Baie de Scheveningen; Palais Royal; Amsterdam; La Haye; Rotterdam; Moulins à vent. **Idaho**—Les Chutes Shoshone. **Indes**—*Calcutta*—Palais du Gouvernement; Village indigène; Clive Street; Vallée de Cachemire; Porte de Lucknow; Pont des Boutiques, Srinagar; Himalaya, montagnes vues de Darjeeling; Nassik. **Italie**—*Rome*—Saint-Pierre; Bibliothèque du Vatican; Chapelle Sixtine; Le Vatican; Le Colisée, intérieur et extérieur; Le Forum; La Voie Appienne; Château San-Angelo et le Tibre; Le Capitole; Le Gladiateur mourant, sculpture. *Galerie du Vatican*—Le Vieux Père Nil, sculpture; La Transfiguration, tableau de Raphaël. *Florence*—Le panorama de Florence; Le Palais Vecchio; Le Pont Vecchio; Temple de Saturne; Palais Pitti; La Loggia; Capture de Polyxène; David, de Michel-Ange. *Venise*—Grand Canal; La Piazzetta; Le Rialto; Cathédrale de Saint-Marc; Le Pont des Soupirs; Le Palais Ducal. *Naples*—Panorama de Naples; Baie et Mont Vésuve; Sainte-Lucie. *Pompéi*—Le Forum; Sorrente. *Milan*—Cathédrale; Statue de Léonard de Vinci. *Pise*—La Tour penchée. *Gênes*—Statue de Colomb. *Turin*—Place Charles-Albert. **Japon**—Panorama et Port de Yokohama; Le Grand Bouddha de bronze, Khamakura; Le Temple des Six-Anges, Kioto; Rue et Banque de Mitsui, Tokio; Hommes de Yedo. **Massachusetts**—Boston Common; Monument de Bunker Hill; Maison de Longfellowe à Cambridge; L'Orme de Washington, à Cambridge. **Mexique**—*La Ville*—Panorama pris de la Cathédrale; Panorama de Guanajuato; Huttes de paille, Salamanque; Porteurs d'eau, aguadores; Aqueduc de Queretaro. **Maroc**—Cap Spartel; Tanger. **New-Jersey**—La Plage, Atlantic City; Nouveau Mexique; Maisons Abode. **New-York**—Panorama de New-York et Pont de Brooklyn; Statue de la Liberté, Port de New-York; Le Hudson à partir de West-Point; Chutes du Niagara. **Nouvelle-Zélande**—Le Port d'Auckland. **Norvège**—Cap Nord; Groupe de Lapons; Marché aux Poissons, à Bergen; Passe de Naerodal; L'Église de Burgund. **Orégone**—Mont Hood. **Palestine**—*Jérusalem*—Jardin de Gethsemani; Mosquée d'Omar; Église du Saint-Sépulcre; Mont des Oliviers. *Bethléem*—Vue panoramique; Tombeau de Rachel à Nazareth; Jéricho; Le Jourdain; Station de Ramleh. **Pensylvanie**—Indépendance Hall; Philadelphie. **Portugal et Espagne**—*Lisbonne*—Panorama d'Oporto. *Madrid*—Palais Royal. *Grenade*—Alhambra; Tombeaux de Ferdinand et d'Isabelle. *Séville*—Salon de Maria de Padilla; Alcazar; La Giralda; Tour d'Or. *Gibraltar*—Les Fortifications. **Russie**—*Saint-Pétersbourg*—Palais d'Hiver. *Moscou*—Vue générale du Kremlin; Maison des Czars Romanoff, vue de la Ville; La Cour d'Ivan Veliki et la grande Cloche. **Sandwich** (Iles de)—Palais Royal; Honolulu. **Suède**—*Stockholm*—Grand Hôtel; Palais Royal. **Suisse**—Lucerne; Genève; La Mer de glace; Alpes Bernoises et Thun; Le Mont-Blanc; Le Saint-Gothard et le Pont. **Syrie**—*Damas*. **Turquie**—Panorama de Constantinople et du Bosphore; Palais Impérial; Mosquée d'Achmet. **Utah**—Le nouveau Temple Mormon. **Vénézuéla**—La Guaira. **Virginie**—Mont-Vernon. **Washington**—Le Capitole; L'Avenue de Pensylvanie; La Maison Blanche. **Yellowstone**—Cratère du Geyser géant; Le Grand Canyon de Yellowstone; Les Sources chaudes du Mammouth.

1925. — Lib.-Imp. réunies, rue Mignon, 2, Paris. — MAY et MOTTEROZ, D°